中国社会科学院创新工程学术出版资助项目

社 科 学 术 文 库

LIBRARY OF
ACADEMIC WORKS OF
SOCIAL SCIENCES

走向21世纪的生态经济管理

王松霈 ● 主编

中国社会科学出版社

图书在版编目(CIP)数据

走向 21 世纪的生态经济管理/王松霈主编 . —北京：中国
社会科学出版社，2015.10

（社科学术文库）

ISBN 978 - 7 - 5161 - 6765 - 6

Ⅰ.①走…　Ⅱ.①王…　Ⅲ.①生态经济—经济管理
Ⅳ.①F062.2

中国版本图书馆 CIP 数据核字（2015）第 182359 号

出 版 人	赵剑英
责任编辑	王　曦
责任校对	周晓东
责任印制	戴　宽

出　　　版	中国社会科学出版社
社　　　址	北京鼓楼西大街甲 158 号
邮　　　编	100720
网　　　址	http://www.csspw.cn
发 行 部	010 - 84083685
门 市 部	010 - 84029450
经　　　销	新华书店及其他书店

印刷装订	三河市君旺印务有限公司
版　　次	2015 年 10 月第 1 版
印　　次	2015 年 10 月第 1 次印刷

开　　本	710×1000　1/16
印　　张	23.5
插　　页	2
字　　数	403 千字
定　　价	88.00 元

凡购买中国社会科学出版社图书，如有质量问题请与本社营销中心联系调换
电话:010 - 84083683

全国哲学社会科学"八五"规划国家重点课题"我国现代化进程中生态经济管理问题研究"顾问及课题组名单

顾　　问　曲格平　刘国光　石　山　王耕今　陈吉元
课题负责人　王松霈
课题组组长　王松霈
副　组　长　刘思华

子课题一　生态经济管理理论研究　　王松霈（组长）　王全新
　　　　　　　　　　　　　　　　　（组长）潘勇　黄正夫
子课题二　宏观生态经济管理研究　　王干梅（组长）　张安禄
　　　　　　　　　　　　　　　　　徐静　王朝森
子课题三　微观生态经济管理研究　　刘思华（组长）　陈池波
　　　　　　　　　　　　　　　　　杨文进　林卿
子课题四　城市生态经济管理研究　　马传栋（组长）　刘淑琪
子课题五　农村生态经济管理研究　　傅政德（组长）　余桂玲
　　　　　　　　　　　　　　　　　张青
子课题六　国外生态经济管理研究　　姜学民（组长）　雷书彦
　　　　　　　　　　　　　　　　　吴远明　张继军　罗远洲

序

环境与发展是当代的重大问题。专家们预言，21世纪将是生态的世纪。我国是发展中国家，必须加快发展经济。同时，我国又是人口众多、资源相对较少的国家，并且环境又遭到各种破坏，因此必须十分重视保护资源和环境，我国已经把环境保护摆在基本国策的地位。从1972年斯德哥尔摩联合国人类环境会议到1992年里约热内卢联合国环境与发展会议，人类为了保护自己赖以生存的生态与环境，从呼吁到行动，把保护环境与发展经济紧密结合起来，形成了全世界范围的环境与发展运动。联合国《21世纪议程》明确提出了人类社会的可持续发展方向。我国率先制定了《中国21世纪议程》白皮书。第八届全国人民代表大会四次会议根据党的十四届五中全会提出的建议，又通过了我国《关于国民经济和社会发展"九五"计划和2010年远景目标纲要》，都把可持续发展作为我国"九五"以至21世纪一个相当长时期的重要战略指导思想和奋斗目标提了出来，这就为我国发展经济和保护环境规定了明确的方向和重大任务。

生态经济学是为我国资源和环境保护服务的一门重要新兴边缘学科。它把发展经济和保护生态与环境统一起来，为实现经济社会的可持续发展提供了理论基础，并在指导实践中发挥着重要作用。当前我国生态已经遭受巨大破坏，环境严重污染。我们不能再走西方国家"先破坏，后整治"和"先污染，后治理"的老路，而应走经济与生态、环境协调发展的道路，防止大量生态与环境的破坏于未然，在资源与环境保护方面也走出一条具有中国特色的社会主义发展道路来。"九五"和进入21世纪，我国要实现经济社会可持续发展的新形势，就得大力加强生态经济管理的研究和实际工作。这就要求把生态经济学的理论具体化，结合我国经济社会发展与生态和环境保护的实际，逐步研究提出一套生态经济管理的具体理论和方法，适应国民经济和社会发展的需要。

我国自 20 世纪 80 年代初，已故著名经济学家许涤新倡导在我国研究生态经济问题和建立我国的生态经济学以来，由中国生态经济学会组织进行了大量的生态经济问题研究，对促进我国资源和环境保护做了大量的工作。其中要看到的一点是，中国生态经济学会有一支生态经济理论研究队伍，十五年来一直坚持不懈地进行这方面的研究。"七五"期间他们在许老的领导下，发挥集体智慧，提出了一部《生态经济学》专著，建立了我国生态经济学的初步理论体系，在理论上和实践中产生了很大影响。"八五"期间，仍然是这支队伍，由王松霈教授牵头，组织原班主要研究力量参加，承担全国哲学社会科学"八五"规划国家重点课题，又写出了《走向 21 世纪的生态经济管理》这一专著，现在展现在人们面前，这是 15 年来生态经济学理论研究的继续和进一步朝密切联系实际、指导解决实际问题方向的深入。

这一专著的特点是：以促进实现我国的生态与经济协调发展为核心，以实现经济社会的可持续发展为目标；面向 21 世纪，具有研究和指导实践的高起点；在生态经济学理论上，沿着指导生态经济管理的方向有了不少具体化的创新，并有突破；提出的一些生态经济管理原则和措施、建议有理论依据并有可操作性。专著的内容覆盖面宽，包括宏观生态经济管理、微观生态经济管理、城市生态经济管理、农村生态经济管理等各个方面；并系统引进和介绍了国外有关生态经济管理的理论、经验和做法，为我国提供了借鉴。这本专著的提出，是我国生态经济学理论研究的一个重大前进，同时对直接服务于指导我国资源与环境保护实践，也将起到有力的促进作用。因此这是一本具有理论意义和实践意义的好书。

这本专著的问世，成绩是很大的。但生态经济管理是一个全新的领域，而世界与我国资源和环境保护的发展很快，当前和进入 21 世纪，越来越多的新问题将要提到我们面前，今后还有大量的生态经济管理问题需要研究。希望作者们继续不断地进行这方面的探索，不断提出新的

研究成果，为服务于我国的资源与环境保护和促进实现我国经济社会的
可持续发展做出更大的贡献。

1996 年 3 月 10 日

再版前言

《走向 21 世纪的生态经济管理》专著是我 1992 年承担全国哲学社会科学"八五"规划国家重点课题《我国现代化进程中生态经济管理问题研究》，于 1995 年提出的最终成果。1997 年得到当时国家环境保护局局长解振华同志的作序和支持，由中国环境科学出版社出版。2000年获第三届中国社会科学院优秀科研成果奖三等奖。现在中国社会科学院支持和鼓励学部委员、荣誉学部委员的研究工作，又被选择支持再版。这本著作的再版本现在又和大家见面了。

中国的生态经济学是已故著名经济学家许涤新先生倡导，于 1980年开始建立的。我从一开始就被指定具体负责生态经济学新学科的研究和组织创建工作。至今 34 年来这一工作是按照推进新学科开拓创建"五步走"的设想进行的。包括：1、建立我国的生态经济学基本理论，2、建设具体指导实践的生态经济管理理论，3、用生态经济学理论指导我国经济发展实践，4、促进提高全民生态经济意识，5、推动中国生态经济学走向世界。这本专著就是"五步走"中的第二步工作，在我国进行生态经济管理问题研究和探索建立我国生态经济管理学的一个开始和尝试。这个探索性的研究成果提出后，就得到各方面的重视和鼓励。先是国家社会科学规划办公室作为"国家社科规划·基金项目成果选介"在《光明日报》上主动推荐介绍。同时《人民日报》、《北京日报》和《中国社会科学院通讯》也都对成果做了推荐介绍。这次再版中，也把中国社会科学院对专著颁发的获奖证书和四处报刊的推荐文章附在书后，供大家参考。

这本专著在我国创建发展生态经济学，特别是从无到有探索建立中国生态经济管理学的过程中做了些工作和取得一些成绩。这些成绩是我国生态经济学理论队伍集体努力取得的成果。当时中国的生态经济学研究主要是通过我负责的中国生态经济学会，组织全国生态经济学理论研究队伍进行的。正如当时解振华同志为本书作序中指出的"中国生态经济学会有一支生态经济理论研究队伍，十五年来一直坚持不懈地进行这方面的研究"。"八五"期间，又提出了《走向 21 世纪的生态经济管理》这一专著，"这是十五年来生态经济学理论研究的继续和进一步向密切联系实际，指导解决实际问题方向的深入"。当时参加这一专著研究和撰写的专家们，个别的已经作古，有些仍然继续活跃在生态经济学研究岗位上，并且不断做出新的成绩。

生态经济学是适应新的生态时代要求而建立的一门新兴边缘科学，它的发展很快。党的"十八大"和"十八届三中全会"又提出了建设生态文明和进行生态文明制度改革的宏伟任务，为生态经济学研究提供了更广阔的领域。我国的生态经济学研究，特别是"生态经济管理学"的研究和本专著的出版和再版，还只是开了个头。今后希望有更多的人，特别是更多的年轻学者和实际工作者们进行更多的研究。并不断有更多、更高水平的生态经济学，以及生态经济管理学研究的成果问世。推动我国生态经济学新兴学科的研究做出更大的成绩，为我国，以及为世界生态经济学的发展做出更大的贡献。

主编 王松霈

85 岁

2014 年 1 月 于北京

前　言

　　当前人类社会的发展，从人与自然的关系来看，已经进入生态与经济协调发展的新时代，其基本特征是实现经济与社会的可持续发展。反映新时代要求的新实践，要求有与之相适应的新理论来进行指导，一门由生态学与经济学相互渗透结合而成的新兴边缘学科——生态经济学就应运而生。

　　在我国，生态经济学的发展已经有 15 年的历史。1980 年，已故著名经济学家许涤新提出了研究我国的生态经济问题和建立我国生态经济学的倡议。1984 年建立了中国生态经济学会，开始有组织地进行生态经济问题研究。在生态经济学理论上，由中国生态经济学会统一组织的研究工作主要有两项：第一项是 1985—1986 年，在许老的领导下，由笔者具体组织，我国第一批生态经济学理论研究专家参加，进行生态经济学基本理论问题研究，出版了《生态经济学》专著，请许涤新同志任主编，从无到有建立了我国生态经济学新学科的初步理论体系，获华东地区出版社政治理论书籍评选一等奖，国家教委作为高等院校教材，对我国经济学的发展和促进实际工作产生了很大影响，被认为代表了我国 20 世纪 80 年代生态经济学研究的水平。第二项是在此基础上，1992—1995 年由笔者牵头，基本是原来的人员参加，承担全国哲学社会科学"八五"规划国家重点课题"我国现代化进程中生态经济管理问题研究"，用已建立的生态经济学理论为指导，密切结合我国实际，研究生态经济管理的理论和实际问题，重点在于指导实践。目标也是提出一本研究专著，作为我国这方面的第一部系统成果，争取能够达到我国到目前为止这方面的高水平，对当前和进入 21 世纪我国社会主义现代化经济的发展起到积极的作用。现在这一工作已经完成，提出的研究专著定名为《走向 21 世纪的生态经济管理》，现在奉献给读者。

"八五"期间，我们认真组织了这一国家社会科学规划重点课题的研究工作。特请曲格平、刘国光、石山、王耕今和陈吉元五位同志担任课题顾问，对研究工作进行指导。在具体研究工作的进行上，建立了六个子课题：①生态经济管理理论研究；②宏观生态经济管理研究；③微观生态经济管理研究；④城市生态经济管理研究；⑤农村生态经济管理研究；⑥国外生态经济管理研究。以此成为最终成果的六篇，构成研究专著的基本框架。专著以生态与经济协调发展和可持续发展为特色，体现了以下基本特点和内容。

一　立足高起点

专著提出生态经济管理是现代化范畴，要着眼于生态时代，面向 21 世纪，为实现我国经济社会的可持续发展服务。从而使专著具有方向性、战略性和超前性特色。

（1）关于时代的划分。提出人类社会由于生产力的推动，已经经历了三个发展阶段：①农业革命，推动建立了农业社会和农业文明；②工业革命，推动建立了工业社会和工业文明；③生态革命，推动进入 21 世纪的生态社会和即将到来的生态文明建设高潮。时代的特征决定了实行生态经济管理的必然性和必要性，它的地位、概念、特点和内涵。

（2）建立人与自然的和谐观。提出历史以来，人对人与自然之间关系的认识已经历了从"朦胧"到"对立"再到"和谐"的三个阶段。当前人与自然和谐观的建立，将指导把我国的生态经济管理放在符合客观经济规律和自然规律共同要求的基础上。

（3）着眼于现代经济发展的高级阶段。提出在生态时代，要求现代经济走向它的高级发展阶段，即生态与经济协调的"现代生态经济"发展阶段。为此，从一般现代农业、现代工业和现代企业改革与发展的研究，进入了生态农业、生态工业和生态经济现代企业制度的系统研究。

二　理论联系实际，重在指导实践

生态经济管理首先是应用研究，要求用生态经济学理论为指导，侧重于指导实践。以下内容体现了专著既有理论指导性，又有现实针对性和可操作性的主要特点。

1. 宏观生态经济管理方面

我国宏观生态经济管理模式问题。政府是宏观生态经济管理的主体，市场在自然资源配置中起基础性作用，经济手段是管理的主要手段。与一般经济学的论述不同，它侧重于生态经济的理论论证，从而赋予此模式以新的生态经济内涵。针对当前我国社会主义市场经济中单纯发展经济和单一经济利益驱动的局限性，提出我国必须采取这一宏观生态经济管理模式，以促进我国 21 世纪经济和社会的可持续发展。

我国宏观生态经济纵向（产业）和横向（区域）管理的发展战略问题。对产业生态经济管理，我国产业战略转轨的方向是发展"绿色产业"，不能走西方"先破坏，后整治"的老路；而应走生态与经济协调，融治理于发展之中的新路。对其实施，提出三点建议：（1）优化产业的生态经济结构，可持续地合理配置资源。21 世纪要实现从粗放经营的传统产业结构向集约经营的现代产业结构转变。（2）正确选择主导产业。根据经济和生态双重标准，我国的选择应是环保产业和生态农业。国家政策要采取多种有效措施催育主导产业。（3）要走高技术"绿化"、无害环境的发展道路。

对区域生态经济管理，要实现区域生态经济的可持续发展，核心是组织实现区域人口（P）、资源（R）、环境（E）和发展（D）的 PRED协调。分类型的区域管理，重点研究了山区和平原生态经济系统，以及生态经济交错区生态经济系统，并提出了实施的可操作性原则。

2. 微观生态经济管理方面

认识现代企业制度的应有内涵问题。我国的经济改革已经把建立现代企业制度提上了日程,现代管理必然要进入本身的高级发展阶段,即绿色管理阶段。这就要求我国的现代企业制度一开始就应有明确的生态经济内涵。生态时代,我国的现代企业应当首先具有社会责任,要实行全面的效益原则(包括生态、经济和社会效益)。追求利润是企业的主要目标,而对社会作贡献是其基本目标。在企业的多种社会责任中,要把保护环境和建设生态摆在首位。

我国微观生态经济管理模式问题。它应是生态与经济协调的质量效益型管理模式。我国企业管理中,速度消耗型模式具有严重弊端。速度效益型模式追求经济效益,但仍是纯经济的、与生态脱离,因而还只是一种过渡性的模式,必然还要向生态与经济协调的质量效益型企业管理模式转变。并提出这种模式的 6 个特征。

现代企业使用生态成本和生态经济成本范畴。我国目前使用的企业成本是经济成本,把企业客观存在的生态成本排除在企业的成本—效益核算之外。生态经济学理论认为,生态成本是恢复和再生生态环境资源所用的劳动耗费及其补偿。经济成本和生态成本都是人类劳动的耗费,并且共同构成企业生态经济成本。因此在优化生态经济管理中,必须消除生态成本外推、污染代价外移的外在化现象,使生态成本核算进入企业的成本—效益分析之中。并通过核算生态经济成本,实现企业外部不经济性内部化。

现代企业采取多种措施实现外部不经济性内部化。对此,首先要明确企业生态经济行为合理化的标准与合理界限。现代企业是社会的一个组成部分,既承担企业责任,又承担社会责任,因此其行为合理化的标准应是企业利益和社会利益的密切结合与协调统一。其行为合理化界限,对企业来说,要使追求自身利益最大化的经营管理活动,不得违反国家有关政策法规;对政府来说,应尽力约束企业外部不经济行为,又不过多影响企业的活力,以达到包括企业利益在内的最大可能的最佳社会利益。其次在组织和制度上,提出建立现代企业内部的生态环境补偿制度；同时建立生态经理制，以确保绿色管理的推行。

3. 城市生态经济管理方面

现代化城市建设中的综合生态经济管理问题。针对城市生态经济系统具有生态经济因素多、系统复杂、运行快、生态经济质量高，也容易出现生态经济不协调等特点，强调加强城市基础设施建设对加强城市可持续发展基础的重要性，并提出规划建设"生态经济市"的具体可操作性意见。

发展"生态工业"问题。它是现代高度协调的工业发展形式和工业发展的高级形式。它与生态农业相对应，共同构成我国工农两大部门的可持续发展具体模式。在此基础上提出建设"生态企业"、"生态工业区"和整个生态工业体系问题。并提出具体建议。

"城市群"的生态经济规划和管理问题。这是21世纪我国现代化城市发展中必然遇到的新问题。要进行超前研究，避免走国外老路造成的损失。要认识城市群是一个统一的大生态经济系统，具有区域整体性、城市间的制约关联性和层次性特点。对城市群的生态经济管理要注意其生态经济特色，避免其发展的"超城市化"问题。

城市对外开放中的突出生态经济管理问题。（1）警惕对外开放中发达国家的生态殖民政策。包括向我国倾倒垃圾与有害废弃物等。（2）重视旅游业中发展经济与保护景观资源的关系。提出：把保护放在首位，防止"建设性破坏"，要使人与自然和谐。（3）重视城市经济技术开发区、高新技术开发区、保税区的生态经济管理。

4. 农村生态经济管理方面

认识农村生态经济管理的目标。首先，要重新认识农业的本质特征：（1）基础产业。它是人类和其他产业的存在之源。（2）效益产业。它是致富产业和经济支柱产业。（3）生态产业。生态是农业发展的基础，农业以自己的经济行为和生态行为同时参与、影响和干扰社会综合生产力。农业综合性的生态经济本质特征决定着农村经济发展和管理的总过程。其次，在此基础上，决定了农村生态经济管理的综合目标是使农村生态经济系统达到：（1）高效与集约；（2）协调与和谐；（3）持续与进化。

农村生态经济布局和农村生态经济区划。中国农村经历了三个生态经济布局类型的演变：（1）分散的、相对均匀的农村生态经济布局类型；（2）城市导向型环城市农村生态经济布局类型；（3）专业化商品生产基地型农村生态经济布局类型。它们的发展演变，反映了农村生产力逐步提高的过程。它们的多种类型并存，增加了农村生态经济区域管理的复杂性。对农村生态经济区划的特点、作用和本身构成的三级体系的研究，是现行农业自然资源与农业综合区划的提高与深入。提出生态经济区划是一个复合多级的体系，主要为三级：（1）农村生态（或经济）单一的要素区划；（2）农村生态（经济、社会）系统的单相区划；（3）农村生态经济综合区划。

生态农业建设是我国农村生态经济管理的基本内容。生态农业是我国现代农业可持续发展的具体模式，它最能反映农业的本质特征（包括由农业社会功能形成的基础产业特征、经济功能形成的效益产业特征和自然生态功能形成的生态产业特征），因此能做出全面目标优化的最佳选择。以生态农业建设为基本内容进行生态经济管理，将推动整个农村经济沿着可持续发展的道路前进。

5. 国外生态经济管理方面

生态经济管理的资本理论。介绍国外关于生态资源稀缺性的含义及其经济标志，以及稀缺性原理在生态资源优化配置中的应用。在此基础上，介绍生态资源的资本化管理理论和做法，突出把生态资源作为生态资本来管理的观点，和运用利息、贴现率等进行生态经济管理的具体做法。

生态经济管理的供求理论。介绍西方关于生态资源供给、生态资源经济需求和生态经济供求曲线。同时介绍了生态经济供求弹性理论和生态经济均衡理论与管理（包括生态经济均衡和帕累托最优在生态经济管理中的应用），及其计量分析和具体做法。

生态资源的外在性理论及管理策略。介绍外在性的概念、特征、类型，及其干预和内在化。这是可以直接参照用于指导我国生态经济管理，特别是微观生态经济管理的理论和经验。对我国有重要的借鉴意义。同时也系统地介绍了西方实行外在不经济性内在化的各种理论和具体做法：如税收—补助办法、市场办法（包括政府的市场办法和科斯的市场办法）、法规和制度办法、规划办法等。

生态经济建设的管理政策。介绍西方国家第二次世界大战后迅速发展起来的生态经济建设概况、六条建设经验和三项主要管理政策（生态经济建设产业化政策、生态经济建设投资政策和生态经济建设的全球一体化政策）等。以上对国外生态经济理论和经验比较系统的引进，在我国生态经济管理研究上尚属首次。这也是理论联系实际的一个重要方面。

三　力争理论研究的开拓创新

本书以生态与经济双重存在的理论为基础，以可持续发展的理论为目标，同时以生态与经济协调发展的理论为基本特色，并将之作为一条理论主线贯穿于专著的始终。主要内容：

本书提出了实行生态经济管理要建立三个新的思维：①生态与经济双重存在的思维。人类的一切经济活动都是在由生态系统和经济系统复合组成的生态经济系统中进行的，生态经济系统是载体，生态经济平衡是动力，生态经济效益是目的，一切都具有鲜明的生态与经济双重性。②协调发展的思维。生态与经济协调是新时代的基本特征，从当前的生态与经济矛盾走向两者协调是经济社会发展的必然趋势。它的建立为人们发展经济提供了一种崭新的指导思想。③持续发展的思维。联合国《21 世纪议程》和我国《中国 21 世纪议程白皮书》，及《国民经济和社会发展"九五"计划和 2010 年远景目标纲要》中，都把可持续发展作为 21 世纪的指导思想和重要任务。这一新思维的建立将指引我国 21 世纪经济发展的正确方向。

本书提出指导生态经济管理的四条基本理论和原则：①人类利用自然又受制于自然的理论和原则。历史上人与自然的关系经历了从朦胧到对立又到和谐的三个阶段。要树立人与自然的和谐观，要改变人对自然的掠夺利用方式，走绿色管理的道路。②经济主导与生态基础制约促进的理论和原则。在经济发展中，对自然资源的利用，建议采取"在利用中保护和在保护中利用"的原则。③经济有效性与生态安全性兼容协调的理论和原则。发展经济要求应是有效而不是最大，并以维持生态系统安全存在和运行为阈限。经济有效性和生态安全性统一的可能性，根源于生态安全与经济安全的一致性和目前经济效益与长远经济效益的统一性。这是我国生态经济学研究首次提出的一个理论和原则。我国生态经济学理论研究 15 年来，从开始认识"经济与生态"的矛盾，再到认识"经济需求与生态供给"的矛盾，再到"经济需求无限性与生态供给有限性"的矛盾，又到今天提出认识"经济有效性与生态安全性"的矛盾，是我国生态经济学理论研究的具体深入过程。针对过去长期以来我国生态经济学研究，一般只侧重定性，最多能够定向，而未能定位和定量的不足，把生态与经济的矛盾具体定位于经济有效性和生态安全性这一矛盾焦点上，使管理可以操作，并可以进一步指导定量研究是一个突破。④经济效益、社会效益、生态效益整体统一的理论和原则。其核心是局部、目前利益与全局、长远利益的生态经济结合。它体现了现代经济的本质特征，可以指导实现我国经济的全面优化。

本书提出积极生态平衡的指导思想。生态经济学中的生态平衡实质是生态经济平衡。据此在管理上应区分为积极的生态平衡和消极的生态平衡。有利于人们发展经济的生态平衡是前者，不利于的是后者。人们必须发展经济，因此也必然要打破某些自然界的生态平衡。若随着打破旧的平衡而建起的新的生态平衡既能维持生态的正常运行，又有利于经济的发展，这个生态平衡就是积极的生态平衡，一般就应该支持；并且要发挥人的主观能动性，创造条件，建立各种良性循环的新的人工生态系统，使自然为人所用，而不被自然保护主义的思想束缚住人们的手脚。

本书共 6 篇，22 章。执笔的分工是：王松霈、黄正夫（第一章），潘勇（第二章），王松霈（第三章），王全新（第四章），王干梅（第五、六、七章），张安禄（第八章），刘思华（第九章），刘思华、陈池波（第十章），杨文进、林卿、刘思华（第十一章），马传栋（第十二、十三、十四章），刘淑琪（第十五章），傅政德、张青、余桂玲（第十六章），傅政德、张青（第十七章），傅政德、余桂玲（第十八章），姜学民、雷书彦（第十九章），姜学民、罗远洲（第二十章），姜学民、吴远明（第二十一章），张继军、姜学民（第二十二章）。各章的写作，在保持全书基本观点一致的基础上，具体写法不强求统一，同时在写作上也保持了各位作者自己的风格。本书由王松霈和刘思华统编，王松霈最后修改定稿。朱祖希同志对本书的修改、出版提出了宝贵意见，给予了很多帮助，特此表示感谢。

由于生态经济学是一门新兴的边缘经济科学，用生态经济学的理论为指导，探索生态经济管理的规律性来指导实践，更是一个新的研究领域。而且由于我们水平所限，本书的写作不可避免地会有这样或那样的缺点，甚至错误。对此，我们诚恳地希望学术界的专家、实际工作部门的同志们，以及广大读者给予批评和指正。

王松霈

1996 年 5 月 30 日

目　录

第一篇　生态经济管理理论

第二篇 宏观生态经济管理

第三篇 微观生态经济管理

第四篇　城市生态经济管理

第五篇　农村生态经济管理

第六篇　国外生态经济管理

获奖证书

证 书

王松霈主编的《走向 21 世纪的生态经济管
理》（专著）荣获第三届中国社会科学院优秀科研
成果奖三等奖。特颁发此证。

院 长 （签名）

二〇〇〇年十月二十日

走向 21 世纪的生态经济管理

中国生态经济学会王松霈同志承担的"八五"规划重点项目"我国现代化进程中生态经济管理问题研究",其最终成果是中国环境科学出版社出版的专著《走向 21 世纪的生态经济管理》。这项成果针对全球生态经济建设和西方生态殖民主义行为提出了一系列重要观点。

一、改传统的经济增长战略为全球生态经济发展战略,提高全人类的生态经济意识。传统观点认为,经济发展就是经济增长,就是收支平衡、产值和国民生产总值指标的提高,任何能带来增长的行为都是经济的。这种观点引导的行为是只关心数量,而数量后面的社会、经济和生态质量并不重要。这种增长是通过对资源的大量消耗和对全球生态系统大规模破坏实现的,它使得资源总量锐减、资源结构失衡、环境严重破坏。必须使全人类认识到,经济发展一刻也脱离不了地球表层资源,经济发展得以实现的载体——地球——是一个整体的生态系统。这一系统由于人类对资源"先下手为强"的掠夺而出现了全球性的生态环境危机。解决问题的首要方面是调整生态价值观念,采取全球生态经济发展战略,共同追求全球经济持续进步 。

二、发展中国家要坚决抵制发达国家的生态殖民主义行为。80 年代中后期以来,随着发达国家和地区生活质量的提高,公众生态觉悟及环境意识觉醒,许多产品和生产项目在其国内逐渐失去市场。但出于"经济增长"的需要,他们仍然生产高污染产品,并源源不断倾销到人民生态觉悟较低、环境控制不强的发展中国家,或者以投资、经济援助的名义把会对生态环境造成严重破坏和威胁的工业项目如石化、冶金、电子、化工等迁移到发展中国家。利用当地廉价的劳动力、丰富的自然资源，以及不完善或无力认真执行的环境法规等情况，进行生态殖民主义行为，污染那里的环境。为此，各发展中国家要严格立法，凡不能把排污量控制在国际公认标准以内的外国投资项目，一律拒绝接受。

三、发展中国家在发展经济的同时，认真解决好本国生产建设问题，为地球奉献绿色。发展中国家，由于经济发展水平低，人民比较贫困，追求温饱仍然是社会主要目标，面临着发展经济和生态保护双重压力。按福利经济的价值取向，他们更容易理性地选择"先污染，后治理"，而不是"边发展，边治理"的发展方式。然而，某些破坏了的生态靠治理是不足以恢复的，因而要求治理保护与经济发展同步进行，充分保持和发挥本国的资源优势，在维护发展权的同时，遵守国际公约，扩大森林植被，保护生物物种，为地球奉献绿色。

四、强化国际社会的协调作用，遵守国际性准则。自 1972 年 6 月 5 日环境大会以来，全球生态经济建设工程取得巨大进展，生态意识普遍提高，管理机构不断健全，组织功能日益完善，管理制度系列化、规范化，形成了涉及各个方面的被广泛认同和接受的国际性法律规范。国际性机构有全球性的（如联合国环境规划署、世界银行环境署等）和地区性的（如尼罗河流域管委会），有执行性的和科研性的，它们的职能正在从被动协调走向开发建设管理全球生态经济。已形成的法规涉及大气层保护、生物多样性保护、公海及国际性河流开发、南极开发等各方面，规定了各国在世界资源开发中的权利、责任和义务，是各国发展经济必须遵守的国际性准则。

五、平衡南北关系，促使全球生态经济建设的长期合作。虽然生态经济具有全球性，但处于不同发展阶段的国家经济发展和对生态环境的评价存在差异，各自的资金技术实力不同。一方面，后进国承担着发达国造成的生态资源枯竭和环境恶化后果，生态资源对经济发展的支持能力大大减小，更难摆脱贫困，为生存不得不耗用生态资源；另一方面，先进国凭着自身的资金和技术实力通过各种方式将自己的生态观念强加于发展中国家。这是南北在生态经济问题上存在的差异。为此，实行全球一体化生态经济管理，必须首先尊重后进国的生存权和发展权，尊重他们对本国资源的开发权。在充分估计他们生态建设能力的基础上，发达国家要承担更多的义务，为发展中国家提供"新的额外资金"和"优惠技术转让"，为共同执行国际公约、进行全球生态经济建设合作提供条件。

（原载《光明日报》1997 年 10 月 10 日）

生态经济管理研究的新成果

编者按：针对全球生态经济建设和西方生态殖民主义行为，中国生态经济学会王松霈同志在其《走向 21 世纪的生态经济管理》一书中，提出了若干新观点。

改传统的经济增长战略为全球生态经济发展战略，提高全人类的生态经济意识

传统观点认为，经济发展就是经济增长，就是收支平衡、产值和国民生产总值指标的提高，任何能带来增长的行为都是经济的。这种观点引导的行为是只关心数量，而数量后面的社会、经济和生态质量并不重要。这种增长是通过对资源的大量消耗和对全球性生态系统的大规模破坏实现的，它使得资源总量锐减、资源结构失衡、环境严重破坏。因此，必须使全人类认识到，经济发展一刻也脱离不了地球表层资源，经济发展得以实现的载体——地球——是一个整体的生态系统。这一系统由于人类对资源"先下手为强"的掠夺而出现了全球性的生态环境危机。解决问题的首要方面是调整生态价值观念，采取全球生态经济发展战略，共同追求全球经济持续进步。

发展中国家要坚决抵制发达国家的生态殖民主义行为

80 年代中后期以来，随着发达国家和地区生活质量的提高，公众生态觉悟及环境意识觉醒，许多产品和生产项目在其国内逐渐失去市场。但出于"经济增长"的需要，他们仍然生产高污染产品，并源源不断地倾销到人民生态觉悟较低、环境控制能力不强的发展中国家。

或者以投资、经济援助的名义把会对生态环境造成严重破坏和威胁的工业项目如石化、冶金、电子、化工等迁移到发展中国家。利用当地廉价的劳动力、丰富的自然资源和不完善或无力认真执行的环境法规等情况进行生态殖民主义行为，污染那里的环境，将那里的人民推到生态灾难第一线去承担其经济发展的外部影响，而在本国大力发展绿色产业、第三产业和高新技术产业。抵制不合理的生态殖民行为是世界人民的共同使命，各国要在取得共识后联合行动，结成全球性反污染输出联盟，建立反污染输出国际组织。同时，各发展中国家要严格立法，凡不能把排污量控制在国际公认标准以内的外国投资项目，一律拒绝接受。联合国也要将制止、干预、调查、处理污染输出事件的责任切实承担起来，使以"投资"、"援助"为名进行的破坏性生产项目从地球上消失。

发展中国家在发展经济的同时，要认真解决好本国生产建设问题，为地球奉献绿色

发展中国家，由于经济水平低，人民普遍贫困，追求温饱仍然是社会主要目标，面临着发展经济和生态保护双重压力。按福利经济的价值取向，他们更易理性地选择"先污染，后治理"，而不是"边发展，边治理"的发展方式。然而，某些破坏了的生态靠治理是不足以恢复的，如生物物种灭绝、土地沙漠化、水土流失等。因而要求治理保护与经济发展同步进行，充分保持和发挥本国的资源优势，在维护发展权的同时，遵守国际公约，扩大森林植被，保护生物物种，为地球奉献绿色。

平衡南北关系，促进全球生态经济建设的长期合作

虽然生态经济具有全球性，但处于不同发展阶段的国家经济发展和生态环境的评价存在差异，各自的资金技术实力不同。同时，一方面，后进国承担着发达国家造成的生态资源枯竭和环境恶化后果，生态资源对经济发展的支持能力大大减弱，更难摆脱贫困，为生存不得不耗用生态资源；另一方面，先进国凭着自身的资金和技术实力通过各种方式将自己的生态观念强加于发展中国家。这是南北在生态经济问题上存在的差异。为此，实行全球一体化生态经济管理，必须首先尊重后进国的生存权和发展权，尊重他们对本国资源的开发权。在充分估计他们生态建设能力的基础上，发达国家要承担更多的义务，为发展中国家提供"新的额外资金"和"优惠技术转让"，为共同执行国际公约，进行全球生态经济建设合作提供条件。

（原载《人民日报》1998 年 2 月 21 日）

生态经济学研究出新成果

由中国社会科学院农村发展研究所研究员王松霈主编的《走向 21 世纪的生态经济管理》一书，已由中国环境科学出版社出版。该书是全国哲学社会科学"八五"规划国家重点课题"我国现代化进程中生态经济管理问题研究"的最终成果。全书分为生态经济管理理论、宏观生态经济管理、微观生态经济管理、城市生态经济管理、农村生态经济管理和国外生态经济管理六篇。该专著着眼生态时代，面向 21 世纪，理论联系实际，以可持续发展为目标，以生态与经济协调的理论为基本特色。

（原载《北京日报》1998 年 5 月 11 日）

我国生态经济学理论研究又出新成果

《走向 21 世纪的生态经济管理》一书，是我院农村所王松霈研究员主持的国家"八五"重点课题"我国现代化进程中生态经济管理问题研究"的最终研究成果，日前由中国环境科学出版社出版。这本专著的问世，是我国生态经济学理论研究的一个重大发展，同时对直接服务于指导我国资源与环境保护实践，也将起到有力的促进作用。

生态经济学是为我国资源和环境保护服务的一门重要的新兴边缘学科，只有 16 年的发展历史。"九五"和进入 21 世纪，我国实现经济社会可持续发展的新形势，要求大力加强生态经济管理的研究和实际工作，这就要求把生态经济学的理论具体化，结合我国经济社会发展与生态和环境保护的实际，逐步研究提出一套生态经济管理的具体理论和方法，以适应国民经济和社会发展的需要。王松霈主编的《走向 21 世纪的生态经济管理》一书，正是站在面向 21 世纪的高起点上，以促进实现我国的生态与经济协调发展为核心，以实现经济社会的可持续发展为目标，不仅在生态经济管理理论方面有了开拓创新，而且在宏观生态经济管理、微观生态经济管理、城市生态经济管理、农村生态经济管理等各个方面都提出了具有现实针对性和可操作性的建议，并系统引进和介绍了国外有关生态经济管理的理论、经验和做法，为我国提供了借鉴。这本专著的出版，是 16 年来生态经济学理论研究的继续和进一步朝密切联系实际、指导解决实际问题方向的深入。

该专著提出，实行生态经济管理要建立三个新的思维：①生态与经济双重存在的思维。人类的一切经济活动都是在由生态系统和经济系统复合组成的生态经济系统中进行的，生态经济系统是载体，生态经济平衡是动力，生态经济效益是目的，一切都具有鲜明的生态与经济双重性。②协调发展的思维。生态与经济协调是新时代的基本特征，从当前的生态与经济矛盾走向两者协调是经济社会发展的必然趋势。它的建立为人们发展经济提供了一种崭新的指导思想。③持续发展的思维。这一新思维的建立将指引我国 21 世纪经济发展的正确方向。

该专著提出了指导生态经济管理的四条基本理论和原则：①人类利用自然又受制于自然的理论和原则。要树立人与自然的和谐观，要改变人对自然的掠夺利用方式，走绿色管理的道路。②经济主导与生态基础制约促进的理论和原则。在经济发展中，对自然资源的利用，建议采取"在利用中保护和在保护中利用"的原则。③经济有效性与生态安全性兼容协调的理论和原则。发展经济要求应是有效而不是最大，并以维持生态系统安全存在和运行为阈限。经济有效性和生态安全性统一的可能性，根源于生态安全与经济安全的一致性和目前经济效益与长远经济效益的统一性。这是我国生态经济学研究首次提出的一个理论和原则。我国生态经济学理论研究 16 年来，从开始认识"经济与生态"的矛盾，到认识"经济需求与生态供给"的矛盾，再到"经济需求无限性与生态供给有限性"的矛盾，又到今天提出认识"经济有效性与生态安全性"的矛盾，是我国生态经济学理论研究的具体深入过程。针对过去长期以来我国生态经济学研究，一般只侧重定性，最多能够定向，而未能定位和定量的不足，把生态与经济的矛盾具体定位于经济有效性和生态安全性这一矛盾焦点上，使管理可以操作，并可以进一步指导定量研究是一个突破。④经济效益、社会效益、生态效益整体统一的理论和原则。其核心是局部、目前利益与全局、长远利益的生态经济结合。它体现了现代经济的本质特征，可以指导实现我国经济的全面优化。

该专著还提出积极生态平衡的指导思想。生态经济学中的生态平衡实质是生态经济平衡。据此在管理上应区分为积极的生态平衡和消极的生态平衡。有利于人们发展经济的生态平衡是前者，不利于的是后者。人们必须发展经济，因此也必然要打破某些自然界的生态平衡。若随着打破旧的平衡而建起的新的生态平衡既能维持生态的正常运行，又有利于经济的发展，这个生态平衡就是积极的生态平衡，一般就应该支持；并且要发挥人的主观能动性，创造条件，建立各种良性循环的新的人工生态系统，使自然为人所用，而不被自然保护主义的思想束缚住人们的手脚。

（原载《中国社会科学院通讯》1997 年 9 月 12 日）

第一篇　生态经济管理理论

在当代世界的发展中，几乎到处都存在各种尖锐的生态与经济的矛盾，它们严重地阻碍了各国社会经济的发展。自20世纪60年代后期以来，各国的领导者和专家、学者一直在寻找解决问题的办法，使社会经济走上协调和持续发展的道路。人类社会经济中的生态经济不协调，主要是由于人们在发展经济中的错误指导思想和错误经济行为造成的。因此，解决问题的出路就在于实行能够促进生态与经济协调发展的生态经济管理，在实践中指导并规范人们的经济行为。当前，人类社会经济的发展从人与自然的关系上，已经进入了一个新的时代，即生态与经济协调发展的时代。21世纪将是可持续发展的世纪。建立并实行生态经济管理是历史发展的必然要求。它的建立要求人们改变过去不适应新时代要求的旧思维，建立起新的思维。同时，也要求建立起一系列新的基本理论和原则，对实行生态经济管理进行指导。

第一章 生态经济管理是各国 共同面临的问题

一 当前人类面临着世界性的生态经济矛盾

（一） 目前人类社会正经历着新的时代转折

回顾历史，人类社会由于生产力发展的推动，已经经历了三个相互联系的发展阶段。初期，由于动物饲养和植物种植，以及一些简单农业生产工具的出现，推动了农业革命，建立了农业社会，形成了长时期灿烂的农业文明。这是人类社会发展中的一次飞跃。

之后，在生产力继续发展的基础上，由于蒸汽机的发明，推动了工业革命，建立了工业社会，形成了现代灿烂的工业文明，这是人类社会发展中的又一次飞跃。这一历史阶段，科学技术飞快发展，社会生产力迅速提高，给人类社会带来了现代物质文明和精神文明，使社会经济的发展达到了一个空前未有的高度和水平。但是，由于人们在传统的发展思想指导下，单纯追求经济的发展，而不顾对生态环境的影响，在人们不能正确认识和处理经济与生态之间关系的情况下，现代生产力对有限的自然资源和自然生态系统，造成了巨大的压力和破坏，并形成了越来越严重的生态经济矛盾和危机。

现代经济社会发展中生态与经济日趋严重的不协调引起了人们的忧虑。以促进生态与经济协调发展为特征的"绿色技术"的发展，使现代社会的生产力水平达到了一个新的高度。以之为动力，人类社会发展中的一场新的革命——生态革命正在孕育和形成。它正推动着人类社会从当前的工业社会逐渐转变并进入 21 世纪的生态化社会，一个更高度的生态文明建设的高潮即将到来。

（二）当前世界面临的世界性生态经济矛盾

当前，人类社会正处在从工业社会向生态化社会转变的历史时期，社会经济发展中的各种生态经济矛盾已经全面而又集中地表现出来。就近期世界范围的一些主要情况看：

——作为地球生态系统重要支柱的热带雨林正在遭受越来越大的破坏。联合国粮农组织 1992 年在巴西里约热内卢联合国环境与发展大会期间，公布的一项新的研究报告指出，现在全世界热带森林每年被毁的面积已经达到 1690 万公顷，与 1980 年公布的数字（每年砍伐森林 1130 万公顷）相比，增长了 50%。巴西的亚马孙河流域是世界上最大的一片热带雨林，因其能为地球万物提供生命之氧，而被西方一些科学家称为"世界之肺"；然而其热带森林已经遭到越来越大的破坏。在巴西的大西洋沿海岸线曾经有一片面积达 110 万平方公里的茂密森林，现已经被砍伐破坏殆尽，目前剩下不到 9.6 万平方公里，只占原始面积的 8.8%。当今，由于经济利益的驱动，森林被大量毁坏。如美国及欧共体成员国利用中美洲质高价廉的瘦肉型菜牛发展快餐食品业，致使中美洲成片的森林（上面生长着 60 英尺高的大树和 50 种珍稀树苗）被夷为平地，辟做饲养菜牛的牧场。为了一个汉堡包，就毁掉了一片森林。

——世界沙漠化的地区日益扩大。据测算，目前全球荒漠化土地已达 4560 万平方公里，等于俄罗斯、美国、加拿大、中国国土面积的总和，而且荒漠化还以每年 5 万—7 万平方公里的速度扩大，相当于每年吞食掉一个爱尔兰。

——全球工业"三废"（废气、废水、废渣）的排放日益严重。废气的排放，据世界卫生组织和联合国环境署报告，现在城市中有 6.25 亿人生活在有损健康的含硫烟气中；占全世界人口总数 1/5 的 10 多亿人生活在对人体有害的空气里。空气污染使美国每年要花费 400 亿美元用于医疗保健。废水的排放，苏联在 80 年代后期的几年中，流入伏尔加河的未净化污水增加了 3 倍，流入亚速海的污水增加了 2 倍，流入贝加尔湖的污水增加了 50%。1989 年的污水排放量已达到前所未有的

340 亿立方米。据美国环保局报道，在 1980—1984 年的 5 年间，美国的工厂发生各种重大污染事故 6928 起，平均每天 5 起。苏联的切尔诺贝利核电站和印度博帕尔毒气泄漏的悲惨灾难，至今使人们还谈毒色变。据统计，全球每年约有 100 万人由于农药事故中毒，死亡上万人。

——此外，世界范围内超出各国国界和对全球有重大影响的生态经济灾害，如酸雨、温室效应和臭氧层的破坏等问题也日趋严重。人类生产和生活等经济活动中超量排放的二氧化碳等"温室气体"，引起地球气温急速升高。据科学家推算，按目前的升高势头，至 21 世纪中叶，世界气温可能比现在升高 2—5℃。这将足以引起极地冰山融化，导致海平面升高。如升高 30—50 厘米，世界各地海岸线的 70%、美国海岸线的 90% 将被海水淹没；升高 1 米，海水将漫过日本东京 30% 的地面；升高 2 米，孟加拉国的 1/4 土地、埃及的大片面积将成为一片泽国，马尔代夫、塞舌尔等岛国和洼地将在地图上消失。

当前世界的生态经济矛盾和危机是严重的，而且是全面的和普遍的。它既存在于发达国家，也存在于发展中国家；存在于人类经济生活的各个方面和各行各业，其危害也遍及人类社会、文化，以至政治的各个领域。目前，由于世界生态环境的不断恶化，一些发达国家和跨国公司，为了减少和摆脱自己的生态环境危机，对发展中国家的"生态侵略"也愈演愈烈。其做法包括：①向发展中国家转移严重危害生态环境的工业企业，有些还打着投资、"援助"的幌子。如设在印度博帕尔的一家美国化工厂，发生剧毒物质异氰酸钾酯外泄的严重恶性事故就是一个例子。这种被人们称为"生态帝国主义"的侵略行为，在世界各地至今仍在进行。②把穷国当成富国的垃圾桶。据联合国环境规划署公布的材料，世界每年形成的危险垃圾就有 5 亿多吨，其中 98% 来自发达国家。它们为了自身的利益，采取利诱、欺骗，甚至偷运等办法向发展中国家倾倒。据统计，仅 1986—1988 年，发达国家就向发展中国家倾倒这类垃圾 600 多万吨。我国近年来海关也已查获多起此类案件。③掠夺发展中国家的自然资源。如欧洲发达国家为保护自己的利益，低价去非洲砍伐森林；美国去中南美洲，日本去东南亚，把掠夺森林资源造成的生态环境危机转嫁给发展中国家。据日本资料称，它在世界热带森林原木贸易总进口量中就占了 52%，其对发展中国家生态环境破坏的力度由此可见一斑。

由于世界范围内生态与经济的矛盾日益尖锐，近年来在世界范围内，主要是在发展中国家，一个新的社会经济概念"生态难民"（或"环境难民"）正在形成，而且已经出现了一支日益庞大的"生态难民"队伍。据有关专家透露，全球的难民总数至少已有 2500 万人。而且预测，到 21 世纪中叶，全球的生态难民大军将会逾越 3 亿人。

我国是发展中国家。近半个世纪以来，由于人口的急剧增长和经济的迅速发展，在不能正确处理经济与生态之间关系的情况下，生态经济矛盾也日益严重。农业上，耕地受多方面的侵占，数量日益减少；用地不养地，质量严重下降。林业上，乱砍滥伐，长时期森林资源的砍伐量大于生长量，形成了严重的"森林赤字"。畜牧业上，大面积毁草开荒、超载过牧，造成大片草原退化、沙化。渔业上，近海渔业资源急剧衰退，经济鱼产量大幅缩减。我国的水土流失十分严重，据水利部近年来的测定，我国水蚀面积达 179 万平方公里，占国土面积的 18.6%，加上风蚀面积，要占国土总面积的 38.2%。我国城市和工业的发展中，生态与经济的矛盾也十分突出。而且由于乡镇企业的遍地开花和缺乏生态经济管理措施的约束，城市工业的污染已经向广大农村蔓延，新的污染源正在不断增加。

值得重视的是，近年来当代一些重大生态经济问题，在我国已经有了明显的发展和表现。例如严重威胁人类经济生活和生态环境的酸雨，在我国已经越来越严重。1994 年 1 月 6 日晚 10 时至 7 日上午 8 时 30 分，重庆市在 6 个区县、120 平方公里的范围内就降下了一场罕见的"黑雨"，雨样墨黑，内有悬浮物，化验证明系较高浓度的酸雨，引起了人们的震动。又如，作为沙漠化危害严重信号的特大黑风暴近年来在我国西北地区已经屡屡出现。1993 年 5 月 5 日下午的一场特大沙尘暴自西向东席卷了我国新疆、甘肃、宁夏和内蒙古 4 个省（区）的 18 个地区。风和日丽的白昼突然转暗，能见度陡降为零。72 个县受灾，成灾面积 110 万平方公里，造成了严重的人畜伤亡和财产损失。约有 12 万头牲畜死亡，12 万头失踪，造成的经济损失达 5.425 亿元。

二　三十年来的环境与发展运动

世界生态经济矛盾表现得最复杂、最集中和最突出的历史时期，也必然是生态经济思想最积极、最活跃和最敏感的时期。同时人们为解决日益尖锐的生态经济问题，必然积极行动起来，寻找出路。首先出现在人们面前的是建立生态经济思想的一场大讨论。其中，最具代表性的是20世纪60年代末展开的所谓"悲观派"和"乐观派"关于人类社会未来发展的一场大的争论。之后，人们在生态经济意识建立的基础上，又积极展开了保护生态环境，推动生态与经济协调发展的实际行动。作为主要标志的，就是从瑞典斯德哥尔摩会议到巴西里约热内卢会议以来的20多年中，从未间断而且日益高涨的环境与发展运动。

（一）悲观派与乐观派的争论

被人们称为"悲观派"的论点，以罗马俱乐部的观点为代表。罗马俱乐部是一个国际性的研究团体。20世纪60年代末，针对世界日益明显的生态经济矛盾，要求摆脱人类社会发展生态困境的呼声越来越高。在此背景下，1968年4月，来自欧洲和世界10个国家的30位专家，其中包括经济学家、人类学家、教育家和企业家等，于1968年4月聚集在意大利首都罗马的猞猁科学院，在意大利的著名工业企业家和经济学家奥雷利奥·佩西博士的主持下，讨论了人类当前和未来的困境问题。在这个会议上成立了著名的罗马俱乐部。这次会议是世界范围内讨论生态环境危机问题的首次重要国际性会议。

1972年，罗马俱乐部公开发表了它的第一份研究报告《增长的极限》。这个报告由美国麻省理工学院教授丹尼斯·L.米都斯领导下的一个研究小组提出，从发表至今，已被译成35种文字，发行600多万册，在世界范围内被公认为一部具有重大影响的著作。该著作对当今影响人类社会发展的人口、粮食、工业化、不可再生资源和环境污染五大问题进行了深入系统的研究，认为世界人口、工业生产、农业生产、资源消耗、环境污染等都按照一定的指数增长，因而在人和环境方程的双方，形势将趋于恶化。如果任现在的趋势继续下去，地球上增长的极限将在今后 100 年发生，从而导致全球性的危机：非再生资源衰竭，可耕地面积减少，生产衰落——人均食品和人均工业品大幅度下降，毁灭性环境污染，人口死亡率急剧增长。对于如何摆脱这种困境，建立稳定的生态和经济，他们提出了一个均衡发展的论点，认为"全新的态度是需要使社会改变方向，向均衡的目标前进，而不是增长"。其基本论据是："人类与自然之间日益扩大的鸿沟是社会进步的后果"。"我们不能祈望单靠技术的办法使我们摆脱这种恶性循环，而只有停止地球上的人口和经济的发展，才能维护全球性的均衡"。

罗马俱乐部的这本著作一出版，就引起了世界性的争论。反对者集中形成了一种被称为"乐观派"的观点。比较著名的代表人物有美国的赫尔曼·卡恩和朱利安·西蒙等。卡恩是美国著名的赫德森研究所所长，其代表作是《世界经济的发展——令人兴奋的 1978—2000 年》和《即将到来的繁荣》。在这两本代表作中，他反对罗马俱乐部的悲观论点，满怀信心地谈到美国和全世界所面临的无限繁荣机会。对于人类社会的发展，他提出了所谓"大过渡"的理论，认为过去的 200 年和今后 200 年，这 400 年是人类社会大过渡时期。这个时期人类社会将迅速发展。虽然有许多困难，但人类必然会摆脱这种困境，所有的国家都将进入超工业社会和后工业社会，从而使自然环境和社会环境都充满活力。对于目前，他认为我们正处在这个"伟大转变"时期的中期。"世界经济特别是增长速度较慢的中等收入国家的经济，将有全面良好的发展"。

另一位代表人物西蒙的观点集中表现在他 1981 年出版的《最后的资源》一书中。他不同意悲观论的观点。首先他批评了罗马俱乐部研究问题使用的方法。他认为，用技术分析的方法预测未来，往往远离实际进程，必须用历史外推法才是最切合实际的。他系统地阐述了对人类社会发展中的资源、生态和人口等问题的看法。他强调科学技术的作用，认为在科学技术不断进步的情况下，人类的资源是没有尽头的。生态环境也将会日益好转，恶化只不过是工业化过程中的暂时现象。粮食在未来将不成为问题，而人口将会自然而然地达到平衡。

"悲观派"和"乐观派"的争论是很激烈的，也持续了很长的时间。在 10 余年的争论中，他们通过交流，互相取长补短，从而使观点有了某种程度的接近。如罗马俱乐部在它后来提出的研究报告中，就放弃了"增长极限"的提法，而提出并强调"有限的增长"。从历史上评价这两种观点，其重要之处不是在于它们是否提出了全面的意见，抑或有什么不足之处，也不在于它们的观点是否最终达到接近或统一。其重要的贡献是在于共同重视工业化后世界经济发展中正面临的一系列日趋严重的生态经济问题；而且都认为只要人们意识到这些问题并采取正确的对策，就可以摆脱困境，争取好的前景。这样就把解决问题的出路寄托于人们端正自己经济行为的本身，从而就提出了加强生态经济管理的重要性。这正如罗马俱乐部主席奥雷利奥·佩西在其晚年所著的《世界的未来——关于未来问题一百页》一书美国版序言中所说的："要实施全球性的政策和战略，把世界引入可治理的状况。要学会如何治理世界，必须学会如何管理我们自己，改善人自身的现状和人的思想。"这样就把解决当代生态经济问题的期望引向了人们行动的现实。

（二）从斯德哥尔摩会议到里约会议

近 30 年来是世界生态经济思想活跃的时期，也是世界环境与发展运动蓬勃开展的时期。人们生态经济思想的建立，目的还是为了指导实际行动。30 年来的世界环境与发展运动，从 70 年代初的斯德哥尔摩会议到 90 年代初里约热内卢会议，把世界保护生态环境的运动，从思想准备落实到实际行动，从低层次引向了高层次，从各国的单独行动引向了全世界的共同行动。

1. 斯德哥尔摩会议

20 世纪 70 年代初，在世界生态经济矛盾日益尖锐和生态经济思想活跃的基础上，联合国于 1972 年 6 月 5 日至 16 日，在瑞典首都斯德哥尔摩召开了人类环境会议，讨论了当代的环境问题，探讨了保护全球环境的战略。会议通过了《人类环境宣言》，呼吁各国政府和人民为维护和改善人类环境，造福人民、造福子孙后代而共同努力。《宣言》郑重宣布会议提出和总结的 7 个共同观点和 26 项共同原则，引导和鼓励全世界人民保护和改善人类环境。就在这次会后，于 1973 年 1 月，联合国大会根据人类环境会议的决议，成立了联合国环境规划署，负责处理联合国在环境方面的日常事务，并作为国际环境活动的中心，促进和协调联合国内外的世界环境保护工作。同时，1972 年第 27 届联合国大会接受并通过联合国人类环境会议的建议，规定每年 6 月 5 日为"世界环境日"。联合国和各国政府要在每年的这一天开展各种活动，提醒全世界注意全球环境状况和人类活动对环境的危害，强调保护和改善人类环境的重要性。从此人们对生态环境的关注就更加普遍，保护生态环境的问题也就日益深入人心。

2. 里约热内卢会议

斯德哥尔摩会议召开后 20 年来，世界人民的生态经济意识有了很大提高，各国在保护生态环境方面都做了大量工作。但是世界的生态经济矛盾并没有消除，地球生态系统的状况持续恶化。为了在全球范围内推动这一问题的解决，联合国于斯德哥尔摩会议之后整整 20 年，于 1992 年 6 月 3 日至 14 日，在巴西里约热内卢召开了环境与发展大会。183 个国家的代表团和联合国及其下属机构等 70 个国际组织的代表出席了会议。102 位国家元首或政府首脑亲自到会。这次会议是 1972 年联合国人类环境会议之后举行的讨论世界环境与发展问题的规模最大、级别最高的一次国际会议，在人类环境与发展的历史上产生了深远的影响。

这次大会的主要成果，具体体现在所通过和签署的 5 个重要文件中：其一，通过了《关于环境与发展的里约热内卢宣言》（即《地球宪章》）。其中提出了制定环境与发展政策的 27 项原则，具有很强的指导性。第一项原则就明确提出了实现可持续发展和人类与自然相和谐的问题。宣言还强调了和平、发展和保护环境的互相依存和不可分割性，以及各国应本着"全球伙伴精神"，为保存、保护和恢复地球生态系统的健康和完整进行合作。其二，提出了《21 世纪议程》。它在第一章序言的开头就提出："人类站在历史的关键时刻"，"把环境和发展问题综合处理"，并同时强调建立促进可持续发展的全球伙伴关系。此外，还通过了《关于森林问题的原则声明》和签署了《联合国气候变化框架公约》和《联合国生物多样性公约》。这次会议的突出特点是把保护环境和发展社会经济密切联系起来，把保护生态环境从呼吁落实到具体实践，同时把各国保护生态环境的活动统一起来，成为全球的共同行动。

三　新问题，新思维，新办法

当代，随着现代经济社会的迅速发展，严峻的生态经济问题以矛盾和危机的形式尖锐地提到人们面前。这是一个带根本性的、关系到人类生存和发展的重大问题，也是一个新问题。对此，人们感到自己所习惯的旧思维不能适应新的历史时期解决新问题的需要，因此就提出了改变旧思维和建立新思维的迫切要求。我国是社会主义国家，以唯物论和辩证法的思想为指导，针对当前实践需要解决的生态经济问题，要建立起以下三个新的思维。

（一）生态与经济双重存在的思维

现代人类社会经济发展的实践告诉我们，在经济发展过程中，经济和生态两者都是客观存在的。对此要看到两点：①经济活动是人类有目的的活动，人是推动经济发展的主体，但是人的存在并不是孤立的。在发展经济的过程中，人和人的运动始终伴随着生态环境及其运动而存在。②经济与生态两者也是密切联系、相互依存和不可分割的。这是由于人的一切经济活动都要依靠自然生态运行的基础才能进行。

人的认识是客观实际的反映。但是由于客观实际有一个由低到高发展的渐进过程，因此人们对客观事物的认识也有一个从不全面到逐步全面的发展演变过程。当人类社会的生产水平还很低，人口数量也不多时，人类发展经济对自然生态环境的压力不大，自然生态并没有对经济给予明显的反抗和报复时，人们在发展经济中，并未经常意识到自然生态的客观存在，因而生态与经济双重存在的思维并未形成。但是在社会生产力高度发展和世界人口急剧增长的现代，人类发展经济的压力在某些方面已经超出了自然生态所能承受的阈限，因而自然生态对发展经济的反抗和报复越来越明显时，人们就会明显地意识到自然生态的客观存在，从而人们的生态与经济双重存在的思维也就很自然地形成。

当代人们建立的生态与经济双重存在的思维是一种十分重要的思维，它对当代人类进行经济活动具有根本的指导性。现代发展经济过程中，人们处理生态与经济关系的正反两个方面的经验证明：第一，只有建立了生态与经济双重存在的思维，人们在进行经济活动时才能有观察和处理问题的正确方法。这样，他们在遇到现代经济发展中普遍存在的生态经济矛盾时才不会感到意外，才会正确分析其存在的原因和寻找解决问题的正确途径。第二，只有建立了生态经济双重存在的思维，才能接受生态经济学的理论指导。生态经济学是适应当代发展经济的需要而建立起来的一门新兴边缘科学，其任务就是促进现代经济与生态的协调和持续发展。它建立的认识论基础就是生态与经济双重存在的思维。第三，只有建立了生态与经济双重存在的思维，人们才能自觉地进行生态经济管理。在此基础上，人们才能根据生态经济问题产生的原因和特点，按照生态经济规律的要求，采取适当的方针、政策和措施，促进各种生态经济问题的解决。

（二）协调发展的思维

当前人类社会已经进入生态的时代，生态与经济的协调是新时代的基本特征。对此要看到以下三个方面：第一，生态与经济协调是新时代经济发展的必然要求。人类社会经济的发展到了现代，各种生态与经济的矛盾不断涌现，并且不断加强，给经济社会的发展造成了一定的威胁。现代社会经济的发展要求正确处理经济发展中生态与经济的关系，使之从不协调走向协调。第二，生态与经济的协调是全面的协调。它的存在和作用表现在当代经济发展的各个方面。其中，既要实现宏观经济发展中两者的协调，又要实现微观经济发展中两者的协调；既要实现农村经济发展中的协调，又要实现城市经济发展中的协调，等等。第三，生态经济的协调是现代化经济条件下的协调。生态经济协调是现代化的范畴，它与现代生产力的高度发展相联系。因此，它指的不是过去在生产力不发展条件下，生态与经济低水平的协调；而是指在现代生产力高度发展条件下，生态与经济高水平的协调。

生态与经济协调思维的建立，为人们发展经济提供了一个崭新的指导思想。这就是在当代生态与经济协调基本特征基础上所形成的生态与经济协调发展新思想，它反映了生态规律和经济规律两个规律的客观要求。

生态与经济协调思维和新的生态经济协调发展指导思想的建立，为解决当代生态经济问题提供了巨大的可能性。但要把这种可能性变为现实，还要以之为指导做大量的工作。主要应做到以下三个协调：①经济发展与自然资源利用的协调。其关键是要认识自然资源及其再生能力的有限性，把发展经济对自然资源的压力限制在生态系统所能承担的阈限之内。要看到，这种限制并不是消极的。人们通过采用先进技术，改进工艺过程和加强管理，可以实行对资源的节约利用、替代利用和综合利用等，充分发挥自然资源的潜力，达到生态与经济协调基础上的经济迅速发展。②经济发展与环境保护的协调。其关键是要认识发展与环境的统一性。在发展中保护生态环境将给发展经济提供良好的条件；经济发展了，又将为生态环境保护提供更好的经济基础。在发展经济中保护环境，要看到资源与环境的内在统一性。在实际经济发展中，大量的环境污染，其实质就是资源利用中的浪费，反过来又危害自然资源本身。要抓住资源合理利用这个关键环节，把环境污染控制在事先，限制在最小。③经济发展与人口、资源、环境的总体协调。其关键是要认识它们之间的相互关联性，在经济发展这个统一过程中，它们是一个生态经济相互联系的统一整体。针对当前存在的矛盾，在发展经济中，必须严格控制人口的无限制增长，并从它与资源、环境，以及与发展经济之间的相互联系上多方面做好工作，使它们从恶性循环中摆脱出来，走向良性循环。

（三） 持续发展的思维

人类社会和经济的发展应该是一个持续的过程。现代经济发展过程中出现的各种生态经济矛盾，使之不能持续发展的现实，提出了人们建立持续发展思维的客观必要性。"持续发展"是现代经济发展条件下提出的一个新的重要理论范畴。它的含义在世界环境与发展委员会1987

年提出的报告《我们共同的未来》中，被定义为"持续发展是既满足
当代人的需要，又不对后代人满足其需要的能力构成危害的发展。"在
1992 年的联合国环境与发展大会及其产生的纲领性文件《21 世纪议
程》中，以及我国根据这一共同要求所制定的《中国 21 世纪议
程》——中国 21 世纪人口、环境与发展白皮书中，都把实现可持续发
展作为 21 世纪的指导思想和基本的重要任务提到了议事日程的首位。

实现可持续发展是我国 21 世纪发展社会经济的重大战略任务，它
关系到我国发展走什么道路和是否能够长盛不衰的重大问题。持续发展
的思维是建立在协调发展思维基础上的人们的重要思维。生态与经济的
协调总的来说，包括横向的协调和纵向的协调两个方面。持续发展从狭
义上说，侧重于纵向生态经济协调。但从广义上说，它又必须建立在横
向生态经济协调的基础上。因此，持续发展的思维和协调发展的思维一
样，同样是一种指导现代经济发展的、人类的一种全面的重要思维。实
践提出，建立持续发展的思维，要从生态与经济的结合上重视它的以下
三个主要特点：

1. 从人与自然的关系上注意持续发展的和谐性

现代社会经济发展中形成的各种生态经济矛盾，从根本上说，是来
源于人与自然之间关系的不协调。长期以来的发展只顾人的经济需要，
而不顾自然供给的可能，是造成经济不能持续发展的根源。人与自然的
和谐是持续发展的一个基本特征。人们要在建立持续发展思维的基础
上，除继续重视和正确处理已经熟悉的人与人之间的关系外，还要十分
重视和正确处理还不那么熟悉的人与自然之间的关系，并用人与自然和
谐的具体思维来指导人们的实际行动，从而实现经济和社会的可持续
发展。

2. 从人与人的关系上注意持续发展的公平性

当前经济学的研究已经深入自然领域，也提出了许多新的人与人之
间的关系问题。从生态经济学的观点看，持续和公平是两个密切联系的
概念，只有公平才能持续，没有公平就不能持续。在人类利用自然资源
发展经济的过程中，公平包括两个方面的内容：一是横向的公平。例如
目前经济发达国家，人口只占世界人口的 1/5，却消耗着世界资源的

2/3;而经济不发达国家的占世界 4/5 的人口，只消耗世界 1/3 的资源。一些发达国家的消费方式与发展中国家对比，在影响经济和社会的持续发展上存在着不公平。二是纵向的公平。例如，当代人普遍采用大量消耗自然资源的生产方式，造成资源枯竭，使经济不能持续发展，给后代人带来不公平。建立持续发展的思维，要从人与人之间的关系上，正确处理这两种不公平，使经济和社会真正能够长期持续地顺利发展。

3. 从目前和长远的关系上注意持续发展的持久性

这是持续发展思维的基本着眼点。持续发展的持久性，核心在于经济发展中自然资源供给的持久性和生态环境对污染容纳的持久性。其实现的基础是人们必须认识和正确对待自然资源供给能力的有限性和生态环境容纳排污能力的有限性。在经济发展实践中，用持续发展的思维进行指导，重要的是必须正确处理当前经济需要和长远经济需要，以及当前利益和长远利益之间的关系，把人类的社会经济发展放在持续发展的稳固基础上。

当代人类社会从人与自然的关系上已经进入了一个新的历史时期。我国与世界各国一样，面临着实现 21 世纪生态与经济可持续发展的重大任务。由于生态经济问题是人们违背生态经济规律的错误指导思想和错误经济行为造成的，因此就必须规范人们的经济思想和行动，对国民经济和社会的发展进行全面的生态经济管理，使人们转向采取有利于生态与经济协调发展的各种体制、制度、政策和措施，从而使我国 21 世纪的经济与社会切实走上可持续发展的正确道路。

第二章 生态经济管理是现代化
管理的基本形式

一 生态经济管理是生态和经济双重
目标的新的管理形式

（一）生态经济管理的对象是生态经济系统

人类发展经济的一切活动，都是在一定的生态经济系统中存在和进行的。因此，任何经济管理都是对生态经济系统的管理。作为生态经济管理对象的生态经济系统，有着自身发展变化运动的规律和特点。因此，经济管理需要根据这些规律和特点来进行。

在自然和社会相统一的客观世界中，普遍存在生态系统和经济系统相互联系、相互作用、相互耦合而形成的生态经济系统。它是一个客观存在的实体，是一个具有独立结构和功能的生态经济复合体。它的特征是由它据以耦合组成的生态系统和经济系统的基本特征以及它们之间基本关系的特点所决定的。

生态系统，这一概念是由英国生态学家阿·乔·坦斯利（A. G. Tansley）于 1935 年首先提出的。20 世纪 40 年代后，生态系统的概念趋于完善。60 年代后，由于出现了世界性的环境污染和生态平衡的破坏，生态系统的研究有了迅速的进展。生态系统是生物要素和环境要素在特定空间的组合。前者包括植物、动物和微生物；后者包括阳光、土地、水、空气和一切营养元素。生态系统的运动是自然界本身的运动，其中绿色植物吸收和利用各种环境要素，进行光合作用，并且利用生态系统的"食物链"，不断进行着物质循环和能量转换，保持着系统的生态平衡，从中不断提供各种植物和动物，为人们发展经济所利用。

经济系统，从最一般意义上讲，是生产力要素和生产关系要素在一定空间上的组合。包括各种物质生产要素、各种经济成分和社会经济关系，以及社会再生产过程中各个环节，并组成各层次的国民经济统一整体。经济系统的运动是人类组织的活动，是人类有目的的社会生产过程，是使自然界的物质形态改变成满足人们需要的产品的过程。经济系统通过组织物质循环、能量流动和信息传递使系统运转，并以生态系统的运动作为依托：包括利用生态系统提供的产品做食物、做原料，和所提供的条件作为生产、生活的屏障。经济系统也要保持自身的经济平衡，在生产、分配、流通、消费总过程运行畅顺的条件下，促使国民经济持续、稳定、协调发展。

生态经济系统是人类一切经济活动的载体，其实质是生态系统和经济系统的协同与复合。对于这个复合系统，我们必须有以下清楚的认识：首先，经济系统的运动和生态系统的运动是交织在一起的。人类的一切经济活动都不能脱离开自然生态系统孤立进行，而必须要考虑自然生态系统提供条件的可能性和对生态系统产生的影响。因此，人类的经济活动和生态系统的自然运动必须统一起来。其次，在生态经济复合系统中，生态系统的运动是经济系统运动的基础。经济系统所运转的物质和能量，最终都取自生态系统。最后，人是生态经济系统的主宰。人类在生态系统中居于一般生物的地位，而在生态经济系统中则居于主宰地位，并且具有改造自然生态系统的能力。因而人类可以通过自己的活动能动地调节社会经济与自然生态的关系，使两者协调发展。

管理是人类为了提高系统的功能和效率所从事的一系列有目的的活动。认识生态经济系统，并将之作为管理对象进行生态经济管理，是为了取得单独的生态系统管理和经济系统管理所无法取得的管理功效，从总体上提高生态经济系统的功能，从而获得总体最佳的生态经济效益。

（二）生态经济管理中生态目标和经济目标的矛盾和统一

生态经济管理追求的是生态经济复合目标和生态经济效益，它是生态目标和经济目标的统一。这种统一表现为错综复杂的对立统一关系。即生态目标和经济目标之间既有对立和矛盾的一面，又有统一和相互转化的一面。

1. 经济管理中生态目标和经济目标的矛盾和对立

由于人类开发利用自然和影响自然的能力迅速加强，他们通过劳动把自然资源变成消费资料，在此过程中，一方面，由于开发自然资源的规模越来越大；另一方面，由于经济活动不会具有百分之百的转化率，必然要把越来越多的废物排放到生态环境中，就造成了对自然环境和生态平衡的破坏。因此，在社会经济活动中，同时产生的经济效益和生态损失之间，经常会人为地出现相互矛盾和相互对立。这种矛盾和对立，主要是由于人们在社会生产过程中，只重视经济目标，而忽视生态目标造成的。据有关资料显示，这样造成全世界每分钟损失耕地 40 公顷，消失森林 21 公顷，每分钟有 4.8 万吨泥沙流入大海，每分钟有 85 万吨污水排入江河大海，每分钟有 28 人死于环境污染等。近年来，生态环境的破坏速度更为加快。

2. 经济管理中生态目标与经济目标的统一和转化

在经济管理过程中，经济目标与生态目标之间不仅会出现矛盾和对立，而且也会出现矛盾的统一和相互转化。这是因为：首先，实现生态目标是实现经济目标的基础。生态系统作为社会再生产的自然环境，是一种资源。人类对自然环境的改造，要受到生态系统诸要素间物质循环、能量流动和信息传递等内在规律性的限制。因此，人类只有提高生态效益，实现生态目标，使经济活动有良好的生态条件，才能合理地利用自然力量，使生产力得到较快的发展，取得较好的经济效益，才能更好地实现经济目标。其次，经济目标是实现生态目标的保证。因为经济目标的实现和经济效益的提高，可以不断地为提高生态效益，实现生态目标提供资金、技术和物质，从而保证生态目标的实现。最后，生态目标和经济目标可以相互转化和相互促进。上述两点决定了在社会生产中，如果把提高经济效益和生态效益结合起来，即实现了经济效益和生态效益的统一，就能使二者相得益彰，既促进了经济的发展，又在经济高速度发展中保护了生态环境，从而达到提高总体生态经济效益的目的。

在这方面，我国有些地方已经在经济和生态环境管理目标的统一和实现上，取得了一定的成绩。例如，名列全国百强县第 27 位的江苏省扬中市，在致力于发展经济的同时，又加倍保护生态环境，在企业的项目审批上实行"环保一票否决制"。对虽然具有巨大经济效益，但与保护生态环境相悖的项目和企业，坚决实行否决和关停措施，为全国百强县树立了一个经济、社会、环境协调发展的样板。这个市在经济发展初期，也曾无选择地上项目，忽视环境保护，当全市工业产值刚达到 1.7 亿元时，工业废水排放量就高达 492.8 万吨，人民的生存环境受到严重破坏，肺癌、胃癌发病率明显增加。在事实面前，扬中开始注重生态经济管理，使生态与经济两者统一起来。良好的生态环境为经济的腾飞创造了自然条件，经济的腾飞又反过来为环境的治理积累了资金。1994 年全市工农业总产值达 72 亿元，跨入全国首批小康县（市）的行列，同时空气清新、环境良好。扬中发展的事实告诉我们，在经济管理工作中，正确处理经济目标和生态目标的辩证关系，可以促进生态目标与经济目标的统一和转化，实现双重管理目标。

（三）实现生态和经济双重目标优化

正确处理生态目标和经济目标的关系，是生态经济管理的核心问题。不断获取最佳的生态经济效益，就需要实现生态和经济双重管理目标的不断优化。

实现双重管理目标的优化，最基本的一点是要求我们在认识上要将两个目标放在同一平等的位置上，在管理中要力争使两个目标都达到最优。用传统的经济效益标准去衡量经济系统的问题是人们所熟悉的，而生态系统被人们利用的生态效益问题却长期被忽略，从而使经济发展中常常不能取得应有的生态效益和经济效益，甚至使生态资源遭到破坏。我们要从思想上树立共同发展、平衡发展的观点，在发展经济的过程中同时重视生态效益和经济效益。在实践中，要求我们充分利用二者之间相互推动、相互依托的关系，使经济效益和生态效益互相促进、共同提高。如前所述，生态目标与经济目标之间存在相互统一和相互转化的一面。因此，在管理中，实现生态和经济双重目标优化时，要充分利用二者之间的这一关系，通过生态目标的实现，为实现经济目标创造自然条件；通过经济目标的实现，为生态目标的实现创造物质条件。在操作上，我们经常通过以下手段来实现管理双重目标的优化：

1. 经济手段

通常是指用价格、工资、利润、利息、税收、奖金、罚款等经济杠杆和价值工具，以及经济合同、经济责任制等，来进行生态经济管理，推动实现双重管理目标优化。经济手段是实现生态经济管理的主要手段和方法。其作用的核心与实质在于贯彻物质利益原则，从物质利益上来调整国家利益和企业利益，长远利益与近期利益。在现实经济生活中，经济目标与生态目标之间的矛盾，从产生的根源上看，除了认识的原因外，主要是利益关系的问题，即只考虑了企业的内部经济性而忽视了外部不经济性。所以，在客观上，就需要运用经济杠杆，采用经济手段，激励企业从自身的经济利益出发，自觉自愿地去考虑生态环境，根据生态目标和经济目标的双重需要安排自己的经济活动。

我国从 70 年代开始到现在，在环境保护上已经运用了一些经济手段，所采用的方法主要有：排污收费和使用制度，综合利用奖励政策和污染补偿政策等。这些经济手段的使用，为正确处理我国环境的保护与经济发展的关系，切实改善环境状况发挥了重要作用，并收到了显著的效果。据报道，浦东是我国第一个实施"生态补偿费制度"的城区。凡在浦东新区内从事对生态环境有不良影响的新建、扩建、改建项目的企业，政府均向它们征收生态补偿费，用于生态环境保护和恢复。这个事例为经济开发区的生态经济管理提供了一个典范。

2. 教育手段

当今世界所出现的生态与经济发展的不协调问题，主要是由人们不正确的经济思想和经济行为造成的。因此，要解决这个问题，重要的就是端正人们的经济思想和经济行为。所以，必须加强生态经济教育，提高全民的生态经济意识。教育手段作为实现生态经济管理的基础手段，具有十分重要的作用。这是因为生态经济管理必须有强大的动力，并且正确地运用动力，才能使生态经济管理持续而有效地进行下去。这种动力来源于两个方面：一个是物质动力，另一个是精神动力。物质动力就是经济手段，通过贯彻物质利益原则来激励和引导人们的经济行为，以实现生态经济管理的目标。但物质利益并不是唯一的，调动人们的积极性还要靠精神动力。这种精神动力就是人们的觉悟、思想和意识。精神动力可以起到物质动力所不能起到的作用。精神动力不是自发形成的，它需要通过普及生态经济知识，使受教育者加深对人与自然之间关系的认识和理解，从而形成一种生态经济的社会风尚，使教育手段转化为广大劳动者和管理者的自觉行为。

从 70 年代初开始，一些发达国家就开始了有计划、有步骤的生态环境教育。例如，美国曾在 70 年代初制定了《美国环境教育法》，80 年代后期被国会通过，要求各州实施并制定各州的环境教育法。当前，随着全球性环境问题的出现和扩展，生态经济教育已经走向全世界。近年来，我国生态经济教育也逐步开展起来，通过各种形式的生态经济教育，使得广大人民群众的生态经济意识普遍加强，各级管理干部也正在接受和领会按自然规律和经济规律来管理经济的思想。1977 年联合国环境教育会议上提出的《第比利斯宣言》中强调："环境教育应是全民教育、全程教育、终身教育。"

3. 行政手段

是指依靠行政组织，运用行政力量，按照行政方式来管理生态经济的方法。具体地说，就是依靠各级行政机关或经济管理机关的权威，采用行政命令、指示、规定和下达指令性计划任务等，按行政系统、行政区划、行政层次来管理生态经济的方法。它的主要特点是以鲜明的权威和服从作为前提。这种权威性根源于国家是全体人民利益和意识的代表，它担负着组织社会经济活动，指导和调节自然、社会经济活动的任务。因此，行政手段在生态经济管理中具有重要的作用，它是执行生态经济管理职能的必要手段。发挥政府在生态经济管理中的主导作用，是保证自然与经济协调发展，促进我国社会主义市场经济健康发展必不可少的条件。行政方法的强制性根源于国家的权威，它的有效性，更有赖于它的科学性。科学的行政管理手段，要在掌握客观规律的基础上，使国家所采取的每一项行政干预措施和指令，尽可能符合和反映自然生态规律和经济规律的要求。我国在环保工作中，环境保护目标责任制已推行了 7 年。通过实行环保目标责任制，增强了各级政府行政机构人员的责任心和积极性，职责明确、奖罚分明，使环境保护工作逐步纳入了各级政府的议事日程。各级政府对环境保护目标责任制的计划制订、指标分解、实施监督、检查、考核评比等方面已初步总结了一套完整的运行程序和操作方法，取得了瞩目的成就。

4. 法律手段

它是保障生态经济管理严格按照生态经济规律执行的工具。它具有权威性、综合性、规范性和强制性等特点。它的基本要求是：有法可依、有法必依、执法必严、违法必究。法为人们规定了有约束力的生态经济行为规则。法律手段作为生态经济管理的重要工具，就在于可以用法律手段的权威，把行之有效的政策进一步加以条例化、规范化、稳定化，要求人人严格遵守并认真执行；同时防止、制止和减少违反客观生态经济规律的行为发生。这是经济手段、行政手段和教育手段所无法替代的。在环境法律建设方面，我国的环境立法已经基本上形成了一个符合我国特点和时代特征的、由环境保护专门法律和相关法律、国家法规相结合的环境保护法规体系。这个体系包括宪法中关于环保的规定、环保基本法、环保单行法规、环境标准和环保相关法规。它为环境保护活动奠定了法律基础，并赋予了法律的效力和立法依据。然而，在我国当前的环境法制建设中存在的主要问题，并不是无法可依、无章可循，而是有法不依、违法不究和执法不严，以致污染环境、破坏生态和资源浪费的现象时有发生。尤其是违法排放污染物和非法经营珍稀、濒危野生动物的事件屡禁不止，愈演愈烈。因此，充分利用法律武器，强化环境执法，应成为当前和今后环境法制建设的一项十分重要的任务。

二　生态经济管理是现代经济管理的高级形式

管理是人们在生产劳动中出现协作和分工时产生和发展的。只要有多数人在一起共同劳动，有社会的协作，就需要有人来组织协调和指挥，也就是从事管理。所以，管理是伴随着人类的生存而出现和发展的。在原始共产主义社会中，管理已经开始，管理工作已有所分工，管理层次也逐渐复杂化。然而，管理形成一门理论或学科，则是近代的事情。特别是在第二次世界大战以后，管理科学以惊人的速度发展。

（一）历史上的各种管理学派

长期以来，由于各自强调的方向不同、角度不同，对管理的定义也有所不同，并形成了相应的不同管理学派。

（1）古典学派。从管理人员的职能方面给管理下定义，研究和论述的是管理人员如何协调集体和发挥组织力量的方法。其代表人物有 F. W. 泰罗和 H. 法约尔等。古典学派的重要贡献是指明了管理是有组织的社会的一个特殊要素。古典学派的学者认为，管理同法律、医学和其他职业一样，应是根据一些管理人员能够学会的原则来实施的。同时，通过施用科学的方法发现这些原则。正如泰罗所指出的那样，在应用生理学和物理学的基本原则中，能对手工劳动给予研究并进行管理。

（2）行为学派。管理中的行为科学学说开始出现在 20 世纪 50 年代。其代表人物有 F. J. 罗特利斯伯格和 E. 梅奥等。行为科学学派的理论基础是，管理必须"通过别人来做工作"，管理实际上是行为科学的应用。因为一个经理必须懂得，该怎样调动人的积极性，该怎样当领导，该怎样了解人群中人与人之间的关系和协作等。他们将西方的社会学和心理学等引入企业管理的研究领域，提出用调节人际关系改善劳动条件等方法来提高劳动生产率。

（3）管理科学学派。管理科学学说的主要目标是，应用科学的方法论解决生产和作业管理问题。它的主要特征有：以决策为主要着眼点，以经济效果标准作为评价的依据，依靠正规的数学模型和电子计算机作为解决问题的工具。管理科学学派认为，管理就是用数学模型和程序来表示计划、组织、控制决策等合于逻辑的程序，求出最优解答的过程。管理科学学派着重通过建立计量技术强调技术问题，而不是行为问题。

（4）其他学派。除了古典学派、行为学派、管理科学学派之外，还有其他的一些管理学派，如把社会的各级组织都作为一个协作的系统来管理的社会系统学派；把决策作为贯彻管理全过程的决策理论学派；从系统的观点来考察和管理企业的系统管理学派；以管理经验为主要研究对象的经验主义学派等。

纵观管理的历史发展可以发现，管理学派的发展主要体现在两个方面：一是管理对象的分化；二是管理方法的发展。每个管理学派对管理的提出，都着眼于特定的对象，采取特定的方法，以达到特定的目的。各个学派都对管理的含义和理论发展作出过贡献。

（二）传统管理理论的缺陷

然而，从现有的管理学派所涉及的管理对象的外延上看，他们大多数以企业的经济活动作为研究分析的主体，探讨在社会经济系统中如何调动和发挥人的积极性和创造性，以获取最佳的经济效益。例如，古典学派代表人物泰罗所倡导的科学管理，主要在应用生理学和物理学的基本法则中对劳动给予研究并进行管理，试图以标准的操作方法来提高工厂的劳动生产率。而泰罗以后的行为学派，则是把社会学和心理学等引进企业管理领域，通过调节人与人之间的关系来提高劳动生产率。至于科学管理学派及其他学派，则主要着眼于应用更高级和科学的方法去解决生产和作业管理问题，其管理对象只限于经济社会系统，因而管理思想或管理理论都是纯经济管理理论。事实上，地球上存在两类基本矛盾，一类是人与人之间的矛盾，另一类是人与自然界之间的矛盾。人类以有限的生命和力量与无限的自然界相抗衡，要基于集体力量的发挥和发展。这种发挥和发展有赖于分工与合作，即有赖于管理。因此，管理学和管理不能仅仅囿于社会经济系统，还要进入生态系统。管理不仅是联系社会经济系统的各级子系统的纽带，还应该是联系社会经济系统与自然生态系统中各层次之间的纽带。

传统的管理思想或管理理论的缺陷就在于，它不仅仅将社会经济系统作为管理对象，而且将自然生态系统排斥在系统管理对象之外；同时，管理的目标也只有经济社会发展目标，而将生态环境目标排斥在管理目标之外。传统的管理追求以最小的劳动和资源消耗去获得最佳经济效益，而忽视生态效益的取得，因而是一种与生态相脱离的理论。用这种理论去指导人们的管理活动，必然会使管理活动走向与生态环境相脱离的道路。因此，它必须有所发展，其管理对象要突破社会经济系统的范围，要发展到以生态经济复合系统为对象的现代生态经济管理理论上来。这是时代的要求，是管理学发展的必然。

三 我国四十多年来经济管理的发展

回顾 40 多年来我国经济管理的发展过程，目的在于总结历史经验，从中汲取有益的东西，为建立现代生态经济管理理论提供启示。

新中国成立后，经过三年恢复，开始了我国社会主义现代化建设。在经过了 1949 年到 1952 年对中国的管理组织机构和管理制度变革之后，从 1953 年开始，我国实施了国民经济第一个五年计划。回顾 40 多年来的历程，按其不同的特点和时间的顺序，可以把我国的经济管理大致分为以下几个阶段或类型。

（一）第一种类型——数量速度型管理

这个管理类型的时间大致是在从新中国成立至 1978 年党的十一届三中全会以前。这个时期的管理有以下几个特点：一是资源投入巨大，依靠大规模的资源投入来实现经济增长。国民生产总值的增长主要是由大量的资本投入实现的。二是技术进步缓慢，生产效率低下。由于片面强调数量、产值和速度，导致了生产过程中，忽视技术进步的作用，忽视人员素质的提高。因而由技术进步、人力智能、资源配置、规模经济等因素推动经济发展的比重较小。三是经济增长呈现波动。资源的消耗性投入，使国民经济在一定时期可以呈高速增长态势。但由于资源"瓶颈"的约束，于是通过行政手段压缩投资和信贷规模，国民经济就转入低速阶段。在经过一段时间之后，由于银根的放松，经济又可能高速发展，如此波动反复。四是发展所付出的代价高。由于单纯地追求国民生产总值增长的高速度，以高投入和高消耗推动经济的增长，所付出的代价是巨大的。这就造成了对自然资源的严重破坏和环境污染的加剧。

（二） 第二种类型——经济效益型管理

这个管理类型的时间是 1978 年十一届三中全会以后至今。党的十一届三中全会之后，我国进入了向社会主义现代化进军的新的历史时期。随之，我国的管理也进入一个新的历史发展阶段。伴随着经济体制改革的不断深入，管理工作从指导思想上、组织机构上、管理制度上进行了恢复、调整、改革和发展。这个时期经济管理的特点有：第一，在管理思想上，由过去只注重速度向注重效益转变。国民经济增长速度在更大程度上由劳动、经营管理效率提高，技术进步，规模经济等因素形成的动力所推动。表现在经济增长推动方式上，就是由消耗型增长模式向效益型增长模式转变。第二，在经营方式上，开始由过去粗放型经营模式向集约型经营模式转变。粗放型经营的发展思路来源于计划经济体制下，把发展等同于扩张，重外延不重内涵，热衷于争投资、扩规模，以此求得发展速度，没有任何约束机制，所以经济发展总是在低质量、低水平上徘徊。而集约型经营模式则更注重投入与产出的比较，更注重经济资源利用率的提高，注重技术进步的作用和结构的调整。第三，在管理手段上，由过去以行政手段为主，转变到以经济手段为主，法律手段、行政手段和现代管理技术手段并存。

从新中国成立以来经济管理的 40 年发展历史上看，经过了曲折和起伏的历程，同时也取得了很大的成绩。由数量速度型管理向经济效益型管理转变，是一个划时代的进步，它标志着我国的经济管理从管理理论、管理思想、管理方法和管理手段上都朝着现代化管理的方向迈进了巨大的一步。如果我们按照经济学的方法，依经济学的判别标准去看待现代的经济效益型管理的话，可以肯定地说，目前的经济管理已经达到了市场经济和经济发展的要求，实现了最佳资源配置，符合价值规律的要求。然而，以单纯追求利润目标为中心的经济效益型管理，还是一种以生态和经济相脱离为特征的纯经济管理，这种管理只谋求经济单位内部的经济性而忽略或排斥外部经济性，因而其经济效益的取得常常是以牺牲自然生态环境为代价的。事实已经证明：在当代经济发展中，资源紧缺、环境污染、生态破坏，使生态环境问题已成为制约经济发展的决定因素之一。忽视或排斥生态管理的经济管理只会割裂自然生态需要和社会经济需要的统一性。因此，现代管理必须向更高层次发展，走生态管理和经济管理相互结合、相互统一的现代化经济管理形式，这就是生态经济管理。

（三）第三种类型——生态经济效益型管理（生态经济管理）

生态经济管理作为一种新型的现代化管理形式，实现了生态管理和经济管理的有机统一，即实现了生态目标和经济目标的有机统一。它的出现和发展是新时代的要求，是传统管理的一个巨大变革。与数量速度型、经济效益型管理相比，生态经济效益型管理有以下三个特点：第一，更加注重效益的整体性。传统管理学和传统经济学单独依靠经济价值判断标准去评价经济管理工作的优劣。这样做，虽然也会提高或促进产值的增长或利润的增加，但同时却往往会带来生态效益的低下。而生态经济效益型管理则克服了这个片面性，它更加强调效益的整体性。这个整体性包括在空间上的经济、社会、生态三个效益的统一和在时间上的近期效益和长期效益的统一，即全面强调最佳生态经济效益的取得。它就是以此作为经济管理的出发点和落脚点，使之成为经济单位生产、经营管理必须遵循的原则，并将之贯彻到管理工作的各个环节中去。第二，更加强调发展的持续性。传统管理模式，所追求的管理目标是单纯的经济目标，即追求经济的增长和利润的增加。在此单一目标的促使下，加上科学技术在生产中的大规模采用，就给有限的自然资源带来了越来越大的压力，从而加剧了人和自然的矛盾，使生态环境恶化，资源枯竭，影响了经济社会的持续发展，给子孙后代带来不公平。而生态经济管理则是实现了生态和经济双重目标的优化，按照这个双重目标的要求，进行生态经济管理，既要重视经济规律，又要尊重自然规律。要求发展经济的出发点不是单纯地为了生产而生产，而是为了满足人的需求而生产；追求的目标不是单纯的经济增长，而是使人与社会都得到发展；强调满足的不只是商品，而且是人的需求的全面满足，这种满足既包括人对基本物质的满足，也包括人对环境的满足。实现生态经济管理，还要求生产单位要克服短期行为，避免对资源的掠夺式开发，克服杀鸡取卵、竭泽而渔的短浅的做法，推动社会经济持续发展。第三，更加注重资源利用的集约性。资源可分为经济资源和生态资源两个部分。传统的管理由数量速度型转向经济效益型后，一个很鲜明的特点，就是提高了各种经济资源的利用率，注重经济资源的投入与产出的比较，以达到实现经济效益目标的要求。然而，按照生态经济管理的要求来看，这还是不够的。对自然资源的利用也应该而且必须考虑其利用的集约性。要在指导思想上，树立"在利用中保护和保护中利用"的原则，真正把利用和保护自然资源结合起来。只有这样，才能更好更充分地利用自然资源，为经济发展服务，实现经济目标；也只有这样，才能更好地保护好自然资源，更好地保护好生产力，才能有社会经济的持续发展，才能实现生态目标。为了实现资源利用的集约性，需要把握好以下三个原则：（1）适度利用的原则。即对自然资源的利用，要有一个合理的限度，确定一个经济和生态两个方面都能兼顾的利用量。（2）全面利用的原则。即对自然资源的利用应当是多方面的，要充分利用自然资源多样性的特点，不能采用单一利用某种资源，使之遭受破坏，忽视闲置其他多种资源的不正确做法。（3）替代利用的原则。即在利用自然资源时，要注意使资源能够满足人的多种需要，并注意努力挖掘替代利用的资源潜力，以保护那些被过度利用了的自然资源。

第三章 指导生态经济管理的
几个基本理论和原则

实行生态经济管理，必须要有一定的理论和原则为指导。根据生态经济学的基本原理，针对当前实际工作中存在的主要问题，进行生态经济管理，应当以生态与经济双重存在的思维为基础，以协调发展和持续发展的思维为指导，具体掌握和运用以下几个基本理论和原则。

一 人类利用自然又受制于自然的理论和原则

生态经济管理面对的主要是大量人与自然之间关系的问题，生态经济矛盾的实质是人与自然之间的矛盾，因此正确处理人与自然之间的关系问题是生态经济管理的最根本问题。

（一）树立人与自然的和谐观

人类社会历史上，随着生产力的不断发展，人们对人与自然之间关系的认识是逐步提高的，大体经历了三个阶段：第一阶段是蒙昧阶段。人类早期社会，人在生产实践中只能单纯地适应自然、利用自然，而不能改造自然。但当时的人口不多，生产力水平很低，人类生产对自然界的干扰破坏不大，两者处在一种低水平的协调状态，其特点是无争。第二阶段是对立的阶段，随着生产力的发展，特别是资本主义社会生产力的大发展，人们逐渐认识了自然，大量地利用自然，同时也发挥主观能动性来改造自然，为自己谋福利，从而创造了人类现代社会的物质文明和精神文明。但是这一时期人们对人与自然之间关系的认识还是片面的。似乎各种自然资源可以取之不尽、用之不竭，人们可以任意向自然界索取而不受惩罚。这一阶段人与自然之间关系的特点是对立，以至发展到掠夺，从而形成了全球性的生态经济危机。第三阶段是和谐的阶段。人们在长期实践中看到，人与自然之间尖锐对立，最终伤害自身生存和发展的状况再也不能继续下去了，因而回过头来重新端正自己对自然界的认识。一方面认识到自然界向人们提供物质财富的能力是有限的，另一方面人们改造和利用自然界的能力也是有限的。在这两个限度之内，人们充分合理利用自然，并保护自然，才能源源不断地从自然界获得各种生产资料和生活资料；超过了限度，自然资源就会枯竭，将制约人类社会经济的持续发展。因而人与自然之间的关系不应当是对立，更不应当是掠夺，而应当是和谐共处。树立了人与自然的和谐观，就能指导我们在实行生态经济管理中采取各种既有利于经济发展，又有利于生态环境保护的措施，促进社会经济协调发展和持续发展。

（二）改变对自然的掠夺利用方式

由于生态经济管理是针对人们利用自然资源的错误指导思想和错误经济行为进行管理，因此在实际工作中，要同时重视以下两个方面：

1. 提高人的生态经济意识

人是生态经济系统的主宰，经济活动是人发挥主观能动性，作用于生态系统的有目的的行动。因此，要求人们正确地利用自然资源发展经济，首先就应该要求人们提高自身对人与自然之间关系的正确认识。我国近 20 多年来做了大量的有关生态环境的宣传教育工作，公众的生态环境意识有了很大提高。根据 1992 年《中国青年报》和国家环保局组织的一次调查，从来自陕西、广东、上海、北京、甘肃、安徽 6 个省市的 2117 份有效问卷看，对于我国目前的生态环境状况，有 81.1% 的人表示"不太满意"或"很不满意"，只有 7.3% 的人回答"说不清楚"。对于"在老、少、边、穷地区，贫困与环境污染和破坏并存，您认为正确的发展道路是什么"，有 61% 的人主张"禁止采取可能引起环境问题进一步发展的活动"，只有 19.6% 的人认为应该先解决贫困问题，等有了钱再治理生态环境。广大公众生态环境意识的提高，为进行生态经济管理提供了思想认识的基础。

2. 改正人们利用自然资源的错误行为

就是要用人与自然相和谐的思想指导人们采取正确的做法，合理有效地利用自然资源。新中国成立以来，我国在这方面已经有了深刻的经验教训，几乎在所有生产领域都不同程度地存在着掠夺利用自然资源的行为，从而造成了生态的不平衡。改变这些错误做法，需要注意从以下几个方面加强生态经济管理：（1）注意自然资源利用的方向。过去，全国各地不分条件，农业上一律要求"以粮为纲"。特别是在广大山区，也硬性要求放弃丰富的林草等多种自然资源优势，去发展单一粮食生产，把自然资源利用引向了错误方向，结果促使毁林毁草开荒，形成了严重的水土流失，造成了生态环境的急剧破坏。（2）注意自然资源利用的程度。我国的近海渔业，一味增大捕捞强度，从而严重破坏了渔业资源。（3）注意改变人们不合理的生产和生活方式。对此，联合国环境与发展大会所提出的《21 世纪议程》中专门有一章是"改变消费形态"。其中，强调提出"全球环境退化的主要原因是不可持续的消费和生产形态造成的"。温哥华大学一位教授比尔·里斯根据对美国等国家的生活和生产方式研究后，曾认为："如果所有的人都这样地生活和生产，那么我们为了得到原料和排放有害物质还需要 20 个地球。"显然这些做法都应该改变。

（三）走绿色管理的道路

绿色管理是当代管理上出现的一个新概念。它的出现是社会经济实现协调发展和持续发展的要求。近年来，随着全球生态经济矛盾和危机的出现和加深，一个绿色管理的浪潮已经在世界各地悄然兴起。其具体内容在本书后面的篇章中还有较多的论述。绿色管理是管理发展的新阶段和高级阶段，21 世纪的经济管理，从正确对待人与自然的关系看，就是要实行绿色管理。它为我国经济管理的发展指出了正确的方向。

二　经济主导与生态基础制约促进的理论和原则

在社会经济发展中，人们遇到了大量的经济与生态的关系问题。实行生态经济管理，如何正确认识生态与经济两者所居的地位和它们各自所起的作用，以及应该用什么样的理论和原则指导、正确处理两者之间的关系，是一个根本性的问题。

（一）全面认识经济是主导，生态是基础的辩证关系

人们的经济活动是在生态经济系统中进行的。它是生态系统和经济系统相结合的统一整体。在生态经济系统中，生态与经济是共同存在的，但是对于发展社会经济来说，它们所居的地位和所起的作用又是不相同的。实践表明，它们的关系应当是主导和基础的关系，即经济是发展的主导，生态是发展的基础。对此要看到它们相互联系的以下两个方面：

1. 把发展摆在生态经济管理的首位

从经济学的理论看，人类的社会活动是以人为中心的活动。这些活动由人来引起，在人的意志下进行，并且是为了满足人类自身的需要。在人类的全部社会活动中，经济的活动又是基础。首先人类要利用自然资源来进行经济活动，满足其基本的物质需要，其后还要满足其精神、文化等其他需要。而在经济发展中，生产力的发展又是基本的推动力量。整个人类社会经济的发展史，归根结底就是一部生产力发展的历史。因此，从经济学理论来看，把经济的发展放在社会经济的首位是没有任何疑义的。

从生态经济学的理论来看，人和动物都是生态系统和生态经济系统的组成要素。但是人在生态系统和生态经济系统中的地位和作用是不相同的。在生态系统中，人作为自然的人，和动物没有区别，都只是生态系统的一个组成要素。但在生态经济系统中，人作为社会的人，同时它又是整个生态经济系统的主宰。首先是人为了满足自身的经济需要而进行经济活动，随之其作用及于自然生态系统，并利用生态系统的物质和

运行来完成其全部的经济过程，这就是生态经济过程。就此来看，发展经济和进行生态经济管理，把经济的发展放在生态经济的首位即主导地位，也是没有任何疑义的。

在实际工作中，认识和运用以经济为主导，以生态为基础的理论和原则指导进行生态经济管理，要十分重视调动人的积极性和主动性。例如，我国的黄土高原地区，由于生态环境被破坏，形成了生态经济的恶性循环。新中国成立以来，国家投入了大量资金植树造林，恢复生态系统。但由于没有与农民自身的经济利益直接挂钩，农民群众没有积极性，因此年年造林不见林，生态经济恶性循环的状况没有改变。而实行农户承包治理小流域的做法后，其关键是使农民得到了看得见的经济利益，并且有了 50 年以上的承包期，保证了其长远利益，调动了农民的积极性和主动性。他们从开发荒山发展经济入手，其结果也就绿化了荒山，使生态环境得到了治理。

2. 切实保护发展经济的生态基础

以经济为主导和以生态为基础是一个完整生态经济理论和原则的两个有机联系的组成部分。实行生态经济管理，在把发展经济放在首位的同时，还必须切实保护好生态这个基础。在实际生活中，只为一时的经济利益而不顾破坏生态基础的事例是很多的。例如，宁夏一些农民滥挖甘草出售获利。1995 年上半年，同心、固原等县到盐池县挖甘草的大军多时达到 5000 人。1992 年，仅盐池、同心两县由于滥挖甘草而损失的牧草就相当于 72 万只羊全年的饲草量。滥挖甘草破坏了草原植被，造成大面积土壤沙化，其后果又严重地阻碍了经济的发展。此外，有一些地方为了一时的经济利益而滥砍森林、乱挖小煤窑、大搞小冶炼等破坏生态基础而使经济最终遭受更大损失的做法，都说明了全面运用以经济为主导，以生态为基础这一理论和原则实行生态经济管理的必要性。

（二）用经济为主导，生态为基础的理论和原则指导生态经济管理

全面认识经济主导与生态基础相结合的理论和原则，要看到，它包括三个层次的含义：第一，经济与生态两者在生态经济系统中是同时存在的；第二，两者是主导与基础的关系；第三，两者是相互联系、相互制约和互相促进的。在实际生活中，有大量的生态经济问题都要依据对这一理论和原则的全面认识来进行管理。

1. 对自然资源利用要采取"在利用中保护和在保护中利用"的原则

由于人们必须发展经济，因此对自然资源的利用是不可避免的。因此，必须把发展经济和利用自然资源放在第一位，那种为了保护自然资源而不许开发利用的自然保护主义观点是不对的（自然保护区的问题不在内）。但是，人们在利用自然资源发展经济的过程中却要时时刻刻想到保护自然资源，并将之结合于利用的过程中。那种只顾发展经济而不惜破坏自然资源的做法当然也是不对的。正确的做法是要在利用中保护自然资源，而在保护中培育稳固的自然资源基础，可以为发展经济更好地利用。

2. 明确我国宏观经济管理模式的生态经济内涵

本书第二篇论述了我国宏观生态经济管理模式的三个要点：（1）政府是宏观生态经济管理的主体；（2）市场在自然资源配置中发挥基础性作用；（3）经济手段是管理的主要手段。与一般经济学的论述不同，它侧重于以经济为主导，以生态为基础的理论和原则，对此模式进行生态经济内涵的分析和对宏观经济发展进行生态经济指导。我国从传统的计划经济转变到社会主义市场经济，充分发挥了市场在配置自然资源中的积极作用，其着眼的主导是更好地发展经济。但是由于市场本身具有自发作用的局限性，而不利于保护生态这个经济发展的基础，这一任务就必须依靠政府这一宏观生态经济管理的主体，发挥宏观生态经济调控的作用来完成。我国以政府与市场相结合，以经济手段管理为主的宏观经济管理模式具有多方面的丰富内涵。以经济为主导，以生态为基础，二者互相结合，制约促进的理论和原则指导作用的引入，将使原来在传统经济学意义上的这一模式内涵更加丰富。从而使之在 21 世纪的生态经济管理中发挥更全面、更深刻的指导作用。

3. 指引绿色产业发展的方向

绿色产业，粗略地说，是指既能发展经济，满足人的需要；又能保护生态环境不被破坏的产业。世界经济发展的历史表明，绿色产业是产业发展的方向。其产生的实践基础是在现代生产中,随着生产力的不断提高,经济与生态的矛盾日益加重。其产生的理论基础,就是以经济为主导和生态为基础两者制约促进的理论和原则作为指导。

(三) 树立积极生态平衡的管理思想

在生态学上,生态平衡已经有其明确的含义。作为生态经济学上的范畴,从其对发展经济、适应人的需要来看,生态平衡应当区分为积极的生态平衡和消极的生态平衡。简单地说,对人类发展经济有利的生态平衡是积极的生态平衡,反之则是消极的生态平衡。对于它的内涵和运用,应当明确以下三个方面的问题:

1. 生态与经济是矛盾的统一

在现代经济的发展中,经济的基本要求是扩大,生态的基本要求是保护,在人口急剧增长和生产力高度发展的条件下,经济需求的无限性与生态资源供给有限性之间的差距日益加大,因此两者在不少情况下是会产生矛盾的,这是两者的矛盾方面。但两者也是能够统一的。根本的原因是它们在发展经济中也存在要求一致的方面。生态是经济的基础,保护生态就是保护生产力,就是保护经济的长远利益,从而做到目前利益与长远利益的结合,这是两者关系的统一方面,而且是基本的方面。同时还要看到,两者的矛盾是有条件的,统一也是有条件的。其矛盾的形成条件是经济对生态资源索取的过分集中和生产力对某些生态资源的压力过重。而其统一的实现条件则是经济对生态资源索取的相对均衡和生产力对资源的压力较轻,而使之约束在生态系统能够承受的范围之内。因此,从哲学的思维观点来看,对立的双方其矛盾是绝对的,其统一是相对的和有条件的。从现实经济发展中的经济和生态两者看,其矛盾是会经常存在的,但是人们掌握了生态与经济存在和发展的规律性,自觉地运用经济主导和生态基础互相结合、制约促进的理论和原则对发展经济具体进行指导,就能够创造条件,使之达到和谐统一,在生态得到保护的条件下,获得经济的最大发展和效益。因此,其统一也是完全能够实现的。生态与经济的矛盾统一关系明确地告诉人们,在经济发展中实现生态与经济平衡的关键在于加强生态经济管理。

2. 正确认识破坏生态和建设生态的关系

人们发展经济是在利用生态系统中自然资源的基础上进行的。比较准确地说，人们发展经济的一举一动都在破坏生态系统的平衡。但是这种利用或"破坏"是不可避免的。自古以来，人们就在这样的"破坏"中发展经济，从而创造了现代文明，今后还要继续这样地"破坏"下去。显然这里的问题是自然界的生态平衡能不能够被打破。从生态经济学的观点看问题，我们认为，自然界的生态平衡是能够被打破也是必须被打破的。人们发展经济时都在打破自然界的生态平衡。这实际上也就是人类改造世界的最基本的含义。但重要的是，每当人们打破一个旧的生态平衡，同时也就建立了一个新的生态平衡。生态经济学的观点认为，只要这个新的生态平衡既能保持自然生态系统的顺利运行，又能促进经济的发展，这个生态平衡就是积极的生态平衡（某些必须坚决保护的原始生态平衡不在此列）。因此，在理论上说，破坏生态和建设生态的过程是同一的。而在实际生活中，对于这一"打破"的行动力度则应有一个严格的界限。在这个力度界限之内，人们打破旧的生态平衡，利用自然资源发展了经济，对原有生态系统也没有毁坏，使经济能够持续发展，则这个打破就是建设性的。反之，超过了这个合理的界限，使自然界的生态平衡不能保持，以致引起生态系统的崩溃，则这个打破就是破坏性的。

3. 重视建立人工生态系统

生态经济学中生态与经济是矛盾统一的观点和生态经济平衡是动态平衡的观点，解放了人们由于对生态平衡的机械理解给人们造成的思想禁锢，使人们在经济建设中放开了自己的手脚，为人们运用以经济为主导、生态为基础、制约促进的理论和原则，充分合理地利用自然资源提供了广泛的可能性。在实践中，它的实现形式就是建立各种良性循环的人工生态系统。

人工生态系统是指人们在掌握生态经济规律的基础上，发挥主观能动性，组织建立的生态系统。其实质就是生态经济系统。事实上，人们发展经济所面对的各种生态系统都已经是人工生态系统。这是因为，随着现代科学技术的高度发展及其在发展经济过程中的广泛应用，人们对自然界的影响几乎已经遍及自然界的各个角落，纯自然的、未经人类干扰的生态系统基本上已经不复存在。只是人们对这一点不能经常意识到。据此，人们应当自觉地、因地制宜地组织建立各种高效良性循环的人工生态系统，为自己发展经济服务。例如，生态农业和生态工业建设，实质都是建立人工生态系统。

三 经济有效性与生态安全性兼容协调的理论和原则

以上，正确认识和对待人与自然之间的关系，以及经济与生态之间的关系，是生态经济管理的基本出发点，它们为人们进行生态经济管理指出了正确的方向。但生态经济管理是应用的科学，指导它的具体实施还应找出其具体的着眼点和立足点，以及其据以确立的理论和原则，这就是经济有效性与生态安全性兼容协调的理论和原则。这一理论和原则的提出是生态经济学理论在管理应用领域中的深入和具体化。

（一）经济有效性和生态安全性是生态与经济矛盾的焦点

在实践中以经济有效性与生态安全性兼容协调的理论和原则指导进行生态经济管理，首先要对经济有效性和生态安全性这一矛盾本身有比较深刻的认识。可持续发展是 21 世纪经济发展的基本要求，生态与经济协调是可持续发展的基础和基本内涵。但是在实际经济发展过程中，生态与经济的矛盾却是经常存在的。其矛盾的焦点就集中在经济有效性和生态安全性这一问题上。

经济有效性是指人们在积极发展经济为自己谋福利时，需要最有效地利用自然资源。在实际经济发展中，追求经济有效性是由于经济本身存在和发展的特点所决定的。经济活动是人类有目的的生产、生活与管理活动，其目的和做法是利用自然界的资源，以最小的耗费取得最大的经济效益，满足人们日益增长的物质和文化需要。因此在自然资源有限的条件下，提高经济效率和效益是发展经济的根本标志和生态经济管理的基本要求。生态安全性是指人们在发展经济中，应该保护自然生态系统及其中的自然资源，使之保持其存在和再生的能力。在实际经济发展中，强调生态安全性是由于自然生态系统本身存在和进化的要求所决定的。这是因为，任何生态系统都有自己的系统结构和功能，其结构又是其功能的载体。生态系统在其各种生物要素和环境要素所组成的生态系统结构得以保持的情况下，其生态功能也可以得到保持，生态系统的运行可以保持平衡，其作为经济发展基础的作用也可以得到发挥。而一旦生态系统的结构遭到某种原因的破坏，包括由于人们过度利用对生态系统生物要素的破坏（例如过度砍伐森林），或对其环境要素的破坏（例如使水资源枯竭）等，则其系统的功能就不能保持，生态系统的运行就不能维持平衡，其作为经济发展基础的作用也就不能发挥，甚至还要引起更大的生态经济灾难。

认识经济有效性和生态安全性的矛盾，首先要看到，人们对生态与经济的矛盾是经过了一个由不认识到认识，到逐步提高认识的深化过程。过去长期以来，人们发展经济没有认识到生态系统的存在。直到现代，随着经济对生态的破坏日趋严重，人们才认识到生态与经济的矛盾。随着研究的深入，人们认识到，在发展经济中，生态与经济的矛盾是经济需求与生态供给之间的矛盾。之后，又进一步认识到是经济需求的无限性与生态供给的有限性之间的矛盾，等等。随着人们对生态与经济矛盾的认识不断深化，人们运用生态经济理论指导现实经济发展的能力也不断提高。生态经济学把自己的研究对象定位于生态经济系统，把经济需求的相对无限性和生态系统供给相对有限性的矛盾视为生态经济的基本矛盾。至此，人们对生态与经济矛盾的认识已经达到了一定的高度。

但是，在实际工作中，直接运用"生态与经济的矛盾"，以至直接运用"经济需求无限性和生态供给有限性的矛盾"作为生态经济管理的理论和原则都还是不够的。它们无疑都是生态经济学的重要理论和原则，在指导实践中也无疑都能起到重大的作用。但是针对实际工作中的生态经济管理而言，它们在不同层次上都还是抽象原则，它们能够指导管理定性，最多只能定向（这些都是重要的，必不可少的），但是不能指导定位，更不能在此基础上指导人们去具体定量。因此在面对大量的现实生态经济问题需要进行管理和指导时，就会显得用来之不易。直接指导进行具体是非分界、判断取舍和决定褒贬是不易的；并且也不能以此为基础进一步具体制定措施进行考核的数量分析。现实的生态经济管理在以上人们对生态与经济矛盾逐步提高认识的基础上，进一步要求生态经济理论和原则能为之具体定位，因此就提出了人们对生态与经济矛盾的认识需要进一步深化的要求。为此，经济有效性与生态安全性的矛盾和以此为基础建立的经济有效性与生态安全性兼容协调的理论和原则作为生态经济管理的一条理论和原则就被提上了议事日程。

（二）经济有效性和生态安全性是积极的有机结合

以上，认识了生态与经济这一矛盾被人们逐步认识的过程，就明确了它的产生历史背景和基本作用。在此基础上进一步认识其结合的具体特征和对之进行具体运用，还要看到以下两点：

1. 它是一个积极的定位，而不是一个消极的定位

首先，经济有效性与生态安全性相结合的理论和原则把生态经济管理的着眼点具体定位在经济的有效性与生态的安全性上，通过对实际发展经济过程进行分析，可以看到：人类的经济需求总是不断增长的。生产要发展，人民的生活水平要提高，发展是人类社会永恒的主题。因此作为生态经济管理的主导思想，对经济发展应该是支持，不是限制，而是管理。管理的重点应主要集中在衡量其是否有效上。其含义，从生态经济的观点看，总的来说，是要有效，而不是最大。具体来说，应该包括以下三个方面的内涵：①对发展是积极而不是消极。要把促进经济发展放在第一位。②向自然索取要节约而不是滥用。要控制外延无限扩大的生产方式，反对掠夺式地利用自然资源。③对自然资源的利用要充分而不是浪费。要重视挖掘自然资源潜力，走内涵扩大生产的道路，反对粗放经营，提倡集约经营。因此，在实际工作中，对人们利用生态系统发展经济的有效性进行生态经济管理要重视其积极利用、节约利用和充分利用，而要制止其停滞利用、滥用自然资源和浪费自然资源。在生态经济管理中，对经济有效性的管理是主要的方面。其大量的工作是管理经济发展，是管理人们利用自然资源的行为，这是由经济是主导、生态是基础这一理论和原则所决定的。

其次，从生态安全性的定位来看，它作为经济发展的基础，在现代经济条件下，无疑也是应该支持经济迅速发展的。同时在现代科学技术高度发展的条件下，人们也可以通过采取各种措施，包括创造条件，建立各种有效的人工生态系统，来增强生态系统向人们提供自然资源的能力。但是这一增强有一个自然的极限，即其可持续提供自然资源的能力要以该生态系统及其正常运行的继续存在为前提。而当人们向其索取自然资源的强度超过了这一自然极限时，该生态系统就不复存在，其持续提供自然资源的能力也就不复存在，当然也就谈不上什么经济的有效利用。这就是生态安全性的基本内涵。其着眼点是保护经济发展中的生产力，因此这一保护也是积极的。在生态经济管理中，对生态安全性的管理也是一个十分重要的和基本的方面。无论从积极扩大生态系统供给来源上，还是从积极保护生态系统的安全不被破坏上，都有大量的工作要做。

2. 它是一个有机联系的统一定位整体

从上述的具体分析中可以看到，经济有效性和生态安全性两者，在统一的经济发展（实际是生态经济发展）过程中，是密切相互联系的：一方面，两者在现代经济高度发展的过程中，是存在矛盾的。经济需求的急剧扩大经常会给生态安全带来威胁。但另一方面，两者又是完全能够有机结合而实现统一的。其有机结合与统一的可能性根源在于生态安全性与经济安全性的根本一致性。由于经济发展的实际载体是生态经济系统，它必然要受经济和生态两种客观规律的制约。经济的顺利发展必须有经济的安全性作保证，这是人们早已熟知的；经济的顺利发展也必须要有生态的安全性作保证，这也是人们已经认识到的。在统一的生态经济运动中，经济安全性与生态安全性的有机结合，其实质就是发展经济中局部经济利益与全局经济利益，以及目前经济利益与长远经济利益的结合。经济与生态配置得当，局部、目前利益与全局、长远利益协调，生态与经济的安全性都得到保证，两者的作用相得益彰。反之，两种利益不协调，例如只顾局部、目前的经济利益而破坏了生态系统，使生态安全性没有保证，由此经济的安全性也就得不到保证。事实已经证明，人们所造成的大量生态经济破坏，都正是只顾发展经济而不顾生态的安全性，实际上也就是忘了它将带来的经济本身的不安全性造成的。在人们认识了经济有效性和生态安全性的内在有机联系与统一的基础上，对这一点应当经常引以为戒。而经济有效性与生态安全性的结合统一，正是经济有效性与生态安全性兼容协调这一生态经济管理理论和原则建立的客观基础。

（三）用经济有效性与生态安全性结合的理论和原则指导经济发展

自70年代初开始，我国研究生态经济问题已经有20多年。在20多年来的研究中，人们在还不认识经济有效性与生态安全性相结合这一理论和原则的情况下，实际上就已经不同程度地应用了它作为生态经济管理的标准（包括我们上面列举的一些问题也是一样）。今后它作为一个理论和原则的建立，必将进一步明确地、具体地指导我们的生态经济管理工作。它的应用普遍存在于生态经济发展的各个领域，结合本书后面各篇章提到的问题，例如：

1. 我国宏观生态经济管理模式建立的理论基础问题

企业是市场的主体，充分发挥企业发展经济的积极性，有利于充分开发利用自然资源，发挥其在自然资源配置中的基础性作用。但是在市场经济下，任其自发地发展，则将给生态的安全性带来威胁，也不利于保证经济发展的安全。政府是宏观生态经济管理的主体，它的一个基本职能是对经济发展进行宏观调控，其关键的一点就是保证生态的安全性，使社会主义经济能够实现协调发展和可持续发展。宏观生态经济管理模式中政府与市场作用的协调，体现在生态经济管理上，就是保证经济有效性与生态安全性的统一。

2. 区域经济发展的目标和原则问题

其发展目标，本书中提出的观点是实现区域生态经济持续发展。其发展原则，提出了：（1）区域资源的开发利用率 ≤ 资源的更新率；（2）区域不可更新资源的开采率 ≤ 不可更新资源可更新替代品的增长率；（3）区域废弃物的排放量 ≤ 环境对废弃物的吸收量等原则，其理论依据也是经济的有效性与生态安全性的结合与统一。

3. 生态农业和生态工业等生产形式提出的生态经济依据问题

以生态农业形式为例，我国的实践经验提出，建立生态农业的生产方式要考虑以下三个方面的内容：一是从绿色植物的配置上要尽量多吸收太阳能；二是合理配置生态系统"食物链"，组织生态经济的良性循环；三是集约经营，充分发挥各生产要素的作用。其核心是在积极发展经济的同时，注意节约利用和充分利用自然资源，其最终的生态经济依据也是立足于实现经济有效性与生态安全性的结合与统一。

4. 生态经济大跨度的协调发展问题

对此，杨纪珂先生在第八届全国人大常委会第十次会议上曾经提出建议，对先富地区工业排放二氧化碳而耗氧者，仿效发达国家，征收碳税，以此税收扶持贫困地区的林业，使之能够可持续地发展。发达地区充分利用自然资源，有效地发展了经济，得到了收入；但同时也大量消耗了氧气资源和排出大量二氧化碳，污染了环境，但都未付出代价。而贫困地区的林业大量供氧，净化了环境，为保证生态安全（其中也包括保证发达地区的安全）作出了贡献，却未得到任何收入。为做到宏观的生态经济系统资源损益的公平合理，实现整体经济的可持续发展，这一建议是十分正确的和必要的。其提出的根据之一，体现在大跨度的生态经济关联中，也同样是经济有效性与生态安全性兼容协调这一理论和原则。

四　经济效益、社会效益、生态效益整体统一的理论和原则

用生态经济学的理论指导进行生态经济管理，首先要认识生态经济学的三个最基本理论范畴及其作用。一是生态经济系统，它是经济活动的载体；二是生态经济平衡，它是经济发展的动力；三是生态经济效益，它是经济活动的目的。取得生态经济效益是人们经济活动的出发点和落脚点。经济是社会发展的基础。生态经济效益在社会经济发展实践中又必然广延为生态效益、经济效益和社会效益。在生态经济管理中，如何正确处理这三个效益之间的关系，以及用什么理论和原则进行指

导，是生态经济管理中的一个十分重要的问题。

（一）经济效益、社会效益和生态效益是一个统一的整体

在我国，经济效益的概念人们已经比较熟悉。而社会效益，特别是生态效益的概念，则是近些年来人们才逐渐熟悉起来并且被广泛加以运用的。随着生态经济学理论的建立，它们也都作为重要的生态经济学范畴而被确立下来。生态经济学的理论认为，经济效益、社会效益和生态效益三者都是客观存在的，而且它们互相结合，形成一个统一的生态、经济（社会）效益整体。

在生态经济学中，经济、社会、生态三个效益的统一性来源于生态经济系统的统一性。生态经济学的研究对象是生态经济系统，它是一切经济活动存在和运行的实际载体。它由经济系统和生态系统相互结合形成，体现了人与自然的紧密结合。由于人是以群体的形式在社会中生活的，在多种社会活动中，人的经济活动又是最基础的活动，因此经济系统实际上又必然延伸为社会经济系统；通常为了研究问题的方便，又细分为经济系统和社会系统，而与自然的生态系统相并列。在实际生活中，与三个系统的存在相对应，客观上也存在三个效益，即经济效益、社会效益和生态效益。由于生态经济系统具有整体性、综合性与内部联系性等基本特点，这就决定了其中的子系统：经济（社会）系统与生态系统是互相区别而又相互联系的，它们共同存在于统一的生态经济系统之中。与此相适应，并在此基础上，客观存在的经济效益、社会效益和生态效益三个效益，也必然成为互相区别而又相互联系的统一整体，共同存在于统一的生态经济系统运行的活动中。

生态经济学理论是适应指导现代生态经济发展的要求而建立的，运用经济、社会、生态三个效益整体统一的理论和原则指导生态经济管理，要重视生态与经济的时空关联性，即在经济发展实践中必须正确处理局部利益与全局利益之间，以及目前利益与长远利益之间的生态经济结合问题。

正确处理局部利益与全局利益的矛盾是生态经济管理中的一个经常性的重要工作。一些生产经营单位在空间关联上，只顾追求片面的微观

经济效益，而不考虑损害宏观的社会效益和生态效益，因而使整体效益受到损害，其结果必将动摇其微观经济效益赖以存在的基础，而使本身的经济效益不能持续取得。在实际工作中，这种例子比比皆是。解决这一问题要加强生态经济管理，要坚持用经济、社会、生态三个效益统一的理论和原则指导，克服"本位主义"，使之在兼顾全局，即使三个效益统一的基础上，企业也获得可持续发展的最大经济效益。

正确处理目前利益与长远利益的矛盾也是生态经济管理中的一个经常性的重要工作。一些单位在时间的关联上，只顾追求片面的眼前经济效益，而不考虑破坏生态系统，损害了生态效益和社会效益，同样也将损坏其长远经济效益的存在基础，而使其持续发展成为不可能。在实际工作中这样的例子同样也到处存在。解决问题的办法同样也要加强生态经济管理，坚持用经济、社会、生态三个效益统一的理论和原则来指导。其关键是要克服各种"短期行为"，使之兼顾目前和长远，把经济的可持续发展放在生态与经济协调的稳固基础上。

（二）经济、社会、生态效益的结合是现代经济的本质特征

21 世纪是生态的世纪。目前，世界经济的发展已经进入了一个新的阶段，即生态与经济协调发展的阶段，其基本特征是能够实现可持续发展。现代经济是用高科技武装起来的经济，也是与自然相协调的经济。现代经济的一个重要特点就是能够把社会生产力和自然生产力的作用有机结合起来，并以之作为推动自己发展的综合动力。在此基础上，它也必然要求综合取得经济、社会、生态三个效益，并且实现它们的协调统一。因此这也就成为现代经济发展与过去经济发展不同的一个重要本质特征。

在实际工作中，经济、社会、生态三个效益结合的这一本质特征，以及根据这一特征的要求进行生态经济管理，表现在现代经济发展过程的各个方面。本书后面各篇章中，在现代城市经济、现代农村经济和现代企业建设等方面都有比较详细的阐述。如建立现代企业制度是我国经济改革的一项重要工作。它是我国现代经济发展的迫切要求，同时也是我国生态经济建设的迫切要求。据此，我国现代企业制度的建立应当一

开始就明确其应当具有鲜明的生态经济内涵。对此，首先应当明确，在现代经济以生态经济的协调发展为基本特征的情况下，建立的现代企业，不但应当具有经济责任，而且同时应当具有明确的社会责任，并且要将其对社会的责任放在首位。而在其社会责任中，又要把生态环境责任放在首位。因此，对现代企业进行生态经济管理，也要把实现经济效益、社会效益和生态效益的结合统一作为基本目标。其次，我国建立的现代企业，在模式选择上，不能再沿袭过去只重经济效益，不惜大量浪费自然资源，走速度效益型的老路；而且也不能满足于目前仍然单纯从经济效益（包括社会效益）考虑所实行的质量效益型做法；而应当真正按照现代经济全面的本质特征所要求的那样，选择采取"生态经济协调的质量效益型"的微观生态经济模式，使其生产经营能够切实放在经济、社会和生态三个效益全面取得的稳固基础上。最后，我国现代企业也要根据实现三个效益的要求，建立一整套符合当今时代需要，而不同于过去的组织管理制度。对此，本书第三篇"微观生态经济管理"，重点研究我国现代企业制度建设的章节中，专门提出了企业建立生态经理制等问题，这将有力地从组织上保证企业全面生态经济管理目标的实现。

用经济、社会、生态三个效益结合统一的思想指导我国现代经济建设，其作用不但从生产关系的角度表现在现代企业的建立上，同时也从发展生产力的角度表现在具体指导我国现代产业的发展上。对此，我国林业发展的过程提供了一个很好的研究实证。新中国成立初期，学习苏联，把林业等同于森林工业；加之以后的"左"倾错误指导，只看到眼前的经济效益，不顾生态效益和社会效益，长期一味砍伐，造成森林采伐量远远大于林木的生长量，出现巨大的"森林赤字"。许多地方出现了严重的"三危"问题，即可采森林资源危机、生态危机和经济危困。不得已实行限量采伐，即重新回到以经济、社会、生态三个效益为指导的正确轨道上。同时也提出把森林作为生态经济系统进行整体开发利用的指导思想，对森林既要看到其中的林木资源，又要看到其中丰富的动物、植物、微生物和各种环境要素等多种自然资源，进行全面开发利用，走经济、社会、生态三个效益结合促进的发展道路。之后，林业部又提出，从 1996 年起，把森林划分成公益林和商品林的指导思想，前者主要发挥生态效益和社会效益，后者主要发挥经济效益，并逐步将林业区分为公益林业和商品林业两大类进行分类经营。其根据也就是以经济、社会和生态三个效益的结合统一思想为指导，同时加快我国林业生态体系建设和林业产业体系建设，使我国林业沿着现代经济的道路更快发展。

（三）用经济、社会、生态三个效益统一的理论和原则指导经济的全面优化

经济效益、社会效益、生态效益整体统一的理论和原则是生态经济管理上的一个普遍原则。其对经济发展的指导作用，除上面已经谈到的之外，呼应本书后面各篇章中将要研讨的一些问题，从指导经济发展全面优化上再列举出以下三个方面：

1. 指导宏观生态经济效益的协调

例如在区域经济发展中要通过组织 PRED 协调（即人口、资源、环境与发展的协调）来促进其协调、稳定和持续发展。实现这一协调的指导思想就是在区域经济发展中获得综合最大的整体经济、社会和生态效益。又如着眼于更大范围和全球，一些发达国家对发展中国家进行的"生态侵略"，就是只顾自己国家的经济、社会和生态效益，而破坏别国生态环境的错误做法；而倡导国际合作，共同治理生态环境，则是协调各国经济、社会、生态三个效益的积极正确做法。

2. 实现外部不经济性内部化

外部性理论是指导生态经济管理的重要理论，本书第六篇中对国外这方面的情况有较多介绍。企业只顾本身微观经济效益，不顾损害外部宏观生态和社会效益是产生外部不经济性，及其与内部经济性对立的根源。采取生态经济管理措施，促使外部不经济性内部化，解决局部微观利益与全局宏观利益的不协调问题，其作用机制也在于实现在企业内部（同时也在全社会范围内），实现经济效益和社会效益及生态效益的统一。本书在微观生态经济管理篇提出了现代企业应该建立和运用"生态成本"这一范畴作为生态经济微观管理的重要手段；在宏观生态经

济管理篇也提出了应该设立"生态税"这一新的税种，进一步改进我国的宏观生态经济管理，其出发点和立足点也都是在使经济、社会和生态三个效益结合统一的基础上，促进我国微观和宏观经济的全面优化。

3. 促进经济社会的可持续发展

以上，从横向关联来看，不论是宏观经济还是微观经济发展中存在的生态经济矛盾，其根本原因都在于经济、社会和生态三个效益的不协调。同样，从纵向关联来看，社会经济发展的年度之间、时期之间，以至代际存在的生态经济矛盾，其根本原因同样也在于经济、社会和生态三个效益的不协调。我国《21世纪议程》白皮书与《国民经济和社会发展"九五"计划和2010年远景目标纲要》中都明确把实现经济和社会可持续发展作为奋斗目标，后者并重点提出实行两个具有全局意义的根本性转变，一是经济体制从传统的计划经济体制向社会主义市场经济体制转变。二是经济增长方式从粗放型向集约型转变。同时也强调了要重视经济建设和人口、资源、环境的关系。这就给我国的生态经济管理提出了重要的任务。它要求我们全面运用生态经济管理的理论和原则，其中包括运用经济效益、社会效益和生态效益整体统一的理论原则，指导我国经济和社会的发展，把21世纪我国经济社会的发展切实放在全面实现生态与经济协调和可持续发展的基础上。

第四章　我国社会主义市场经济条件下的生态经济管理

生态经济与市场经济是现代经济的两个基本特征。现代经济，从其本质上讲，是生态经济；从其运行的方式上讲，是市场经济。生态经济与市场经济各有自身的特殊规律性，二者既有相互联系、相互促进的一致性特点；同时又有相互制约的矛盾性特点。因此，在理论上研究如何利用生态经济与市场经济的一致性，以及如何克服和解决二者之间的矛盾性，从而建立起社会主义市场经济条件下的生态经济管理体系，对于促进我国经济现代化建设事业，将是十分重要的。

一　市场经济发展对生态经济管理的双重作用

（一）社会主义条件下市场经济发展和生态经济发展的统一性

我国所要建立的是现代社会主义的市场经济。它既具有现代市场经济的一般性，又具有社会主义的特殊性。它是建立在社会主义公有制为主基础上的、为全体社会成员谋福利的资源配置方式。社会主义市场经济具有的社会主义制度的基本特征，是它与生态经济兼容的客观基础。这就必然使社会主义条件下市场经济的发展和生态经济的发展具有统一性。

首先，市场经济能够促进资源的合理配置。一方面，在宏观领域里可以使各种资源在全社会范围内自行流动，寻求效益最高的用途或用项，将有限资源分配与投入到最能适应社会急需的产出上。另一方面，在微观领域特别是企业范围内，可以寻求生产要素的最优结合，在生产过程中对资源开发利用与生产要素之间的配置优化，实现资源合理的、充分的、节约的利用，获得较高的资源利用效率。

其次，市场经济能够促进自然资源利用率和转化率的提高。自然资源的利用与转化实质是经济资源与自然资源相互融合和转化的生态经济过程。市场经济有利于自然资源利用率和转化率的提高，根本在于企业在生产和经营活动中具备了追求最大经济效益的条件。第一，市场经济的主体是企业，企业具有生产经营的自主权，有灵活地决策资源配置的权力，在市场竞争中可以显示充分的活力；第二，企业为了提高自身的竞争能力，把主要精力放在技术创新上，从而促进了资源利用及转化率的提高；第三，企业内部劳动者的积极性易于调动。市场机制打破了平均主义分配制度和"大锅饭"，因而极大地提高了劳动生产率。

最后，市场经济能够促进社会成员要求提高生态环境质量。随着现代市场经济的发展，社会生活日益现代化。人们生活水平的提高和健康意识的增强，推动社会提高了对生态环境质量的要求和生态产品的需求。

（二）社会主义条件下市场经济发展和生态经济发展的差异性和矛盾性

在社会主义条件下，企业或生产经营者的局部或眼前利益，与国家或社会的整体或长远利益，从根本上说是一致的。但是，在社会主义市场经济中，每个企业或生产经营者都是市场的主体，它们会直接关心其局部利益，注重眼前利益；也往往会忽视国家或社会的整体和长远利益。因而就会忽视生态效益，极力少投入防治污染和生态建设的费用，或者以外部不经济的方式向社会转嫁成本并攫取社会利益，以达到实现追求利润最大化的目的。其结果，则造成生态环境的恶化。

社会主义条件下，市场经济和生态经济发展的矛盾性，突出表现在企业或生产者对生态效益的对待上。生态效益是自然、经济、社会的基本效益，它具有社会共享性的特点。在市场经济条件下，生态效益的社会共享宏观利益与市场逐利原则下企业微观经济效益的局部利益之间是存在矛盾的。这就使得生产经营客观地存在市场调节范围之外的经济

"外部性"问题，而且绝大多数情况都是通过损害社会共享资源表现出来的。

最典型的经济"外部性"是工业"三废"污染环境造成的社会经济损失。它无法通过市场机制让排污者来承担，因而就促使一些人不顾社会宏观利益而过度追求微观上的眼前利益，从而造成巨大的生态经济损失。

（三）社会主义市场经济条件下的双重性生态经济管理

在社会主义条件下，市场经济发展与生态经济发展既统一又矛盾的特点明确告诉我们：发展现代市场经济能促进生态环境保护与建设，为加快生态经济发展、实现生态经济管理基本目标创造良好条件；但也会给本来就已经短缺的资源和脆弱的生态带来更大压力，使生态环境系统的供给能力随着市场经济的发展而下降。其不利于生态经济发展的这种双重作用，在我国经济快速持续增长的历史时期内将表现得很明显，这就要求我们在发展市场经济时，必须强化生态经济管理。社会主义市场经济条件下生态经济管理的指导方针应是：以现代化建设为中心，以发展现代生产力为出发点和根本标准，以公有制为主体，大力发展改善生态环境为基础的现代市场经济；在此过程中，发展经济必须与保护生态同时并举，经济建设必须与生态建设同步进行，国民经济现代化必须与国民经济生态化协同发展，努力建设社会主义的物质文明、精神文明和生态文明，走出一条社会主义市场经济与生态经济协调统一的发展道路。

二 社会主义市场经济条件下生态经济管理的基本任务

我国是在人口基数庞大、资源相对紧缺、生态基础脆弱的条件下建立社会主义市场经济体制和运行机制的。一方面经济要起飞，追求尽可能的高速增长；另一方面，生态环境已经恶化到比较严重的程度，并且我国人口众多、经济落后这两大沉重包袱也不可能在短期内扔掉。因而，我国将长期面临人口、资源、环境、生态与经济发展的巨大压力和尖锐矛盾。不仅如此，我国还面临来自全球生态环境问题的威胁。因此，如何在这种矛盾中实现它们的有机统一与协调发展，是我国现代化建设面临的重大问题，也提出了我国社会主义初级阶段生态经济管理的基本任务。

我国社会主义生态经济管理的这个基本任务，从总体上来说，就是以实现我国"由不发达的社会主义国家变成富强民主文明的社会主义现代化国家"的伟大使命为目标，把我国的现代化建设和现代市场经济发展转移到严格按照生态经济协调发展规律办事的轨道上来，科学组织社会生产力，有效保护自然生产力，自觉协调经济发展和生态发展的相互关系，最大限度地提高生态经济生产力发展水平，使我国社会主义现代文明达到高度的物质文明、精神文明和生态文明的有机统一。这一基本任务，是通过宏观、中观和微观生态经济管理来实现的。

（一）宏观生态经济管理的主要任务

这一任务的核心内容是，根据生态经济规律的要求和我国现代化总体战略的需要，确立我国生态经济发展战略，制定以生态环境保护与建设产业化为中心的中长期生态经济管理目标，谋求建立生态（包括人口、资源、环境）与经济相互协调发展的模式，保证我国市场经济发展避免走发达国家发展市场经济所走的"先破坏、后整治，先污染、后治理"的老路，走出一条社会主义市场经济与生态经济紧密结合与协调发展的新路子。

为了保证社会主义市场经济条件下生态经济的正常运行，宏观生态经济管理的重点是在求得社会总供给和总需求基本平衡的基础上，谋求社会经济系统的总需求与自然生态系统的总供给的基本平衡。从现在的具体情况来看，我们要抑制对资源环境的过度需求，增加自然生态系统的总供给能力，努力调节好有限的日趋减少的生态资源和无限的日益增长的经济需求之间的矛盾；解决好不断增加的排污量和相对缩小的生态环境容量即有限的净化能力之间的矛盾，实现社会经济系统的总需求与自然生态系统的总供给之间的基本平衡，保持生态经济稳定、持续、协调发展。

社会主义市场经济条件下宏观生态经济管理的关键问题，是政府要有一个实现生态与经济协调持续发展的总体政策导向。在目前经济体制转轨和经济快速增长的时期，要着重抓好以下几点：（1）要把保护、改善生态环境的基本国策，纳入发展经济的具体政策，要制定有利于生态环境保护的经济发展政策，建立和完善适应市场经济发展的包括管理政策、经济政策、技术政策、产业政策和国际环境发展合作政策在内的生态环境保护政策体系。（2）在国家和地方进行国民经济重大决策和实施重大经济建设工程时，要对其可能产生的生态环境影响进行科学的评估，制定出保护和节约资源、削减和控制污染以及预防生态破坏的对策；并利用投资、财政、信贷、税收、价格等各种经济手段，来保护环境，使生态环境保护与建设纳入市场经济运行轨道。（3）建立与现代市场经济相适应的生态环境法律体系和与我国生产力水平相适应的生态环境标准体系，通过法规约束，标准调控和政策引导，促进社会经济与自然生态的协调持续发展。

（二）中观生态经济管理的主要任务

在我国经济体制转变和经济快速发展时期，工业和城市生态经济管理是我国生态经济管理的重点领域。它的主要目标是，逐步建立起适应社会主义市场经济的生态经济管理体系，加强对工业和城市大气、水体、固体废物和噪声污染的控制与治理和城市生态环境的综合整治，减缓环境污染加剧和生态环境恶化的趋势，使部分工业部门与行业和重点城市的生态环境质量有所改善，逐步实现工业和城市经济、社会和生态的协调发展。

农业和农村的可持续发展，是我国可持续发展的根本保证和优先领域。因此，加强农业和农村生态经济管理是我国生态经济管理的基本领域。它的主要目标是，逐步建立和健全适应社会主义市场经济的农业和农村生态经济管理体系，保持农业生产率稳定增长，提高食物生产和保障食物安全，发展农村经济；增加农民收入、改变农村贫困落后状况；保护和改善农业生态环境，合理、永续地利用自然资源，促进农业和农村人口、资源、环境与经济、社会的可持续发展。

随着我国社会主义市场经济体制的建立和经济快速发展，使地区经济发展不平衡加剧，因而各地区生态经济发展水平的差距扩大；与此同时，地方政府的责、权、利扩大，使地区性的经济社会和自然生态中长期发展规划的矛盾日益突出，因而加强地区生态经济管理问题也就随之日益重要。地区生态经济管理的主要目标和基本任务，是逐步建立和完善适应社会主义市场经济的地区生态经济管理体系，推动生产要素在地区间的合理流动，实现资源在地区间的合理配置和在地区内的有效利用，既达到发达地区带动欠发达地区和落后地区的生态经济发展；又达到各地区生态经济发展的持续协调。

（三）微观生态经济管理的主要任务

从总的来说，微观生态经济管理的任务，是根据"优质、优构、低耗、高效"这个企业现代生产力发展的基本规律的要求，及现代企业总体发展的需要，科学地组织企业生产力，寻求生产要素的最佳结合，优化企业生态经济系统结构，节约物化劳动和活劳动，提高资源转化率，提高企业发展的质量和效益，实现最佳的经济效益、社会效益和生态效益的统一。在我国经济体制转变和经济快速增长时期要着重完成以下几方面的具体任务：

（1）按照我国实施可持续发展战略要求和市场需要，制定企业生态经济发展目标和规划，推进企业发展模式的转换。目前，我国企业发展基本上仍然沿用着以大量消耗资源和粗放经营为特征的传统发展模式，即高投入、高消耗、高污染的传统发展模式。我们建立现代企业制度，加强生态经济管理，就是要在微观生态经济运行中建立起低消耗、高效率、少污染的资源节约型的集约发展模式，使企业发展以尽可能少的资源投入取得尽可能多的符合社会需要的有用成果，排放出尽可能少的废弃物，走上一条实现集约化和生态化紧密结合的协调发展道路。这是当前和今后一个时期微观生态经济管理的主要任务。

（2）建立现代企业管理制度，改革企业内部经营机制。强化企业管理，既要把面向市场作为加强生产经营管理的首要任务，又要把建立起有效的生态环境约束制约，作为加强生态环境管理的首要任务；从而使企业既具有追求内部经济性的动力和能力，能够有力地约束内部不经济行为；又具有追求外部经济性的动力和能力，能够有力地约束外部不经济行为，协调好企业的内部经济性与外部经济性的发展关系。显然，这是具有相当难度的微观生态经济管理的任务。

（3）加强微观生态经济管理，必须把生态环境纳入企业管理的轨道，使企业管理由过去单一管理经济系统转变为对企业生态经济系统进行整体管理。这就必然要求把生态环境管理渗透到企业管理的各个环节，同其他管理工作紧密结合，不仅要纳入企业的综合管理，而且要纳入企业各个专业管理中来。因此，解决好生产经营管理和生态环境管理的紧密结合与有机统一，就成为加强微观生态经济管理的重要任务。

三　转变政府职能与增强生态经济宏观调控能力

市场经济条件下，不仅社会共享的公共性生态资源以及经济生活的外部性存在使得市场失灵，而且有许多社会问题也是市场无能为力的。例如，市场本身不能自发解决社会各个阶层经济利益目标问题，国防、基础教育、城市环境、公共卫生等公共事业的发展依靠市场机制是办不到的。此外，市场秩序的管理和市场波动的调节也是市场自身难以完成的。

我国是社会主义国家，经济体制改革的目标是建立社会主义市场经济体制。无论从弥补市场的缺陷，还是从社会主义公有制度来看，都要求在改革中必须加快转变政府的职能和增强其宏观调控能力。

（一）市场经济条件下政府经济职能的转变

市场经济条件下，加强政府宏观管理，解决由市场失灵出现的问题，首要的是政府必须转变其经济职能。我国目前正处于经济体制改革的转轨时期，政府经济职能的转变应主要围绕以下三个方面进行：

（1）为了适应市场经济体制建立的需要，政府经济职能转变的关键是由传统的直接调控向间接调控转变。传统的直接调控模式，是政府运用行政指令直接调控企业的一切活动。政府间接调控，是指政府调控影响企业必须要通过市场这个调控中介。因此，间接调控主要的不是运用行政手段，而是经济手段，即依据市场供求关系的变化，运用税率、预算、公债、工资率、利息率、汇率、货币供应量等经济杠杆进行调节。由行政直接调控变为间接调控，政府的经济管理职能要相应地进行一系列的转变：第一，由传统以实物形态管理为主转变为以价值形态管理为主；第二，由传统经济指标管理为主转变为政策指导为主；第三，由传统的以行政手段管理为主转变为以经济手段管理为主；第四，由过去主要以全民企业为管理对象转变为对全社会的经济活动进行指导和必要的宏观调控；第五，由过去注重以静态管理为主转变为以动态管理为主。

（2）为了适应生态经济管理需要，政府经济职能转变的关键是由传统的单一经济管理向经济与生态两大系统协调管理转变。传统计划经济体制虽然在宏观管理上有利于生态资源合理利用和生态环境保护，但是，由于我国经济落后，生产力发展水平较低，为了尽快把经济搞上去，国民经济管理长期把经济的单一增长作为目标。1958 年不惜把大量森林资源作为能源冶炼钢铁；以及近些年来，一些地方多次出现的对森林资源大的破坏与加速工业发展忽视环境保护等问题，无一不是单一经济管理目标的偏颇所致。我国是以公有制为基础的社会主义国家，无论是实行传统计划经济体制，还是实行社会主义市场经济体制，公有制的本质特性不仅使人与人之间的剥削压迫关系失去了基础，而且也使人对自然的掠夺和由经济外部性问题而存在的对生态环境的破坏失去了经济制度上的基础。在我国，无论过去还是现在所出现的自然资源掠夺性开发和环境破坏现象，主要不是在于根本利益上的对立，而是由于经济管理目标上的偏差。因此，为了适应现代经济管理的需要，政府经济管理职能必须从传统单一的经济管理中解放出来，确立起经济生态协调发展的现代经济管理意识和管理制度。为此，在进行政府机构改革和经济体制改革中，要把强化自然资源和环境保护与建设工作，作为各级政府的一项基本职能。据此，各级政府在经济职能转变过程中，首先，必须注意将单一经济目标管理职能转变为生态与经济双重目标管理职能；其次，必须具有着眼全局经济效益的管理职能；最后，必须具有长远的促使经济持续发展的管理职能。

（3）对于市场机制失灵的盲区，必须加强政府宏观调控的作用。现代经济管理认为，政府宏观调控职能是其管理内容的重要组成部分。但是，必须明确的是，政府宏观经济管理职能已不是传统计划经济时的那种宏观经济管理职能，而是适应市场经济需要的宏观经济管理职能。也就是说，主要是弥补市场缺陷的宏观经济管理职能。为此，政府在经济职能转变过程中，应着重注意从维护市场公平竞争秩序，明晰产权关系，特别是应注意明确那些属于公共资源性质的产权关系，培育生态环境资源市场，调整生态资源价格，加强生态环境执法和监督等方面，来转变宏观管理的职能。

（二）加强政府的生态经济宏观调控能力建设

建立强有力的宏观调控体系，是社会主义市场经济的固有属性；增强政府的生态经济宏观调控能力，是现代市场经济的固有职能。因此，在现代市场经济条件下，必须加强政府的生态经济宏观调控能力建设。为此：

首先，政府要确立起生态经济观念。生态经济是现代经济的一种理性认识和一种理想经济模式。生态经济的载体是社会经济的生产和再生产，生态经济模式与传统经济模式的根本区别是经济系统的生产和再生产要与生态系统的生产和再生产相互协调。从生态经济系统的结构看，生态系统的生产和再生产是基础，经济系统的生产和再生产是主体，二者相互依存、相互促进，同时又相互影响、相互制约。这个道理在社会生产中是明显的：农业经济发展必须建立在良好农业生态系统基础之上，农业生态系统遭到破坏，就谈不上农业经济的发展。农业生产中，生态与经济的关系比较直观。即使在工业生产中，经济与生态相辅相成的关系也是明显的。比如一些工业使生态环境系统中的水源和大气严重污染，不仅对自身生产不利，更重要的是，被污染的水和空气也会对其他一些工业生产和农业生产造成影响和危害。加强政府的生态经济宏观调控，第一位必须解决认识问题。只有更新观念，提高认识，才能够从经济与生态相协调的高度加强生态经济宏观调控能力建设。

其次，制订国民经济发展计划，必须确立生态经济宏观总量平衡。

生态经济宏观总量平衡包含宏观经济总量平衡和宏观生态总量平衡两大平衡。在这两大平衡中，生态平衡是第一性的，经济平衡是从属的、第二性的。无论从发展的时序上讲，还是从二者之间的关系上讲，生态平衡都是经济平衡的自然基础。在生态经济系统中，一定的经济平衡总是在一定的生态平衡基础上产生的。但是，经济平衡并不是被动适应生态平衡，事实上是人类主动利用经济力量去保护、改善或者重建生态系统的平衡。人类经济越发展，对生态系统的作用越强大，相应也就越要求承受经济主体作用的生态基础愈加稳固和愈加具有耐受能力。现代市场经济条件下，生态平衡这种稳固性和耐受力，不仅要靠自身的调节，而且更重要的还要靠经济力量的支持和促进。因此，确立生态经济宏观总量平衡，在制订和实施国民经济发展计划时，不仅应当尊重经济规律，充分开发利用自然生态系统资源，增加社会经济财富，来保持宏观经济总量平衡；同时还一定要注意尊重自然规律，适应生态平衡的需要，利用经济力量对自然生态系统进行保护、改造、重建和加强，来保持宏观生态总量平衡。

再次，选择适合国情的生态经济宏观调控模式。生态经济调控模式比单纯市场经济调控模式要复杂得多。它是包括政府、市场、企业，经济系统、生态系统、生态经济系统等在内的一体化调控模式。其宏观调控模式和作用如下图所示：

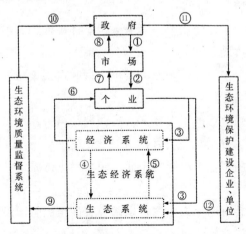

　　①国家将体现宏观调控目标的可控变量，以经济参数和各种政策的形式调控市场。

　　②市场机制将①可控变量转化为市场信号（主要是以价格形式），企业在市场信号导向下，调整生产方式、生产规模等，以获取最大的经济效益。

　　③企业在生产过程中，以科技为手段，同时作用于生态系统和经济系统。

　　④、⑤企业在生产和再生产过程中，所发生的生态系统与经济系统物质、能量相互交换过程。在这个意义上，生态系统与经济系统相互融合形成生态经济复合系统。

　　⑥企业通过生产，产出经济产品。

　　⑦企业通过自身生产经营活动影响市场商品供给和需求，并进一步校正市场信号。

　　⑧市场通过自身运转，将校正过的市场信号反馈给政府，政府据此校正可控变量，以保证宏观调控有效性。

　　⑨企业在生产过程中，对生态系统产生的促进或破坏作用，生态系统以对人类社会有益的或有害的自然回报方式所发出的信号。

　　⑩生态环境质量监督系统根据自然回报信号进行质量检测，并将检测结果反馈给政府。

　　⑪政府依据生态环境状况，对服务生态环境保护、建设的企业、单位作出宏观调控决策。

　　⑫生态环境保护、建设企业、单位依据政府决策对生态环境开展保护、建设。

　　很明显，加强政府的生态经济宏观调控，第一，可以通过⑪、⑫调控路线，直接对生态系统进行保护和建设；第二，还可以通过①、②、③调控路线，运用市场手段影响企业，间接对生态系统和经济系统加以宏观调控。

　　最后，加强政府的生态经济宏观调控，必须综合运用多种手段，包括经济、政策、行政和法律等手段，发挥其对自然资源和生态环境保护的宏观调控作用，用各种生态与经济政策指导协调经济发展和自然资源与生态环境保护之间的关系，才能实现整个社会生态环境和经济社会的协调发展。

参考文献

1. 许涤新主编：《生态经济学》，浙江人民出版社 1987 年版。

2. 余谋昌：《当代社会与环境科学》，辽宁人民出版社 1986 年版。

3. 世界环境与发展委员会编著：《我们共同的未来》，世界知识出版社 1989 年版。

4. 杨纪珂：《建议为扶持贫困地区开辟可持续发展的道路而立法》，《中国环境报》1994 年 11 月 19 日。

5. 王松霈主编：《自然资源利用与生态经济系统》，中国环境科学出版社 1992 年版。

6. 中国生态经济学会等编：《生态时代的呼唤》，中国劳动出版社 1993 年版。

7. 小詹姆斯 H. 唐纳利等：《管理学基础——职能·行为·模型》，中国人民大学出版社 1982 年版。

8. 彼得 F. 德鲁克：《管理——任务·责任·实践》，中国社会科学出版社 1987 年版。

9.《国民经济管理学》，山东人民出版社 1985 年版。

10. 国际人道主义问题独立委员会编著：《社会发展与生态环境》，社会科学文献出版社 1987 年版。

11. 王全新、王干梅、时正新、姜学民：《生态经济学原理》，河南人民出版社 1986 年版。

第二篇　宏观生态经济管理

　　自 1982 年我国政府把保护环境作为一项基本国策之后，理论界和各职能部门都在积极探索将环境保护问题纳入国民经济运行的轨道，使其成为国家对经济与环境协调发展进行宏观管理的主要依据。然而，在90 年代以前，我国宏观管理的视野只停留在环境保护问题上，直到近几年，才把视野拓展到环境与发展这个大概念上。尤其是《中国 21 世纪议程》比较系统地阐明了中国的可持续发展战略和对策，规定了中国当今和未来的发展必须努力寻求一条人口、经济、社会、环境和资源相互协调的可持续发展的道路。为此，需要建立比较完善的可持续发展的管理体系，其核心是生态与经济协调发展的管理体系。这就从宏观上确立了生态发展在整个国民经济发展中的基础地位和生态经济管理在整个国民经济管理中的战略地位。当今世界范围，包括社会主义社会在内的现代经济社会发展的实践表明，没有高效的政府宏观生态经济管理，就没有高效的社会主义市场经济体制。这是我国市场经济发展的必由之路。

第五章 宏观生态经济管理体制

一 宏观管理体制发展沿革及特点

中华人民共和国成立后，整个经济的宏观管理体制的发展变化，大体经历了三个发展阶段。

（一）第一阶段：单一经济管理

从新中国成立到 1972 年以前。这一阶段的宏观管理体制有两个明显的特点：一是整个国民经济宏观管理体系中没有生态、环境、资源等方面的管理内容，实行的是一种纯经济的管理体制，无力协调经济与生态的发展关系。这表现在：从机构设置看，从中央到地方，没有生态环境和资源管理机构；从管理目标看，只有经济发展目标，没有生态环境发展目标；从管理意识看，国民经济的宏观管理就是发展生产，而保护环境、保护资源的意识十分淡薄。二是国民经济宏观管理实行的是从苏联照搬过来的计划经济模式，中央高度集权，条条控制，通过层层下达的指令性计划实现宏观调控和资源配置，市场基本上不发挥作用。管理方式以行政手段为主，管理目标以产量和产值的增长为中心。

（二）第二阶段：环境管理纳入宏观管理体系

从 1973 年到 1992 年的 20 年。这一时期管理体制的最大变化，是把环境管理纳入了宏观管理的轨道，成为宏观管理体系的内容。这一时期的环境管理（即生态经济管理），由起步到逐步完善，大体上也可分为三个探索阶段：

　　第一阶段，从 1973 年到 1981 年。1973 年 8 月，我国召开了第一次全国环境保护会议。在周恩来总理的主持下，提出了一个明确的指导思想，即中国的经济建设和工业发展不能再走西方工业发达国家都经历过的"先污染，后治理"的道路。根据这一指导思想制定了我国环境保护方针，即"全面规划，合理布局，综合利用，化害为利，依靠群众，大家动手，保护环境，造福人民"。按照这一方针，1973 年国务院在《关于保护和改善环境的若干规定》中提出了一个避免"先污染，后治理"的原则，就是新建改建扩建的项目，防治污染设施必须同主体工程同时设计、同时施工、同时投产的规定。后来这个"三同时"就成为中国的第一项环境管理制度。为了继续寻找避免走"先污染，后治理"老路的办法，我们借鉴外国的经验，又相继建立和推行了环境影响评价制度和超标排污收费制度，这就是"老三项"环境管理制度。这一阶段，积累了许多成功的经验，也走过一些弯路。如把环境管理单纯理解为主要抓环境污染治理；从管理程序到方法摆脱不掉环保部门孤军奋战，就环境抓环境，就污染治理污染的状况。总结了这一阶段的经验教训，在 1979 年颁布的《中华人民共和国环境保护法（试行）》中就确定了"谁污染，谁治理"的原则，这是我国环境管理思想的重大突破，为建立我国现行的环境管理体系迈出了新的一步。

　　第二阶段，从 1982 年到 1988 年的 7 年间，是我国环境管理工作的重大转变时期。这一阶段环境管理思想最活跃，管理制度逐渐确立。在这个阶段中有七个突出的变化：（1）认识到在我国目前的经济条件下，控制和解决污染问题，可靠的出路只能是强化生态环境管理，在 1979 年的第二次全国环境保护会议上明确提出了以管促治的思想，把加强环境管理作为环境保护工作的中心环节；（2）明确提出我国环境管理有四大领域、十五项任务；（3）确立了环境保护是我国的一项基本国策；（4）确立了"同步发展"的战略，即经济建设、城乡建设和环境建设同步发展，经济效益、社会效益、环境效益相统一的方针；（5）形成了以强化管理为主体、预防为主及"谁污染，谁治理"的三大政策体系；（6）分清了环境管理和环境建设两个不同的概念，划清了环境管理部门与其他部门的环境保护职责；（7）确立了国家环境保护部门的地位和基本职责，明确了"管什么"的问题。这些思想已初步形成了符合现阶段我国国情的环境战略总体构想，并为在中国建立切实可行的环境管理制度打下了思想基础。

第三阶段，从 1989 年到 1992 年。以 1989 年的第三次全国环境保护会议为起点，在这次会议上正式推出了新五项环境管理制度和措施。这就是环境保护目标责任制、城市环境综合整治定量考核制、排放污染物许可证制、污染集中控制和限期治理制度。其中的一些制度已在第二阶段就开始试行，并被纳入《中华人民共和国环境保护法》之中。这五项制度概括了几年来各地在环境管理实践中摸索、创造的成功经验。它适应了强化环境管理的新形势、新需要，为环境保护工作找到了社会性的综合动力，这是本时期环境管理体制建立的一个特点。

（三）第三阶段：环境保护正式纳入国民经济与社会发展计划

从 1992 年开始。其核心内容是我国的宏观生态经济管理进入了一个新的发展时期。其突出标志是把宏观管理的视野拓展到环境与发展这个大概念上，将环境保护正式纳入国民经济与社会发展计划，这就从体制上保证了环境保护与环境管理工作进入了政府工作的主干道。

我国最早提出将环保纳入计划，可以追溯到 70 年代初期。1973 年全国第一次环境保护工作会议上通过的《关于保护和改善环境的若干规定》中就指出要将环境保护纳入国民经济计划，但当时主要是将环境保护投资纳入投资计划。70 年代后期，学术界提出了要全面纳入国家计划的问题。我国第六个五年国民经济和社会发展计划，已把环境保护列为独立的一章，但没有具体量的指标。第七个五年计划，环境保护纳入的内容比"六五"计划更加具体。国务院环境保护委员会和国家计委还下达了国家环境保护专项计划，内容广泛，几乎覆盖了环境保护对象的各个方面。

1991 年 9 月，国家计委和国家环保局首次联合召开全国环境保护计划工作会议，决定采取措施将环境保护全面纳入国民经济发展计划。要求各级政府从 1992 年起，不仅要把环保写进经济社会中长期发展规划和五年计划，而且更重要的是纳入年度计划，通过各项计划指标的编制、分解加以具体落实。纳入国民经济计划的环境保护目标主要包括工业"三废"排放总量控制计划和分解控制计划、城市环境质量控制计划、河流环境质量控制计划以及老污染源限期治理项目计划等，并与任期目标责任制度相结合，逐步建立起分级考核的定量指标体系。

二　现行管理体制存在的主要问题

经过十几年的改革和发展，我国的生态经济宏观管理已建立了相应的制度和法规，形成了一些行之有效的管理方法，在促进生态经济协调发展方面发挥了重要的作用。但现行体制也存在一些弊端，难以适应市场经济条件下宏观生态经济管理的要求，主要表现在以下几个方面。

（一）管理范围狭小，覆盖不全

从严格意义上说，我国现行的宏观管理体制还不能说是真正、全部意义上的生态经济管理，其管理范围局限于环保。从机构设置、计划编制、管理制度到指标考核，只是在环保工作方面初步形成了比较完整的管理体系，而在其他领域则基本上还是空白。环境保护和环境管理固然是宏观生态经济管理的重要内容，但它毕竟不能覆盖整个生态经济管理。生态经济管理的其他领域，诸如资源管理、产业发展、区域管理等，都是宏观管理不可缺少的重要内容，也都需要从管理体制上落实以保证其实施。由于现行体制管理范围偏小、覆盖不全，使得宏观生态经济管理的一些领域相当薄弱，因而直接影响到生态经济协调发展这一宏观管理目标的实现。

（二）管理方式以行政手段为主，难以适应市场经济发展需要

目前，我国的宏观生态经济管理以环保为主，而环保和环境管理在很大程度上是一种政府行为，其管理手段主要是行政手段，如现在普遍推行的环境管理八项制度，除排污收费外，其他基本上都属于行政手段。单纯从环境管理的角度来看，强化行政管理手段无疑是必需的。然

而，生态经济管理不仅仅是环境管理，即或是环境管理，在市场经济条件下，也必须运用市场机制，应用法律的、经济的、教育的等多种管理手段。市场经济最本质的特征，就是在资源配置中，市场起基础性作用。这一性质决定了市场经济条件下的宏观生态经济管理具有两个最基本的特点：一方面，由于市场起基础性作用，人们的生态经济活动都不可避免地带有市场的色彩，要服从市场规律的要求，以追求利润最大化作为行为的主要目标，这就对强化宏观管理提出了更高的要求；另一方面，市场效应的影响使得经济管理手段变得更为重要。而一些过去行之有效的行政管理手段由于市场的作用而显得无能为力。这一变化表明以行政管理手段为主的管理体制难以适应市场经济的要求。

（三）管理分散，权责不明，削弱了管理的功能和力度

宏观管理一方面要求管理集中，政令统一；同时又要有权责明确的分工，相互配合。现行体制在这方面存在明显不足。以资源管理为例，过去它是一个相对薄弱的领域，近几年来有所加强，但也仍存在若干问题：一是在现行体制下，政企未分开，资源管理部门一方面直接管理资源开发利用，另一方面又要代表政府对资源的开发利用进行监督管理，同一机构具有双重身份，把监督与被监督集于同一主体，因而不能有效地对资源开发利用进行监督管理。二是由于环境与资源关系密切，环境管理与资源管理在某些方面的界限无法明确界定，造成环境与资源管理部门间职责难以分清，管理职能相互重叠交叉，引起环境与资源管理部门在管理权限和管理范围上的分歧。三是在职能配置上，资源管理部门在环境的某些方面具有监督管理职能。实际上这是一种分散管理方式，它削弱了环境的统一监督管理。这既不利于对环境与资源的保护，也不利于政府对环境与资源开发利用的监督管理。人们已普遍认识到环境与资源的关系是紧密联系的，因此提出了"谁污染谁治理，谁开发谁保护"的原则。但就实际应用看，在资源保护上，现行做法却把保护资源的责任同监督资源开发利用的权力视为一体，把资源开发利用职能与对资源开发利用的监督管理职能归属一个部门，从而影响了对资源的有效保护。

（四）国民经济核算体系存在缺陷，影响宏观管理效能的发挥

统计与核算体系是宏观管理体制的重要组成部分，科学的核算体系对宏观管理效能的发挥有重要的作用。我国现行体制中的国民经济核算体系存在严重缺陷，最突出的问题是核算中没有计入经济活动造成的生态环境代价，更没有计入生态环境资源的固有价值。正是由于这种错误的生态环境资源价值观的支配，使得我国许多企业、事业单位在其经济活动中，忽视节约和综合利用资源、能源，采用"高产量、高消耗、高污染"的传统发展模式，只追求眼前的、片面的，因而也是虚假的经济效益，忽视了长远的、全社会的、真实的总体效益，从而造成企业外部的不经济性。

三　深化改革,健全和完善宏观管理体制

上述分析表明，我国宏观生态经济管理体制存在不足和弊端，有些是体制和政策的因素，有些是方法的问题，都在不同程度地妨碍和影响着宏观管理效能的发挥。不断深化改革，健全和完善各项管理制度，探索建立新的管理体制，是宏观生态经济管理所面临的迫切任务。当前应重点解决好以下几个问题。

（一）建立环境与资源统一的管理体制

环境管理与资源管理是生态经济宏观管理的主要内容，由于现行管理体制的缺陷，这二者的关系没有理顺，影响了管理的效能。为此，有必要建立环境与资源统一管理的体制。

从自然特性看，环境与资源的关系是十分密切的。环境包括了全部资源，而各种资源只是构成环境的若干要素。可见，环境与资源二者既是有差别的，又是互相有联系的和统一的。人类为使生存环境不遭破坏，在人类对自然界的关系上就形成了对立统一的两个方面：一方面，人类为了生存和发展要开发利用环境中的自然资源，造成对环境和资源的不良影响；另一方面，人类为了自身永久的生存和发展，又不得不有

意识地保护环境和自然资源，对自身行为做必要的监督和制约，进行有意识地保护环境和资源的活动，实质上就是对环境与资源的管理。环境与资源密切联系的自然特性，决定了环境管理与资源管理的相互联系。但是从二者的着眼点和管理的范围来看，它们又是不相同的。就资源管理而言，着眼点一是在于自然资源的开发利用，如地矿资源的开发、水利资源的开发、林业的生产经营等，通过资源开发利用的规划计划，调查科研等，最大限度地发挥自然资源的经济利用价值；二是在资源开发利用过程中对资源的保护，如矿山开采后的土地复垦、水土保持工程建设、植树造林工程等，使资源在开发利用的同时也得到保护，这是资源管理的责任和义务。而就环境管理而言，其着眼点侧重于保持自然生态的平衡，而不涉及资源的开发利用，因而具有更强的监督性。其管理的范围包含两个方面：一是监督生产过程中的污染；二是监督自然资源开发过程中对自然生态环境的破坏。只有这两者同时兼顾，整个环境才能得到切实的保护。

　　为此，对今后政府环境与资源管理机构的设置提出几种参考模式，第一种模式是设立国家环境部，就是以现行的国家环境管理为主体，将机构和职能扩大，对全国的环境与资源保护工作实施统一的监督管理。对现有的各类资源管理部门进行职能调整，只赋予资源开发利用和保护的职能，把分散在各部门的环境资源监督管理职能划归到环境部。第二种模式是设立国家环境委员会，将国家有关环境管理、土地管理，以及各类资源管理部门中负责环境与资源监督管理的机构合并起来，组成一个实体的国家环境委员会。第三种模式是考虑到我国环境资源管理的历史情况和现状，可对现有的环境与资源管理机构保持不变，只是进行职能上的调整。明确环境管理与资源管理的相互关系，进一步坚持环境与资源统一管理和分部门分级负责的基本原则。

（二）　建立有利于强化宏观管理的税收体制

　　税收既是宏观生态经济管理体制的组成部分，又是进行管理的重要经济手段。现行税收体制在税收政策、税种设置等方面考虑了宏观生态经济管理的需要，如1984年开征的资源税，体现了国有资源有偿使用的原则，有利于调节各自然资源开发主体因资源结构和开发条件的差异而形成的级差收入，促使合理开发利用和节约使用资源。但是，总体来看，我国现行税收体系还不是一种立足于促进生态经济协调发展的体制，不仅类似于资源税这样有利于保护资源和生态环境的税种较少，而且在税率的确定和计征办法等方面，也存在偏重经济效益而忽视生态效益的倾向。改革现行税收体制中不符合生态经济规律要求的成分，探索建立新的税收体系，是宏观生态经济管理体制改革的一项重要课题。

税收是国家为了实现其职能，凭借政府依法向单位和个人强制地取得财政收入的一种特殊分配活动。它体现了以国家为主体，在国家与纳税人之间形成的特定分配关系。作为一种经济杠杆，长期以来，税收主要作用于经济系统内部，调整人们相互之间的物质利益关系。而在生态与经济的矛盾日益突出的今天，税收的调节功能无疑不能只局限于经济系统内部，它必须超越原有的范围，建立体现生态经济目标的税收体系。通过设置新的税种，扩大作用范围，改进作用形式和管理制度，以调整经济与生态的关系，促进生态经济协调发展。根据这一基本思路，对如何建立有利于强化生态经济宏观管理的税收体制，当前可考虑从以下两个方面入手。

1. 调整现行税种的税率和计征办法，使之有利于节约资源和保护生态环境

现行税收体系中经常使用的税种主要有差别税、财产税、产品税、所得税、增值税等。这些税收具有明显的财政目标和经济目标，应该说是无可厚非的。但在保证一定的财政目标的同时，也应通过一些手段兼顾生态目标，如对不同行业和不同企业实施不同的税率，对高能耗、高污染、资源损耗率大的行业或企业实行高税率；对资源损耗率低、污染小、能耗低的实行低税率或减、免税，以鼓励企业提高技术，改进工艺流程，节约资源、保护环境。又如对我国目前乡镇企业，应改变单线的减免优惠的办法，对那些诸如小土焦、小硫黄、小化工、土法炼铅锌等技术落后、资源回收率低、污染严重的乡镇企业，不仅不能享受税收优惠政策，而且要课以重税，使之无利可图，促其停产、转产。

2. 增设新的税种，建立和完善旨在保护资源、改善环境的税收

体系

通过对现行税收体系进行调整，可以在一定程度上促进生态经济管理。但仅仅局限于内部调整是远远不够的。要真正发挥税收调节生态经济的杠杆作用，必须深化对现行税收体制的改革，增设新的税种，建立和完善有利于保护资源和生态环境的税收新体系。当前，至少有两个特别税种需要尽快设立和实施：一个是生态税或生态保护税。当开发自然资源使生态环境受到破坏或受到较大影响时，对开发者征税，其作用旨在控制自然资源的开发规模，减少和杜绝自然资源利用中的生态破坏行为。另一个是污染物排放行为税。对排放污染物的单位或个人征税，旨在使企业外部不经济行为内部化，加强污染物排放的控制与管理，促进企业进行技术改造，开展综合利用，减少资源浪费和环境污染。上述两个特别税种都不是以增加财政收入为目的，若当事人对资源开发利用的生态影响和污染物的排放超过了国家规定的标准，才构成纳税行为。征收的税款，应主要用于治理被破坏的生态环境。

关于这两个税种税率的确定，应体现以下原则：

（1）体现多因子重复征税原则。排污单位和个人的企业排放"三废"中，含有两种以上污染物，应按国家或地方规定的污染排放标准，征收两种以上污染物的税，这有利于促使排污单位和个人对多种污染物进行治理。单因子收费不能促进排污单位彻底治理污染。

（2）体现按排放浓度（或排放数量）的增加和排放时间的延长而累进征收的原则。这有利于新建企业加快治理污染，而不致无限期拖延治理污染的时间。排污时间越长，则税率越高。

（3）体现税收总额应大于治理污染费用以及治理设施运转费用的原则。这可以促使排污单位和个人决心治理污染，而不致形成交纳了环境税就买得了"排污权"，或长期纳税而不治理污染的弊端。

（4）体现污染危害大与小之间有区别的原则。对可以降解的污染物，税率可定得低些；对不易降解或累积性毒物，税率可定得高些。用经济杠杆有效控制有毒污染物的引进、扩散、转移。

（5）体现开展"三废"综合利用有奖、不开展综合利用重罚的原则，鼓励企业开展综合利用。

（6）体现及时纳税光荣，拖欠不纳重罚的原则。

（7）体现积极治理污染从宽，扩散、转移、引进从严的原则。

（三）探索建立有利于加强宏观生态经济管理的国民经济核算体系

长期以来，在计划经济体制下，对生态环境资源耗用不计价，不考虑对它的价值补偿，使它排除于社会再生产价值运行之外，不能全面地反映国民经济运行的实际状况和再生产价值运动的真实全貌。因此，学者们提出，建立现代市场经济新体制，必须把生态环境资源的固有价值和经济活动造成的生态环境代价列入核算内容，准确地反映社会再生产运动的真实价值，从而建立和形成适应市场经济与生态环境协调发展的国民经济核算体系，为宏观生态经济管理提供科学的依据。

1. 新的国民经济核算体系的基础是对生态价值进行经济计量

在这方面，世界上一些国家早已进行了探索。如日本 70 年代初即对全国林木的生态价值进行了测算，后来日本林业厅又分别对森林的 6 种主要功能即涵养水源功能、防止土壤沙化功能、防止水土流失功能、供人休闲享受的保健功能、保护野生动物的功能和提供氧气的功能，用替代法进行价值计量，合计达 31.95 万亿日元。美国进入 80 年代以后即尝试将资源、环境价值纳入 GNP 核算系统。1994 年 5 月，美国商务部下属的经济分析局开始公布"绿色 GNP"指数，首次以统计数字的形式把经济发展状况与环境、资源状况联系在一起，成为一个全面衡量生活质量的综合指标。

我国对生态价值问题的研究始于 80 年代初期，当时主要从研究资源价格的构成入手，选定的资源种类包括煤、油、气、电等能源资源和森林、水、土地等资源。那时，提出研究资源价格的出发点是感到资源价格偏低，造成资源浪费、环境污染和生产效率低。而且，所谓的"资源"主要是指资源产品即原料。因此，研究资源价格是为了使资源价格合理化，以达到节省资源、减轻污染和提高生产率的目的。

价值规律是商品经济中的首要规律，合理的价格是价值规律作用的体现。符合价值规律的价格，无论是理论上的完全竞争价格，还是用数学方法计算出来的影子价格，都是反映社会必要劳动量和资源稀缺程度的合理的价值尺度，都是反映资源和最终产品优劣、余缺的信息载体，都是给不同的生产者以各自应得报酬的合理分配手段；同时也是使生产者按价格信息和报酬大小调整自己生产方式和投资方向的动力，从而也是调动生产者的积极性和消费者的选择性，使资源配置得以优化的最有活力的经济因素。

当时，采用的研究方法有三个要点：一是用国际市场价格作为参照系，即把国际市场价格作为合理的价格尺度；二是采用完全成本、边际成本、影子价格等概念；三是采用递算法，即对于可外贸的资源，将离岸或到岸的国际市场资源价格作为参照系，然后减去经营费、运费和开采的完全成本，余下部分即为资源的价格。由于当时我国资源价格远较国际市场价格低，所以国际市场价格经过一系列扣除之后，仍有一部分余额，从数值上看，这种方法似乎是合理的。但是，后来发现，这在逻辑上是讲不通的。因为国际市场价格定价法与我国生产价格定价法一样，资源价格都只包括了开采成本、利润和一定的税金等因素，而没有包括资源本身的价值。类似的情况，比如木材的价格偏低，是因木材定价时只考虑了采伐和运输等成本，没有考虑营林成本和森林资源本身的价格。再如水价的偏低是因水的定价只考虑了供水成本，而没有考虑水资源本身的价值，也没有考虑排水和污水处理的成本，等等。

造成这一问题的原因，是传统价值观和价值理论存在缺陷。无论在东方还是在西方，在传统的价值观和价值理论中，都认为自然资源是没有价值的。没有劳动参与的天然的那部分自然资源没有价值。现行的原料定价依据是生产价格理论。生产价格理论的基本公式是 $W = C + V + M$。从中可以看出，在 W 的构成中没有体现自然资源价值的地租（资源租金）的内容。人们认为，凡是能够买卖的东西才有价值，不能买卖的东西没有价值。天然的自然资源不能买卖，所以没有价值。正是这种自然资源无价的观点，导致了对自然资源的无偿占有、掠夺性开发和浪费使用，以致造成自然资源损毁、生态破坏、环境恶化和经济发展受阻的严重后果。

2. 探索建立新的国民经济核算体系

80 年代以来，我国对生态环境价值问题的研究虽然一直没有停止过，但由于未能从根本上触动原有的国民经济核算体系，因而没有取得突破性的进展。实践证明，只有把生态环境资源的价值列入国民经济核算体系，改革和研究才会具有实际的意义。新的国民经济核算体系至少应增加以下两方面的内容：

（1）在产成品的成本核算时，把环境、资源的价值和因经济活动而造成的生态环境的代价（生态成本）一并计入其中，使产成品的市场价格准确地反映其真实价值。与此相联系，在对企业投资建设项目进行财务评价时，也要考虑这些因素，把生态环境影响用价值量表现出来，对项目的费用和收益、获利能力、清偿能力等财务状况进行综合评价，从而全面、真实地反映投资建设项目的可行性。

（2）在国民经济统计和核算中，把环境、资源的固有价值和经济活动造成的生态环境的代价列入统计和核算的内容。在对国家的建设项目进行国民经济评价时，也要将资源、生态、环境等影响因素加以价值量化，通过影子价格、影子汇率和社会折现率等，综合计算和分析建设项目对国民经济的净效益，准确评价项目的经济社会合理性。

建立合理的国民经济核算体系，关键在于要解决资源核算和生态环境损益的价值计量问题。

（1）自然资源的价值计量。近几年来，我国开展了对自然资源价值计量的研究，取得了一些有价值的研究成果，如《资源核算论》[1]、《资源经济学》[2]、《自然资源利用与生态经济系统》[3] 等。大多数研究成果在资源具有价值、资源必须进行核算和量化等问题上取得了基本一致的意见。对资源价值的计量方法也进行了初步探索，归纳起来，有以下几种基本方法：

①价值计量法。以自然资源的多种效益所承担的社会价值量，或以它所形成的土地级差收益和社会必要劳动的减少作为计量值，并以货币形态表现。具体方法有相关替代法、估计法、加权推比法、再生产费用

---

① 李金昌主编，海洋出版社 1991 年版。

② 黄奕妙等编著，北京农业大学出版社 1988 年版。

③ 王松霈主编，中国环境科学出版社 1992 年版。

法、补偿法等。

②效益计量法。不考虑自然资源生产中所投入的必要劳动量，而是以自然资源各种效益所形成的社会劳动的减少，作为效益计量值，并换算为货币当量。这种方法目前在国内外采用得较为普遍。具体计算方法是，首先计算出各种效益的等效物及等效调整系数，然后计算随时间变化的各种效益在一定时空范围内的作用效果，再根据不同的效益在各年度的作用空间和作用强度，借助于等效物和调整系数，计算出各年度的自然资源价值的货币当量。

③效能计量法。以人为的手段所得到的相应自然资源效能的结果来作为该自然资源计量的依据。具体计量内容可分为实物和货币当量。对其有形产品由它所分担的价值确定，无形产品可用可比价格计算。

（2）生态环境损害的价值计量。由于人类经济活动的影响造成资源和生态环境的损害，其价值计量（又称生态影响的经济转换）通常采用费用效益分析方法。如《2000年中国环境预测课题》和《中国典型生态区生态破坏经济损失分析》课题都较成功地应用这一方法，取得了良好的效果。它证明在国民经济核算体系中，引入这一方法计算生态环境损害的价值量是可行的。归纳起来，其具体计量方法主要有以下6种：

①生态破坏市场价值法（即生产率法）。市场价值法是费用效益分析的一种基本方法。这种方法把生态环境看成是生产要素，利用生态环境质量变化引起的产量和利润的变化来计算生态环境质量变化的经济损失。其计算公式为：

$$L_a = \sum_{i=1}^{n} P_i \Delta R_i$$

式中，L_a 表示生态破坏造成产品损失的价值；P_i 表示 i 种产品市场价格；ΔR_i 表示 i 种产品生态破坏减少量。

②生态破坏替代市场价值法。有时生态环境质量的变化不会导致商品和劳务产出量的变化，即有可能影响商品其他替代物或补充物和劳务的市场价格。因此，可利用市场信息间接估算其变化的价值和效益。

③生态破坏恢复费用法。也称恢复和防护费用法。即一种资源被破

坏了, 可以把恢复它或保护它不受破坏所需要的费用, 作为该环境资源破坏带来的经济损失。计算公式如下:

$$L_o = \sum_{i=1}^{n} C_i$$

式中, L_o 为恢复前的经济损失; C_i 为恢复所需的费用。

④生态破坏影子工程法。是恢复费用技术的一种特殊形式。影子工程法是在环境破坏后, 人工建造一个工程代替原来的环境功能, 以此工程投资来计算破坏的经济损失。

⑤生态破坏机会成本法。任何一种资源的使用都存在许多相互排斥的备选方案, 选择了一种就失去了另一种。我们把其使用方案中获得的最大经济效益, 称为该资源选择方案的机会成本。计算公式如下:

$$L_c = \sum_{i=1}^{n} S_i W_i$$

式中, L_c 为资源损失机会成本的价值; S_i 为 i 种资源单位机会成本; W_i 为 i 种资源损失的数量。

⑥生态破坏调查评价法。在缺乏价格数据时不能应用市场价值法, 这时可以通过向专家、环境使用者或环境破坏的受害者进行调查, 以获得人们对该环境的支付愿望, 进行对环境资源价值或保护措施效益的估价。

第六章　宏观生态经济管理模式

宏观生态经济管理采取什么样的模式，直接关系到管理效能的发挥。在传统计划经济体制下，生态经济管理十分薄弱，其管理模式是一种以行政手段为主的，没有市场参与的传统模式。在我国经济社会发展走向 21 世纪的进程中，这种模式无疑需要进行重大的变革。市场经济条件下的宏观生态经济管理模式是：政府是管理的主体，市场在自然资源配置中起基础性作用；经济手段是管理的主要手段。

一　政府是宏观生态经济管理的主体

（一）政府在宏观生态经济管理中的地位与作用

在市场经济条件下，宏观生态经济管理是以政府调节为主还是以市场调节为主，是由生态经济管理本身的性质决定的。市场经济要求市场在资源配置中起基础性和决定性的作用，因而经济发展主要或者说应更多地依靠市场；但生态环境发展却是政府必须发挥中心作用的领域。生态经济管理与纯经济的管理不同，它不是以利润最大化为目标，而是在经济与生态协调发展的前提下，实现经济效益、生态效益和社会效益的统一。因此，它不能只听任市场的自发作用，而必须通过政府的调控，使资源配置朝着有利于经济与生态协调和实现三个效益相统一的方向发展。从某种意义上可以说，宏观生态经济管理主要是一种政府行为。当然，政府作为宏观生态经济管理的主体发挥中心作用，并不排斥运用经济手段和充分发挥市场的作用。

从发达国家宏观经济管理实践发展的历史看，最早的宏观管理主要侧重于需求管理，如通过调整财政预算与税收政策、货币政策和收入政策来调节社会的总需求，以达到经济增长、充分就业的目的。第二次世界大战以后，日本及"亚洲四小龙"在发展需求管理的同时又创造了供给管理的经验，其核心是政府遵循市场经济原则和微观经济理论，围绕制定和实施产业政策，采取法制、行政与规章等手段，对与公共经济部门关系密切的企事业单位进行管理，以弥补"市场失灵"造成的影响。供给管理是对宏观经济管理的一个重要发展，而将生态经济管理纳入供给管理则是对宏观经济管理的又一次丰富。总之，我们应当从社会主义市场经济体制总体设计的战略高度来认识政府在宏观生态经济管理中的地位。从这个角度看，我们有理由认为：没有高效的政府宏观生态经济管理，就没有高质量的社会主义市场经济体制。

（二）政府宏观生态经济管理的职能

政府作为宏观生态经济管理主体，必须充分发挥其职能。同时随着市场体系的不断完善和改革的深化，必须逐步实行职能的转变。

市场经济对政府生态环境管理职能的要求可以概括为制定推进法制、创造市场条件、弥补市场缺陷、把握宏观方向。据此可对政府的生态经济管理职能作如下归纳：①制定战略，拟定规划，确定重点，积极参与综合决策；②在各级政府之间、政府与产业部门和企业事业单位之间、不同地方之间发挥环境保护的组织与协调作用；③依法制定生态环境保护政策、法规和标准，运用适当的政策措施对微观经济主体的环境行为进行引导和规范，对企业外部不经济行为加以有力约束和有效干预；④发挥环境监督管理作用，保证有关法律、法规、政策、标准以及环境规划与计划得到实施；⑤组织培育生态资源市场，尽可能为市场效率的提高提供条件；⑥推动或组织生态环境保护领域的基础设施建设、科技开发推广等各项社会服务活动；⑦在全社会范围内开展生态环境教育活动，提高全社会生态经济协调发展意识。

二　市场在自然资源配置中起基础性作用

随着改革的深化，我国已正式建立了社会主义市场经济体制。长期以来，我们是在计划经济下进行宏观生态经济管理的。在实行市场经济的条件下，对生态经济宏观管理提出了许多不同于计划经济的新特点和新要求。如何适应这些特点和要求，是宏观生态经济管理面临的新课题。

（一）市场对自然资源配置起基础性决定作用

市场经济一个最主要的特征，就是对资源的配置不再是由计划来决定，而是由市场起基础性的决定作用。在市场经济条件下，宏观生态经济管理对生态资源、环境资源和其他自然资源的配置同样必须以市场为基础，这是市场经济条件下宏观生态经济管理不同于传统计划经济的一个重要特点。有一种观点认为，宏观生态经济管理的主体是政府，要靠政府来进行调控。如果让市场掺和进来，势必造成管理上的混乱。这种看法是不全面的。诚然，政府是宏观生态经济管理的主体，即使在市场经济条件下，政府的主体地位也不会改变。但这并不意味着要排斥市场的作用。相反，市场在以政府为主体的宏观生态经济管理中发挥着重要的、不可替代的作用。特别是在对生态资源、环境资源的配置方面，市场具有决定性的作用。不发挥市场的作用，我们就无法对自然资源进行合理的开发利用和有效的配置。这主要表现在以下几个方面：

第一，在市场经济条件下，无论是生态资源、环境资源还是其他自然资源，都是有价的，不仅具有价值，而且具有一定的价格，这种价格随着市场的变化而变化。在这种情况下，对资源的配置就不可能再像过去那样按计划分配，而必须通过市场来实现。宏观生态经济管理要适应市场经济的要求，运用价值规律来调节资源的供需关系，最终实现资源的优化配置。例如，对某些稀缺资源可以制定特别的价格政策，以价格控制需求，促使企业降低资源消耗；或者制定优惠价格鼓励使用替代资源和可再生资源，以缓解对稀缺资源的压力。

第二，与资源有价相联系，对资源的使用是有偿的。长期以来，资源的无偿使用造成资源的大量浪费和破坏。在市场经济条件下，无论是对资源的占用、消耗和损毁，都必须按市场价格支付费用。市场经济条件下资源有偿使用这一特点，要求生态经济宏观管理改变过去无偿分配资源的做法，遵循资源固有价值规律，制定生态资源、环境资源和其他自然资源的合理收费标准，对占用、使用自然资源者实行收费，对损毁、污染自然资源者予以罚款或经济赔偿。通过这些管理手段，有效地制止和减少对资源的浪费和破坏。市场在自然资源配置中的这一作用，在计划经济体制下是难以做到的。

第三，在市场经济条件下，企业的价格取向和终极目标是利润最大化。作为自然资源的使用者和消耗者，企业所关心的是降低成本费用，实现企业内部的经济性，追求最大的经济效益；而很少从长远角度考虑自然资源的永续利用和对环境的影响，往往以外部不经济性为代价来实现企业的自身目标。这是市场经济条件下生态经济宏观管理面对的一个十分重要的特点。这就要求宏观生态经济管理在加强教育与法制，以及运用必要的行政手段的同时，主要应通过市场的作用来引导和制约企业的行为。如调整某些原材料的价格和产品的税率，使得资源耗费大、对环境污染严重的生产项目无利可图；使资源消耗低、环境效益和社会效益好的企业，同时也能获得更多的利润，从而促进自然资源的合理配置与利用。

（二）发挥市场在资源配置中基础性作用的重要意义

发挥市场在资源配置中的基础作用，对于合理利用和配置资源，实现资源的永续利用，促进经济的持续发展，具有十分重要的意义。当前我国的一个基本特点是资源不足。我国主要资源人均占有水平低，是个难以通过技术经济手段根本消除的困难。这一事实说明，一方面我国人口对资源压力过大，资源将长期处于负担过重的状态；另一方面它将直接约束人均生产和消费的水平，影响我国长远发展的潜力和发展方式的选择。加以中国幅员广大、交通不便、资源分布极不均衡，造成地区差异明显，统一管理的难度很大。

同时，随着我国人口持续增长，经济总量迅速增加，人均收入水平不断提高，未来我国资源供需矛盾的态势愈加严峻。具体表现在：一是人均资源占有量进一步下降，其中人均耕地将从目前的 1.7 亩下降到 2020 年的 1.1 亩。二是后备资源供给不足。据预测，在现有探明储量条件下，到 20 世纪末，45 种主要矿产中约有一半不能满足需要。三是农林产品、矿产品及相关原材料进口的品种和数量不断增加。四是随着人均收入从低水平向中等水平过渡，我国各类人均资源消费需求量不可抑制地扩张，粮食、能源、钢材、建材等需求都将大幅度增长。五是我国正处在经济高速增长时期，国民经济正经历资源、能源密集化阶段，资源、能源密集度将保持较高水平，资源、能源总需求量也将迅速增长。

上述我国资源的特征综合在一起，已构成实现高度物质现代化的刚性制约。也就是说，如果我们不从长远角度考虑问题，并及时采取对策，中国资源状况将难以支撑社会经济的持续高速增长。因此，适应市场经济的要求，充分发挥市场在资源配置中的基础作用，就显得更为紧迫和重要。

三　以经济手段为主进行管理

政府作为生态经济宏观管理的主体，在管理方法上可以采取多种手段，包括行政手段、法律手段、经济手段、教育手段等。其中，经济手段是政府进行宏观生态经济管理的主要手段。生态经济的管理从本质上说是一种利益关系的调整，包括国家利益与部门、个人利益，长远利益与近期利益的关系。经济活动与生态环境之间的矛盾，从产生的根源分析，除了认识上、科学技术上的原因外，主要也是利益关系问题。用经济学语言来说，即只考虑企业的内部经济性而忽视了外部的不经济性。所以，需要在宏观上运用经济手段（包括用经济手段通过市场）来调节各阶层和单位之间的利益关系，使之符合全社会和长远的利益。

从 70 年代末 80 年代初开始，我国在生态环境管理领域中，运用经济手段进行管理，取得了明显的成效。在以往的生态环境管理中运用的经济手段主要有以下三个方面：

（一）实行排污收费与使用制度

我国于 70 年代末期根据《环保法（试行）》中的规定，按照"谁排污，谁治理”的原则，在一些地区开始试行排污收费。1982 年 2 月正式颁布了《征收排污费暂行办法》，在全国推行排污收费制度。到目前为止，已基本形成了比较完整的收费与使用制度。这一制度是根据中国国情逐步制定与完善起来的，它与国外实行的征收污染税并不相同。

我国的排污收费和使用制度具有以下几个特点：

第一，实行超标排污收费和新污染从严原则。国外一般实行的排污收费，对排入环境中的污染都要征收一定的费用，其收费标准，一般要较高于治理污染费用，以约束企业排污。我国则根据自己的国情，实行的是超过国家标准的超标排污收费，是收费标准较低的制度。这主要是由于我国绝大部分企业都达不到国家或地方政府规定的排放标准。首先要求企业达到排放标准，达到了可以不交排污费，以鼓励企业治理污染的积极性；其次，也可以不过多地增加企业的经济负担，以免大量增加企业的生产成本和减少利润，从而利于实施。但为了避免这个制度的副作用，还相应地采取了两个补充措施：一是对新污染源收费从严的措施。即新建、改扩建项目排放污染物超过排放标准的，实行加倍收费。二是累进收费制的措施。

第二，排污费计入生产成本的原则。从理论上来说，我国全民所有制企业在体制改革前，由于其利润全部上交给国家，排污费计入生产成本意味着减少国家利润，对企业利益并没有产生多大影响。所以，当时一些人主张在企业留利中支付，以起到排污费对企业具有经济约束力的作用。但从我国实际情况来看，由于这些企业在建设时没有考虑环保设施，节省了国家投资；且其节约的环保设施费用支出，也以利润的形式上缴给了国家，这样，将历史上造成的污染责任全由企业来承担是不公正的，这主要还应该由国家来负担。所以，就规定了排污费可以纳入生产成本的原则。但为了体现排污费对企业的经济约束力，对于提高标准收费、加倍收费、补偿性罚款以及滞纳金等收费，则规定其不得计入成本，而由企业留利中支付，以体现企业的责任。从目前体制改革后的情况看，将排污费计入成本的原则也是对的。

第三，排污费专款专用和有偿使用的原则。我国征收的排污费，纳入国家财政预算，按专项资金管理，不参与体制分成；而作为环境保护专项资金，专门用于环境保护。这样做的好处在于，国家通过设立环境保护专项资金，为环保开拓了一条新的筹资渠道。也就是说，国家从财政上让出一部分收入专门用于环境保护。据统计，近两年全国征收的排污费每年超过 15 亿元，相当于全部环保投资的 1/7。在实施排污收费和使用制度初期，主要是以无偿拨款的形式用于补助污染治理。随着投资体制的改革，投资由无偿拨款改为有偿贷款；排污费的使用也于 1988 年 10 月经国务院批准后，由无偿拨款改为有偿贷款。即从排污收费中提取一定比例的资金作为环境保护专项基金，采用委托银行贷款的方式进行使用。对按期、保质保量完成治理工程的企业，可给予豁免一定贷款本金的优惠。

第四，重点用于治理污染的原则。在国外，排污费或者征收的污染税主要用于赔偿、治理污染的环境或污水处理厂的建设、运转费的支出。我国则主要用于治理重点污染。规定排污收费的 80% 应该用于污染源治理，在重点污染源利用自己财力不足时，给予一定的补助，以促进污染治理；另外 20% 可以用以发展环境保护事业，如用于环境监测、环保宣传教育、人才培训等。我国实行排污收费的目的，在于促进企事业加强经营管理、节约和综合利用资源、治理污染、改善环境。因此，将排污收费重点用于治理污染源，一是可以鼓励企业治理污染源，提高企业治理污染的积极性；二是在全国资金有限的情况下，首先根治污染源，可以提高全社会的投资效益。从 1979 年 9 月试行排污费制度至 1991 年底，全国累计征收排污费达 131.7 亿元，用于补助治理污染源和综合治理措施的资金达 88.2 亿元。排污费用于补助污染治理的资金约占全国同期全部污染防治费用的 15%，有的城市则高达 25%—35%。排污费的使用，为改善环境发挥了重要作用。

总之，我国的排污收费和使用制度是根据我国实际情况制定的。它较好地处理了国家与企业、生产部门与环保部门的关系，既促进了污染治理，又为治理污染筹集了治理资金。目前，我国的排污收费与使用制度，已在全国普遍推行，全国 357 个省辖市、地、州，有 327 个开征了排污费，开征面达 91%。征收的项目涉及污水、废气、固体废物、噪声、放射性物质 5 大类 73 项污染物，比较全面。当今西方国家实行的污染税或排污收费，仅在本国的一些地区或是对某类污染物中实施。像我国这样在全国范围内，各类污染物普遍征收，并形成了一个较为完整的排污收费和使用体系，属于少有。当前，随着企业经营机制的转换，企业自主经营、自负盈亏，排污收费与使用制度还有待于在实践中进一步修改和完善。

（二）实行综合利用奖励政策

综合利用是实施"三废"再资源化的基本途径，既能消除污染危害，又增加了资源。"三废"再资源化包含两层意思：一是"三废"是资源，生产应尽量节约使用原材料，减少废物的排出量，使进入生产中的原材料或辅助材料的直接利用提到最高程度；二是排出的"三废"作为物资再循环，由本企业或社会组织综合利用，把废物再转化为同一产业部门或另一产业部门的新的生产要素，使它回到生产中去。

为了鼓励"三废"综合利用，我国于 70 年代就制定了奖励政策，以促进综合利用的发展。首先，国家在经济政策和科技政策上，把资源综合利用放在重要位置。对矿产资源的勘探和开采，要求一矿多用，综合开发和利用；要求打破行业界限，开发多种经营或者实行联合开发和利用。在科技政策上，把推广"三废"资源综合利用的新技术、推广无污染少污染的工艺作为科研重点，对技术上还不成熟的要组织科研攻关。其次，国家还运用经济手段，在价格、税收、贷款以及利润提留等多方面给予优惠，以支持开展综合利用。具体奖励措施如下：

（1）给予定期的减税、免税照顾。对于某些工矿企业利用采矿废石、尾矿渣、粉尘、粉末、污泥等生产出的产品，若按规定纳税有困难，可以给予减税或免税照顾。

（2）免费供应"三废"资源。企业排入环境的"三废"，在没有利用前，其他单位如可以利用，则一般应免费供应。对经加工处理的"三废"，只收取加工费。

（3）给予一定的利润留成。企业为消除污染、治理"三废"而综合利用外销或自用的产品，单独核算成本、计算盈亏。除由国家"三同时"治理项目获得的产品利润应缴国家，不得留用外，其余不论资金来源、规模大小、盈利多少，在企业盈亏平衡后，如有盈余，则可在一定时期内不上缴，自己留用。对于企业自筹资金治理"三废"的产品，利润则全部留给企业。企业或主管部门留用资金要继续用于治理"三废"，改善劳动条件和环境，不能挪作他用。

（三）实行污染补偿政策

污染补偿指污染单位给予治理单位一定的经济补偿，以取得污染物排放的权力。在国外叫作"污染权买卖"，或者称为"买卖许可证制度"。目前许多国家，这种污染权买卖政策与排污收费政策同时存在，认为它可以把经济手段的间接控制和法规的直接控制有效地结合在一起。我国污染物排放许可证制度，已在一些城市中试行。据1991年年底统计，全国有3.2万个企事业单位办理了排放水污染物申报登记，颁发排放水污染物许可证3447个，国家海洋局签发了300个海洋倾废许可证，批准倾废量4913万立方米，但许可证买卖还没有实施。

污染补偿这种思路，在我国最初提出的最优化污染治理中已有孕育。所谓最优化污染治理，即在几个污染治理方案中，选择经济上最优的方案；或是在几个污染源中，在保证环境质量前提下，选择经济上最优的污染源先予治理，不一定每个污染源都要彻底治理。早在70年代末，黑龙江省环保局和北京工业大学曾对松花江水系的有机物污染作了分析，对制糖废水、造纸废水和城市污水三种含有机污染物的污水作了经济性评估，认为治理制糖废水经济效益最好，建议应先治理制糖废水。这种最优化思路运用到生态环境质量管理上，可以搞补偿的办法。即制糖废水治理后，如能使该河流水质改善并达到标准，则未治理的造纸厂废水和城市污水，就应给制糖厂以经济补偿，这个补偿要比它们自己治理的费用低。在美国把这种类似的做法称为"泡泡"政策。如果从市场经济商品交易角度来说，那就是污染权买卖，或是排污许可证买卖。我国现行的污染控制是以技术标准或者是以环境目标来控制的，要求每一个排污单位按照规定的标准进行治理，并达到标准或目标。这种以技术标准和环境目标的控制同经济是不相衔接的，其治理成本高，应该从生态环境、经济、技术三者结合的角度加以改善。

以上三个方面经济手段的运用，应该说在我国生态环境管理中还是比较成功的，对加强生态环境保护，促进生态环境改善发挥了积极的作用。宏观生态经济管理有必要认真总结过去环境保护工作中运用经济手段的经验，并进一步强化经济管理手段。除了上述排污收费、综合利用奖励和污染补偿等做法以外，在建立和完善社会主义市场体制中，充分运用经济手段和市场机制，促进可持续发展，还应运用其他多种手段，主要有：（1）价格手段。国家通过制定某种较高的或者优惠价格，鼓励企业多生产有利于保护资源和环境的产品，推动企业采用先进技术和先进设备防治污染，更新资源。（2）信贷手段。对保护资源、治理污染的工程项目和生产环保产品、绿色产品发放长期或短期贷款，在利率上给予优惠。（3）税收手段。国家通过加税或减、免税，刺激部门、企业节约使用资源，控制污染。（4）利润手段。国家对国有企业的利润征缴上实行倾斜政策。如国家规定，企业生产的综合利用产品，其盈利 5 年之内不上缴；企业利用自筹资金治理"三废"的产品利润，全部留给企业等。（5）罚款手段。对违反国家的有关法规或规定造成资源破坏、环境污染和其他生态经济后果的单位或个人，处以经济惩罚。

实践证明，经济手段是一种行之有效的、符合市场经济规律的管理手段。我国的宏观生态经济管理必须进一步强化经济手段，逐步实现由以行政手段管理为主向以经济手段管理为主转变。这样做并不是排斥行政手段、法律手段等其他管理手段。尤其是在仅仅运用经济手段不能达到预期目的的情况下，如有的企业只讲经济，不讲社会效益、浪费资源、污染环境等，在受到经济制裁后，又把经济上的损失摊入成本，转嫁给消费者。在这种情况下，就应当辅以行政手段和法律手段，以加强国家对生态环境保护建设管理的宏观调控能力。

四　建立政府与市场协调、互补的管理模式

随着市场发育程度的提高和市场机制的逐步完善，政府在生态资源和环境资源的优化配置方面有时面临着"失灵"的困扰。应该说这是市场经济发展过程中的正常现象，不足为怪。我们不能因为政府在某些时候和某些范围的"失灵"就简单地用市场调节取代政府调节，这种

做法的直接后果很可能就是用一种"失灵"替代另一种"失灵"。全面、稳妥的做法是建立一种政策调节与市场配置协调互补的管理模式，以减少由于"政府失灵"所造成的生态资源配置效率的损失。

市场配置与政府调节之间的关系从替代为主转变为互补为主，将有助于实现使两种"失灵"影响最小化的战略。这是因为在替代为主的关系中，市场与政府配置生态环境资源的作用一般是以取消对方作用为前提的，即政府与市场的作用不能兼容。这样，当选择政府进行调节时，就有可能在市场机制本可以有效发挥作用的领域也发生政府调节对市场机制的替代，从而使"政府失灵"影响在本可避免的情况下依然存在，从而就不能实现使"失灵"影响最小化的战略，而在互补为主的关系中，市场可以解决的问题都尽量交由市场去解决，而政府主要是在创造条件提高市场效率和填充"市场失灵"形成的真空这两个方面发挥作用。这样便可最大限度地减少出现"政府失灵"的机会。

根据在市场与政府之间建立一种协调互补关系的设想，我们可以按照市场机制配置生态环境资源有效程度的三种不同情况来考虑发挥政府的作用。第一，当外部性和公共物品不存在、市场机制可以有效发挥作用时，政府应在市场信息服务与市场秩序维护方面发挥更多的作用；第二，当由于市场不发达而导致市场机制作用不畅时，政府在运用法制、行政和规章等手段管理的同时，还应积极组织培育生态环境资源市场，如促进形成资源产权交易市场，通过排污收费等措施促进外部不经济性的内部化，以及调整不合理的资源价格；第三，当生态环境资源产权难以明确、外部性与公共物品难以排除时，即使是在成熟的市场经济条件下市场机制也难以奏效。此时政府应主要运用法律的和行政的手段对生态资源与环境资源的使用进行调节，如核发排污许可证、审批开发建设项目、制定和强制执行各类环境标准等，这样便形成了一种与市场协调互补的管理模式。

我国宏观生态经济管理模式的转变，即从单一的政府调节和行政手段管理，向以政府为主体，充分发挥市场的基础性作用，以经济手段为主要手段的协调互补的管理模式转变，不仅对生态经济管理工作是一场意义重大的变革，而且对整个国民经济持续稳定发展和国家最终实现四个现代化，也具有非常重要的现实意义。

第七章　产业发展的宏观生态经济管理

按照宏观生态经济管理目标模式的要求，我国宏观生态经济管理任务从总体上主要包括两大块：一块是产业发展的宏观管理，即通过制定和实施符合生态经济规律要求的产业政策和其他管理手段，促进各项产业及整个国民经济沿着生态与经济相协调的方向发展。我们可以把它视为一种纵向的管理；另一块是区域经济的宏观管理，即通过分析我国不同类型区域的基本问题，遵循符合生态经济规律要求的区域经济发展原则和采取其他管理手段，促进区域经济协调发展。我们可以把它视为一种横向的管理。这一纵一横构成宏观生态经济管理的主体内容，我们将在本章及下一章加以探讨。

一　产业发展的战略转变

（一）产业发展的三次大转变

在探讨产业发展的宏观管理时，有必要回顾一下世界产业发展的历史进程。迄今为止，人类历史上产业发展大体经历了三次大的转变：

第一次大转变是以粟的被演化为标志的农业革命，使人类由简单的采集业和狩猎经济向畜牧业和种植业转变，极大地提高了生产力。这是产业发展史上一次具有重大意义的转变。

第二次大转变是以蒸汽机的出现为标志的工业革命。这场对人类历史进程产生重大影响的革命发端于 18 世纪末 19 世纪初，第二次世界大战后迅猛发展，创造了比过去所有世纪加起来还要多、还要大的生产力。与此同时，人类对自然生态环境的影响也空前增大，从几万米高空到几千米地球深处，到处都留下了人类征服自然的痕迹。

第三次大转变就是以绿色产品为标志的生态革命，使有公害产业向无公害产业转变。工业文明所创造的巨大生产力，极大地提高了人类影响和干预大自然的能力。其结果一方面使得人类对大自然的需求空前增长，大大加快了对大自然进行干预和索取的频率；另一方面，生产力的增长在生产规模扩大、产品产量增加的同时，使生产的废弃物也急剧增长，大量的有害废弃物被排入生态环境，造成严重的环境污染和破坏。工业文明的双重结果在给人类带来巨大物质财富的同时，也带来了全球性的资源过度消耗、能源紧张、森林赤字、水土流失、土地沙漠化、环境污染等一系列严重的生态经济问题，极大地威胁着人类社会经济的正常发展乃至人类的生存。实行产业发展的第三次大转变，即由传统的有公害产业向新型的无公害产业转变，就历史地提上了人类发展的议事日程。

产业发展的第三次大转变是由于全球性的生态环境问题所引起的无公害生态环境生产技术的大转变。通过这次大转变，将导致一次大的发展，人类工业文明将进入到更高级的生态文明。它将在人类生产、生活、社会经济和自然伦理方面产生广泛深刻的影响。

（二）大转变前夕我国产业面临的选择

目前，世界产业发展正处在第三次大转变的前夕。我国作为发展中国家，面临着两种方式的选择：第一种方式是先发展经济，逐步积累资金，创造条件。等经济发展到一定阶段后，经济和技术力量都充实了，再把产业的战略转变提到重要的位置上。第二种方式是从现在起，就重视产业发展的转变。按照生态文明的要求，走低消耗、少污染、生态与经济协调发展的道路。第一种解决方式实际上就是发达国家所走过的经济发展道路，可以概括为"先破坏、后整治"，"先污染、后治理"的经济发展模式。西方资本主义国家在历史上最早进行工业化，从制度上分析，这些国家的私有制企业是经济发展的主体，它们以获取利润为唯一的生产目的。在尽可能大的利润率的驱使下，投资者无疑把社会效益置于脑后，把生态平衡撇在一边。这样，经济越是发展，对生态环境的破坏就越是严重。这种方式在当时的历史条件下形成，有一定的客观性。一方面，人类对生态环境破坏的严重后果的认识是逐渐加深的，工业污染的危害随着大工业的发展而逐渐加剧，生态环境破坏和污染的危害又同城市人口的逐步增多和消费水平的逐渐提高有关。另一方面，人们可以用于生态环境治理的新技术、新设备也只有随着经济水平、科技水平的提高而被研制出来和推广使用。因此，它们不可能及早采取预防生态环境破坏的措施。并且这些措施主要也都不是企业在认识提高的基础上自发采取的，只是在社会各界的迫切要求下，政府采取了行政的、法律的、经济的干预与调节手段，才迫使企业按照生态环境保护的规定来减少破坏和消除污染。

　　但是在现在来看，就算"先破坏、后整治"，"先污染、后治理"是一条客观存在的发展道路（至少某些西方发达国家按这种模式发展了经济），但不要忘记，这一发展模式的代价是巨大的。第一，在"高收入、高破坏、高污染"阶段，社会的生态环境遭到严重破坏。其中有些损失是难以弥补的，如森林被滥伐、矿产资源被过度开采，居民健康受损害，甚至丧失生命或劳动能力等。有些破坏只有在耗费大量人力、物力、财力之后才能被制止，生态环境质量才能逐渐改善（如河流的污染被消除、土壤肥力得到恢复等）。第二，"先破坏、后治理"，很可能成为收入差距扩大，贫富悬殊，两极分化的经济发展道路。因为，生态环境破坏，贫困地区受害是最深的。当经济发展而生态环境遭受破坏后，那些首先发展工业的地区人均收入增长，而作为资源开采与初加工的贫困地区却往往因生态环境受到严重破坏而陷于困境。这里的人均收入即使有所增加，但同工业发达地区相比，收入差距的扩大是必然的。何况，某些贫困地区还有可能因生态环境破坏严重而导致人均收入的停滞甚至下降，从而造成社会矛盾的加剧。

　　此外，从加快经济发展来看，事实证明，沿着别的国家已经走过的旧发展模式，很难赶上或者超过这些国家。在人类第一次产业大转变、大发展时期，世界上出现了一批首先掌握农业生产技术的国家，这就是我们常说的文明古国，包括我国在内。在整个农业文明时期，这些国家在经济、文化方面都处于领先地位，西方国家沿着农业文明发展的模式追赶了 1000 多年还望尘莫及。第二次产业大转变、大发展时期，西方国家首先掌握了划时代的生产技术——蒸汽机，一跃就超过东方文明古国，走在世界的前列，原来的东方文明古国反而被抛在后面。经过 200 多年，特别是近半个世纪以来，发展中国家沿着西方工业化发展模式力图赶上和超过西方工业化国家，但实际结果是，两者之间的差距却越来越大。因此，以上无论从哪个角度分析，我们都不能走"先破坏、后整治"和"先污染、后治理"，先按传统旧模式发展，以后再实行产业转变的道路；而必须从现在起就紧紧抓住世界经济所面临的第三次转变这一机遇，坚定不移地实行由工业文明向生态文明的战略转变。

（三）我国实行战略转变的有利条件和困难

当前产业发展的生态经济大转变对我国和一些发展中国家来说，既是挑战又是机遇。因为就低耗无害生产技术而言，大家都处于起步阶段，彼此都在同一起跑线上。谁先掌握低耗无害生产技术，谁在 21 世纪的竞争中，就能掌握主动权，处于领先地位。我国是一个文明古国，在这次大转变中我们应当看到自己的优势：

第一，这次大转变首先是人们的自然观由人和自然对立转向和自然的和谐，即社会系统和自然系统协调统一。这是实现持续发展的前提，它与我国古典哲学思想——"天人合一"完全是一致的。在"天人合一"哲学思想指导下孕育出来的华夏文明，更多地体现了人和自然的和谐统一。所以它能延绵五千年而不间断。在人类未来的持续发展过程中，人们将会从我国古典哲学思想和古文明中得到启迪。

第二，我国有有机农业的传统，发展生态农业有良好的基础。现在全国已有 900 多个试验点，发展生态农业是我国的优势，又符合世界农业发展方向。

第三，我国工业化水平尚处在初级阶段，在大转变中没有西方工业化国家那么多沉重的负担。有条件从一开始就注意发展低耗无害技术，少走或不走西方国家所走过的弯路。

第三次大转变、大发展是世界发展的必然趋势，现在正处在大转变的前夕。对我们来讲，看清这一必然趋势，要不失时机地采取对策，制定措施，有计划地组织科技力量，大力发展低耗无害生产技术。避免盲目地因袭西方工业化国家所走过的弯路，是实现四化，赶超西方国家的难得良机。

在坚定不移地选择产业战略转变目标时，我们也必须充分估计实现这一转变的困难。首先，困难来自经济发展所需的资金。其次，困难在于生态环境保护事业对投资者缺乏吸引力。最后，从生态环境保护事业本身的情况来分析，产业的转变不仅需要有资金，而且需要有新的技术。由于受到经济发展水平的制约，而且从技术上考虑，生态环境保护产业的转变也将是一个较困难的过程。

从以上分析可以看出，与重视生态环境保护联系在一起的产业的转变并不是能够通过市场的自发调节就可以顺利实现的。唯有通过政府的参与，并在政府的相应措施起作用的情况下，才能逐步实现。因此，加强对产业发展的宏观生态经济管理就显得特别重要，这是市场经济条件下实现产业战略转变的重要保证。

二　制定和实施有利于战略转变的产业政策

产业政策是产业宏观管理的主要手段。运用产业政策来规范和诱导产业发展和产业转换，主要通过两个途径：一是优化产业结构和资源配置；二是选择和确定合适的主导产业，带动各个产业和整个国民经济朝着预定的方向发展。

（一）优化产业结构，合理配置资源

产业结构不合理是经济发展过程中资源耗费大、污染严重的重要原因。加强对产业发展的宏观管理，必须调整优化产业结构，逐步实现大量消耗资源、能源与粗放经营的传统产业结构向低耗省能与集约经营的现代产业结构转变，包括部门结构、地区结构和产业内部结构。

1. 调整产业部门结构

从资源配置的角度看，重点要解决原料生产部门和加工部门之间的失衡。当前，加工部门生产能力大大超过原料供应部门的生产能力，各种原料"大战"频起。一些设备落后、技术力量薄弱的小企业与国营大中型企业争夺原料，既加剧了原料的紧张，又增加了原料在落后生产中的浪费。应从政策上严格控制加工部门的发展，使之尽快与原料生产部门的规模相匹配。

2. 解决好地区性结构矛盾

地区性产业结构趋同、地区封锁和分割严重是自然资源合理配置和利用的重大障碍。各地区的自然优势和产业优势不同，应该互相协作、扬长避短，形成全国"一盘棋"。要正确处理和协调资源产地和加工地区的关系，沿海地区要根据经济技术水平较高而资源缺乏的特点，致力于发展高、精、尖、新等层次较高的产业和出口创汇产品，将能耗高、运量大的工业逐步转移到能源充裕、资源富集的内地。

3. 调整产业内部结构

我国一些产业特别是一些资源性产业的内部结构不合理，这是导致资源耗费大、污染生态环境的重要因素。以能源产业为例，其内部结构以煤炭为主，目前一次能源中煤炭占74%，其中转换成清洁、方便的电能的仅占23%。由于大部分煤炭被直接燃用或散烧，产生的环境问题日益突出。尤其是城市地区，工业和人口集中，能源消耗多、污染严重。据环保部门统计，全国烟尘排放量的70%、二氧化硫的90%来自燃用煤炭。我国能源的发展已面临着生态环境问题的严峻挑战。为了减轻能源利用对生态环境的压力，我国政府采取了一系列措施，逐年增加能源工业用于环境保护的投资，装备污染治理设施，以及在能源使用过程中加强对污染物排放的控制，对于遏制能源生产和消费对环境的污染起到了很大的作用。但很多能源生产和消费企业技术落后、设备陈旧、能源利用效率低、污染治理难度大，且治理成果不易巩固。鉴于我国能源结构的特殊性，仅在污染治理上采取措施是远远不够的。还必须大力改善能源结构：一是加快水电、核电和新能源的开发利用，降低煤炭的消费比例；二是减少煤炭直接消费量，更多地转换为电力等清洁的二次能源。

（二）正确选择主导产业

主导产业是国民经济中具有导向性和重大影响的产业。主导产业的正确选择，对于产业发展能否实现战略转变具有决定性的意义。为此，我们在制定主导产业政策时，必须改变过去只重视经济标准的做法，把经济标准和生态目标统一起来，选择那些生态经济效益好，既能带动各个产业发展，又有利于节约资源、保护生态的产业作为国民经济的主导产业。当前，结合我国的实际情况，主导产业应选择环保产业和生态农业。

1. 环保产业与生态农业的概念

（1）环保产业。环保产业是指其产品和劳务用于防治环境污染、改善生态环境、保护自然资源等方面的产业部门。狭义的环保产业指环保产品制造业，又称环保工业；广义的环保产业还包括一切为防治环境污染、改善生态环境、保护自然资源等提供设施和服务的行业。

广义的环保产业与狭义的环保产业的区别之一是：狭义的环保产业是严格意义上的一个产业。而广义的环保产业却不那么严格，为环境保护等提供设施和服务的行业要包括在内，某些虽然在产业分类上属于另一些产业，但实际上是在从事防治环境污染、改善生态环境、保护自然资源工作的经济活动，同样可以包括在广义的环保产业之内。比如说，从广义上说，大面积种植防护林，就应当视为环保产业的经济活动；为保护水资源而整治山坡地、湖泊、河流，同样应当视为环保产业的经济活动；工业固体废物的综合利用、被弃物资的回收和利用也可以说成是环保产业的经济活动。甚至我们还可以认为，每一个工业部门或每一个工业企业，都可以建立一些机构或单位，用一部分劳动力，从事广义环保产业的经济活动，如种草种树、整治土地和水面、综合利用固体废物、回收与利用被弃物资等。要知道，这些经济活动既有投入，又有产出，不仅收支可以相抵，而且有可能产生纯收益。总之，环保产业是朝阳产业，将是现代国民经济的支柱产业之一。

（2）生态农业。生态农业是应用生态经济学原理和科学技术手段，保持农业生态系统良性循环，实现农业经济与生态环境协调发展的农业生产体系。与传统农业相比，生态农业是充分合理利用自然生态资源的农业生产体系，它的系统要素配置合理，具有良性循环的系统功能；它是一个开放系统，在不断地输出农产品的同时，也不断地从系统外补充物质能量；同时它也是建立在现代科学技术基础上的生产体系，等等。总之，建立比较完备的生态农业体系，将会使之成为国民经济的中心产业之一。

2. 选择环保产业和生态农业作为主导产业的重要意义

我们之所以选择生态农业和环保产业作为主导，并不是说生态农业和环保产业（广义）的产值占国民生产总值的绝大比重。其"主导"作用主要应从以下三个角度来考察：

第一，它含有重点投资的意义。在经济发展过程中，尤其是在经济发展的开始阶段，不要忽视生态效益，不要忽视经济发展与环保的兼顾，而应当把农业视为重点投资的领域之一，以促进生态农业的发展。同时，应当把环保产业（狭义的和广义的）也视为重点投资的领域之一。既要不断增加环保产品的数量和提高其质量，又要推动一切为防治环境污染、改善生态环境、保护自然资源等提供设施和服务的行业与经济活动的发展，以兼顾经济发展与环境保护。

第二，生态农业和环保产业一定程度的发展是其他部门健康发展的前提之一。在经济发展过程中，其他部门（包括一般的工业部门和一般的服务部门）能以多大的速度和规模健康增长，依赖于各部门之间的协调状况。基于生态农业与环保产业的特点，它们与其他部门之间的协调与配合不仅仅是原材料供给与制成品生产之间比例的适应，而且应将其发展作为其他部门发展的一个前提，要着眼于"生态农业和环保产业有了多大的发展，从而一般工业部门可以相应地发展到何种规模"。这是关系到我国总体产业结构状况和总体生态经济发展水平的大事。

第三，具有带动相关部门发展的意义。从整个国民经济中的收入分配与使用来看，生态农业的发展将增加农民的实际收入，同时会减少国家用于治理破坏生态环境的支出。而农民实际收入的增加和国家支出的减少，又会对一般工业部门起着直接或间接的推动作用。又如，广义环保产业的发展也将推动增加就业和减少治理环境的费用，因此也将直接或间接地带动一般工业部门的发展。

总之，以生态农业和环保产业为主导的经济发展道路是一条比较理想的兼顾经济发展与生态环境的经济发展道路。

3. 采取有效措施催育主导产业

主导产业一经确定，宏观生态经济管理的一项重要任务就是采取积极、有效的措施和对策来催育主导产业。当前，要在政策、资金、技术等各方面对生态农业和环保产业实行倾斜，使之不断发展壮大，尽快在国民经济中发挥主导作用。关于生态农业的发展，我们将在后面第五篇中辟专章论述。这里着重谈谈如何尽快把环保产业搞上去。

随着生态经济管理工作的加强，我国已经形成了比较完整的环境管理体系。这一体系的建立和运转，在一定程度上弥补了我国环保资金的不足，有效地抑制了 80 年代经济迅速增长带来的环境状况急剧恶化的趋势。但是，国内外环境保护的实践告诉我们，环境管理的潜力是有限度的，要提高环境保护的投资效益、改善环境质量，光靠好的政策法规、标准、制度这些"软件"是不够的，还必须注重环保"硬件"的建设，这个"硬件"就是依靠科学技术进步，大力发展环保产业。而组织采用先进科学技术，有效地发展环保产业本身也是生态经济管理工作。

在生态环境问题日益突出的 90 年代，全球产业结构开始朝资源利用合理化、废物产生减量化、对环境无污染或少污染的方向调整和发展。无害于环境的"绿色标志产品"在西方国家迅速兴起，并在国际贸易中销路大开，说明在当今和 21 世纪的世界上，环保产业产品有着巨大的市场。谁行动快、捷足先登，谁就能在这个大市场中抢先占领一席之地。这种全球性产业结构调整的趋势，标志着发达国家在认识和解决生态环境问题上的巨大进步。应该承认，我们在这方面的认识和实践中与先进国家存在不小的差距。环保企业不仅数量较少，而且分散于多种行业，隶属于上至中央下至街道。这些企业虽然设计、施工、评价、制造部类齐全，也有少数国家级的研究设计院所，但 95% 以上是小型企业。因之队伍素质不高，产值最高的江苏省，技术人员仅占 2.9%

（泰国、马来西亚均把环保产业称为朝阳工业，技术人员比例一般在15%以上）。加之管理紊乱，"无证设计、无证施工、无证生产"层出不穷。虽然环保产品多达 2000 种以上，也有一批省优、部优产品，但95% 以上无国家产品质量标准。有的连本厂产品质量标准都没有，质量问题屡屡发生。中国作为一个发展中的大国，如果没有发达的环保产业，没有相应的控制污染的技术能力，在国际贸易和环境外交中的地位将是脆弱的。

环保产业渗透国民经济各个部门，这给规划和管理工作带来困难。但是，如组织协调得好，更可以调动各方面的积极性，加快环保产业的发展。因此，各地方人民政府和各有关部门要加强对环保产业工作的领导，要依靠计划、经济等部门，组织制定本地区环保产业发展的总体规划。在产业结构调整中，要统筹兼顾，把环保产业列入优先发展领域。各级工业、农业主管部门和行业主管部门也要在调查研究的基础上，制定好本部门、本行业的环保产业发展规划，并将其作为部门、行业整个产业规划的重要组成部分，给予扶持、组织落实，促其健康迅速地成长。

环保产业有着强劲的市场需求，发展环保产业需要运用计划调节和市场调节两种手段。各地政府和各级计划经济部门应把环保产业发展计划纳入经济和社会发展计划，健全各种宏观调控手段，引导环保产业健康发展。在经济比较发达、技术力量比较强的地区，要打破条块分割，让那些技术力量雄厚、管理水平先进的企业实行优化组合，组建环保产业集团，朝专业化方向发展。发展环保产业要把市场需求放在重要位置，要培育符合我国国情的环保产业市场体系，充分利用市场机制，充分发挥经济杠杆的作用。

科学技术是第一生产力，环保科技是环保产业赖以发展的基础。因此，要树立环保科技面向环保产业、环保产业依靠环保科技的思想，尽快把一些先进的环保科技成果转化为实用的环保新产品、新设备、新材料。

环保工业产品的质量是衡量整个环保产业发展水平的重要标志，也是关系到环境污染治理设施建成后能否正常运行并发挥治理效益的关键。为此，各地在发展环保产业的同时，要注意加速建立环保产品质量保障体系，完善质量监督机制。生产环保产品的企业必须建立有效的质量保证制度。

面对严峻的国际竞争，如果没有发达的环保产业，没有具有坚强实力的环保工程队伍，将会在未来的环境外交中处于不利地位。而坚强的有实力的环保工程队伍的标志就是要有一批高素质代表国家水准的科研、设计、施工队伍，要有一批生产名优产品和强大研制能力的制造厂。特别重要的行动能立即集中力量组建国家队。称之为国家队，其要点是：①它们应当既是本行业的技术中心，又是能代表国家承担任务的实体，能实干打硬仗，而不是仅能搞软件的松散联盟；②应当从现有队伍中分批严格优选，条件是基础好（人员、设施、软硬件），工程项目完成好或产品好。可以与国家环保局正在进行的评选优秀环境工程相结合。优选应排除干扰和阻力，具有权威性和公正性；③专业及分布合理，并与参加国际竞争相对口，避免空白；④国家短期内不可能对国家队进行大量投资，但可采取有力的扶持措施。如在资金、立项、税收上倾斜（国家科委在高新技术方面就很成功）。可享受目前推行的大中型企业的各种优惠，确有能力的，应给予工程总承包资格及自营进出口权，通过"政策"来自我发展、自我完善，以形成力量。力争在"八五"期间首批国家队能形成优势，有一批既有中国特色又有国际水平的成果问世，一批有分量的工程或产品进入国际市场，以后逐步扩大。

同时，重点推出一批样板工程，以集中体现国家环境保护技术经济政策，向国际上展示我国的成就。样板工程可以在原有工程中优选加以完善，也可以有选择地扶持一些项目以示导向。对国家的样板工程采取有广度、有深度的技术经济论证和有分量的损益分析来展示中国的成就。

促进引导环保产业发展，必须有一套完善、得力的环保产业政策作保证。在经济政策方面，要引导资金向环保产业投入，这包括国家的、地方的、部门的、企业的各个方面的资金。环保产业是以防治环境污染和改善生态环境质量为主要目的的社会公益型产业，因此国家和地方应从投资、税收、信贷、物资、供应、价格等方面给予优惠和扶持。此外，各地区、各部门应积极研究建立环保产业发展专项基金，用于环保新技术、新工艺、新设备、新产品、新材料的研制、开发、示范和推广。

我国已进入实现国民经济发展第二步战略目标的重要阶段，这一阶段也是实现环境保护战略目标的重要阶段。我们要在强化管理的同时，不失时机地尽快把我国的环境保护产业搞上去。在我国，有着广阔前景的环保产业一定会蓬勃地发展起来。

三 运用科学技术加强对产业发展的宏观管理

（一）科学技术是产业管理的基础

科学技术是生产力，同时也是管理的重要手段和基础。人类历史上产业发展的三次大转变，说到底都是科学技术的转变：第一次大转变是由发明农业生产技术引起的，由此出现了农业文明；第二次大转变是蒸汽机的发明，由此出现了工业文明；第三次大转变是由全球生态环境问题而引起的，一切都将围绕改善生态环境而发展，核心问题是要实现人和自然的和谐、生态经济协调发展。这是一次群体技术的大转变（不是单项技术）。一切对生态环境有害的生产技术，将逐步被对生态环境无害的生产技术所代替，最终将出现一个更高级的生态文明来代替现在的工业文明。现在世界上各个国家都正在受这个大转变、大发展的影响，自觉和不自觉地为这一大转变做准备，争取 21 世纪市场竞争的主动权。具体表现在以下几个方面：

1. 积极研究开发清洁的新能源代替化石能源

（1）受控核聚变能的研究得到重视。欧洲联合环形聚变反应堆首次实现可控核聚变，标志着人类在向获得清洁、安全能源方面迈出有意义的一步。

（2）太阳能开发进一步深化。

（3）燃料电池异军突起。燃料电池是利用氢和氧进行电化学反应直接发电。这种电池节水、无污染。第一代磷酸型燃料电池在美、日等国已进入实用阶段。第三代固体型燃料电池，美、日等国都在加紧研制。

（4）其他能源如风能、地热能、海洋能、生物质能等可更新再生清洁的能源，也受到普遍重视。

2. 高技术"绿化"的提出

所谓高技术"绿化"，就是发挥现代科学的潜力，走对环境无害的发展道路。这将成为一种必然的趋势。现在美、日、德、英等国竞相发展汽车"绿化"行业，加紧研究电动汽车和燃氢汽车以代替现在的燃油汽车。德国奔驰公司已制出 10 辆燃氢汽车，并试运行 6 万公里。美、日、英等国也都在加紧研究这类汽车，15—20 年内将实现商品化。趋势已十分明显，谁在这方面取得优势，谁就将在 21 世纪竞争中取得主动权。

3. "绿色市场"的出现

70 年代兴起的生态运动，80 年代末在欧洲孕育出"绿色市场"。所谓"绿色市场"就是专门销售在生产过程中不破坏生态、不污染环境的产品。英国政府发给全国消费者一个小册子，倡议买"绿色产品"；在美国"绿色产品"是销售的热点；德国高级管理人员和一些企业家，都已接受"绿色观念"，并把发展生态技术作为未来的目标；法国除了"绿色市场"、"绿色产品"之外，还提出了"生态人道主义"，并在 1990 年宣布了"超净工厂"计划，为 21 世纪竞争创造条件。

4. 破坏臭氧层的氟氯烃等物质被限制使用

1974 年美国科学家发现氟利昂等氯氟烃物质对大气臭氧层的破坏作用。1985 年又发现南极上空出现臭氧层空洞。1987 年通过了限制生产和使用氯氟烃类物质的《蒙特利尔议定书》，要求 2000 年停止生产氟利昂等破坏臭氧层的物质。这一要求已被国际社会所接受。它反映了人类在生态环境意识上的进一步觉醒，并把保护地球环境付诸实际行动。它也预示着将有更多的有害生态环境的生产技术和物质将被限制和禁止使用。这是世界发展的总趋势。

（二）技术手段对产业转变的重大意义

过去我们在进行产业结构调整时，比较注重政策的调整而忽视技术手段。这方面有过不少教训。例如，国际上为了保护臭氧层作出了禁用氟利昂的决定。这给以氟利昂为制冷剂的我国冰箱业带来严重的威胁。过去十几年，我们花了数亿美元，引进了40多条冰箱生产线、10多条压缩机生产线和几十条制冷系统零部件生产线，现都面临着改造问题。这需要大量投资，损失将是巨大的。这一沉痛教训引起了我们深刻反思：产业的转变和发展要主动适应环境保护和资源节约的大趋势，不能重蹈电冰箱发展的老路。不仅要为"三废"治理提供优质、高效的污染治理设备，更要为"节约型国民经济体系"的建立、持续发展战略的实施，提供新型技术装备。又比如前几年，我国投资10亿元用"尾部治理"办法治理了近10万台锅炉。可是，当年生产出来的10多万台锅炉，90%以上竟没有设计和配置除尘装置，近10万条"黑龙"卷土重来。10亿元治理投资等于"零"。当人们反省过去采取的环保政策和环境科学技术发展路线时，发现过去把投资和发展重点更多地放在污染物排放末端的控制上，而忽视了首端，如可使废物产生量最小，这是一个关键性问题。

在能源产业的发展方面也存在同样的问题。目前，我国一方面能源供应紧张，另一方面又普遍存在单耗高、浪费大的问题，节能的潜力很大。据有关方面测算，我国能源平均有效利用率只相当于国外先进水平的2/3，主要工业产品能耗比工业发达国家高30%—90%，总的节能潜力在3亿吨标准煤左右。例如，我国燃煤发电占全国总发电量的80%。与先进国家相比，平均每千瓦时供电煤耗要高约100克标准煤。按1991年我国火电发电量5400多亿千瓦时计算，就多烧了5000多万吨标准煤，折原煤7000万吨。我国的吨钢可比能耗，平均是1000千克标准煤，比国外先进水平高300—400千克。一年就要多耗2000多万吨标准煤。我国现有工业锅炉40万台、80万蒸吨、年耗3亿多吨原煤，热效率只有50%—60%，能源浪费和污染严重。现有工业窑炉14万台，年耗2亿多吨原煤，热能利用率也低。这两项的节能潜力在1亿吨以上。我国工业部门风机、水泵的运行效率，比国外先进水平低20%，相当于每年多耗电300亿千瓦时。电炉钢、铁合金、电解铝等八大类高耗电产品，若单耗能达到国内先进水平，每年节电潜力为100亿千瓦时。

以上几方面的情况说明，科学技术在产业发展和产业转变中具有重要的作用和意义。我们要发展与生态环境相协调的产业，必须重视和运用科学技术，以科技促管理。

（三）实现科技成果的商品化实用化

改革开放以来，我国生态环境科技发展迅速。不论是基础科学研究，还是防治污染的实用技术研究，都取得了一批重大的科研成果。许多新兴的高科技在这一领域的应用研究，也取得了突破性的进展。仅"七五"环保科技攻关项目，就有 84% 的科研成果达到了国际先进水平。

但是，从总体来看，我国环境科学研究起步较晚，与发达国家相比还有很大差距。科技成果转化为商品或在实际中推广应用的比例也很低，大量科研成果尚未形成生产力。因此，加强对环保科技事业的宏观管理，尽快形成技术转化机制，促进科技成果的商品化、实用化，是一项十分重要和紧迫的任务。

（1）要加强对生态环境科技研究的宏观管理。生态环境科学是一项涉及科技领域非常广泛的综合性、边缘性科学。目前，我国的环保科技已形成高等院校、科学院系统、各工业和农业产业部门以及环保系统自身的科研单位等多条研究系统。各级政府部门必须组织协调好各方面的关系，发挥各方面的优势，安排好各项重大的科研项目，以做到既有分工侧重，又有团结合作；尽量避免在同一水平上的重复研究，避免相互"撞车"。根据我国生态环境问题的实际情况，到 20 世纪末，我国生态环境科学研究和科技发展的重点是：大力开发和推广投资省、见效快的防治污染的先进技术，以及节水、节能、节物耗的无废、少废的生产新工艺、新技术；积极开拓电子信息、新能源、新材料、生物工程、遗传工程、海洋工程等新兴科技在环境领域的应用，尽快形成环保高科技系统和高科技产业；继续加强环境基础科学研究，增强环保科技开发的后劲。要组织领导好"八五"科技攻关项目，安排好重大科研成果的开发、试验，建设好示范工程和试验基地，为大面积推广、应用重大科技成果创造条件，打下基础。

（2）要强化市场意识。当前，我国经济正在向社会主义市场经济的新体制转变。科技是第一生产力，我们任何一项科学研究和技术攻关，其目的都是为了把科技转化为生产力，形成具有市场竞争力的商品；而不是为了研制出少量样品，更不是停留在研究成果的鉴定上。我们每一项新科技研究，从立项开始，就须着眼于商品化、实用化，要协调好科研、开发、设计到商品生产、商品销售的关系，打通科研到生产的中间环节，搞好科技咨询服务，培育科技市场。形成科技转化机制，开拓出新技术应用和推广的新局面。

（3）要加快科研体制的改革。我们科研体制的一个最大弱点是研究与生产脱节。目前，我国的环境科研向技术开发、技术开发向商品市场转化的渠道不仅很少，而且极不畅通，影响了环保产业的发展。要改变这一落后局面，必须改革现行的科研体制。要创造条件，鼓励科研单位和高等院校的研究机构尽快由单纯的学院式研究朝科研、技术开发、兴办高新技术产业实体的方向转变，实行科、工、企、贸一体化的发展。我国已相继建立了一批高新技术产业开发区，为这一转变创造了极为有利的条件和良好的环境。要从政策上、资金上、信贷上给予必要的扶持，把环境科学研究推向开发区、推向市场，让它们去"闯天下"、开路子。同时，要扶持企业形成自己的科研力量，进行应用、开发研究，以科技推动生产、推动企业发展。

第八章 区域经济的宏观生态经济管理

一 区域生态经济系统的界定和基本问题

(一) 区域生态经济系统的特征

客观世界中的生态要素、经济要素相互作用和耦合，总是离不开特定的空间范围，即生态经济区域。其实质是区域生态经济系统。它是在一定的地理空间范围内，一定的生产力水平之下，生态要素和经济要素，以技术要素为中介，通过物质循环、能量流动、信息传输和价值增值而形成的具有一定空间结构、时序结构、开放的自然—社会—经济复合系统。

区域所处的特定地理位置在一定意义上决定了区域的特征。不同的区域生态经济系统具有不同的生态经济特征，即独特的个性；但它们又有共性，即均具有：①界限的模糊性与可变性；②可控性；③综合性与整体性；④空间性；⑤层次性；⑥开放性；⑦动态性与随机性；⑧多目标性；⑨组织与自组织性等特性。

(二) 区域生态经济类型

从不同的研究角度出发，可以将区域生态经济系统划分为不同的生态经济类型。如：

从气候的角度，可以将生态经济系统划分为：热带生态经济系统、亚热带生态经济系统、温带生态经济系统、寒带生态经济系统。

从产业的角度，可以将生态经济系统划分为农业生态经济系统、工业生态经济系统等。

按地表性质，可以分为陆地生态经济系统（包括山区生态经济系统、平原生态经济系统等）、海洋生态经济系统。

从经济性质和自然、社会经济的一致性，可以分为城市生态经济系统、农村生态经济系统等。

还有一类生态经济系统是由两种或两种以上生态经济系统交互作用而形成的具有新质的生态经济系统——生态经济交错区生态经济系统，如山地平原生态经济交错区、城乡生态经济交错区、农牧生态经济交错区、海陆生态经济交错区和湖陆生态经济交错区等生态经济系统。

（三）目前我国区域生态经济管理存在的主要问题

区域生态经济管理是人们在社会生产和再生产过程中，按照生态经济规律的要求，科学、合理地安排、组合和使用劳动力、土地、技术、自然资源、资金等生态经济要素，最大限度地提高区域生态经济效益，实现区域生态与经济持续发展的有意识的经济行动。

目前我国的生态经济管理，特别是区域生态经济管理，在管理目标、模式、方法、手段、体制等方面都还没有成套的经验。在实际工作中，存在的主要问题表现在以下几个方面：

（1）区域生态经济类型与模式的研究不够，划分的根据不足。区域生态经济类型的划分是区域生态经济管理的基础。以生态经济类型区为管理对象的基本单元，是区域生态经济管理应坚持的方向。而我国的疆域广阔，生态经济类型齐全而复杂，这又增加了准确划分区域生态经济类型的难度。目前，学术界对区域生态经济类型（或区域）划分的原则、指标体系、命名系统尚未达成一致的共识，全国尚无系统的生态经济分区方案。不同类型生态经济管理模式的研究更为鲜见。这就给生态经济理论研究留下了广泛的课题，给实际区域生态经济管理工作带来很大困难。

（2）区域生态经济管理机构欠缺、职能单一。区域生态经济管理机构应该对应着相应的生态经济管理对象。新中国成立初期确认的，现在已经撤销的华东局、中南局、华北局等行政机构，现在经济区划分的三大经济地带、八大经济协作区，都是一种松散的机构；现在的长江水利委员会、黄河水利委员会、珠江水利委员会等职能机构，其职能都很单一，在区域生态经济管理上远不如美国的"田纳西流域管理局"那样职能比较全面。科学地划分生态经济区域、以区域为管理单元，成立相应的职能健全、具体的机构是我国区域生态经济管理的客观要求。

（3）区域生态经济系统边界界定模糊，生态经济管理的"灰色"地带广泛存在。区域生态经济系统本身的一个特征就是边界的模糊性，加之在几个性质不同的生态经济系统交互作用的地带，生态经济界限相互交叉、重叠，形成生态经济交错区，这往往就是生态环境较脆弱的地带。再加上现有的生态经济管理工作跟不上，同时也就往往成为生态经济管理的"真空"地带或"灰色"地带。这些区域的生态经济管理亟待加强。

（4）区域生态经济管理手段落后，现实呼唤加强信息管理。例如，目前中国科学院已经在全国或部分重点地区，如黄土高原地区，建立了资源信息系统。但就全国看，完善的区域生态经济监测系统和管理系统则至今基本尚未问津，有待尽快加强研制。管理手段落后，是阻碍实行现代生态经济管理的一个重要因素。

（5）区域生态经济管理法制不健全、可操作性不强。为了加速经济建设和保护我国有限的资源、维护生态经济平衡，我国先后颁布了一系列资源保护、环境保护等法规和有关条款。但是，随着计划经济体制向市场经济体制转轨，原有的法律条款许多已不适应新的发展形势，有的条款甚至还是相互冲突的，而且其可操作性不强，这些都有待进一步修改、完善。

（四）区域生态经济管理的目标和原则

1. 区域生态经济管理的目标是区域生态经济持续发展

区域生态经济管理的目的，一是使已处于良性循环，人口、资源、环境与发展相协调的生态经济系统不断地采取一系列协调与激励措施，培植系统的抗干扰能力，增加系统的弹性，在空间尺度上合理配置生态经济要素，在进展的过程上，向着"正向"和"有益"的过程进化；二是对已处于退化或逆向演替的生态经济系统，通过人类的干预与控制，使区域基础结构——资源、环境、人口结构（REP 结构）不至于偏离初始状态太远，或者使 REP 结构的各部分调节到一个新的理想状态上。无论是处于哪一种状态的区域生态经济系统，人类对之实施生态经济管理的目标总是为了达到区域的人口（P）—资源（R）—环境（E）—发展（D）这一多维空间的持续与进化，即区域生态经济管理的核心是 PRED 协调。具体地说，就是达到区域的生态持续发展、生产持续发展和经济的持续发展。早在 1980 年，联合国人口司就关注并确认这一联系，即后来人们所共知的 PRED 统筹考虑，其中 REP 与发展 D 的关系是双向的。

2. 区域生态经济管理的原则

指导区域生态经济管理的重要具体原则有：

（1）区域资源的开发利用率≤资源的更新率。对于任何一个区域生态经济系统来说，其可更新资源的开发利用规模只有控制在系统的自我恢复、更新率之内，资源才能持续地满足人类各项经济活动的需求，否则，将会导致资源供求关系变形，生态系统逆向演替。因此，对区域可更新资源，我们首先要进行保护与管理，使其朝"有利"的方向演替，然后才是开发利用。

（2）区域不可更新资源的开采率≤不可更新资源可更新替代品的增长率。区域的不可更新资源，如煤、石油、天然气、矿物等，一旦开采完毕，在不考虑区域贸易补偿的条件下，不可更新资源的寿命也就宣告结束，或者说即使能更新，其更新周期也要以地质年代计。严格地说，不可更新资源不可能以"持续"的方式利用，而只能以一种"准持续"的方式利用，即通过积极寻找不可更新资源的替代品，如用木材代替煤炭、以木醇代替乙醇等，使不可更新资源的开采率控制在可更新替代品的更新率或增长率之内。

（3）区域废弃物的排放量≤环境对废弃物的吸收量（环境容量）。人对区域的开发、对资源的利用，人对生产的发展，人对废弃物的处理，均应维持在环境允许的容量之内，否则区域生态经济不可能持续。

（4）区域的人口发展规模≤区域土地人口承载量。我国土地资源有限，可耕地更少。如果人口不加以控制和管理，定会导致土地退化、环境恶化、经济贫困。尤其在我国广大山区，如果人口的规模超出了土地人口承载量，则最终会导致如下模式的经济贫困恶性循环：陡坡耕作→陡坡耕地面积增大→水土流失加剧→土层变薄、地力下降→食物产出下降→陡坡耕作→……→环境恶化。最终使人们很难逃出"生态贫困与经济贫困"的陷阱。

（5）区域的畜牧发展规模≤饲料及草场的承载力。饲料及草场是畜牧业赖以生存的基础。我国南方山区和北方干旱、半干旱地区的草场适宜畜牧的发展。过去我们对草场的利用和管理不善、超载过牧，从而导致草场退化、土地沙化、水土流失。今后应认真总结经验和教训，深入调查和研究，科学地估算出一个区域草场的生产力，按照可载畜量，设计畜牧的发展规模。

指导区域生态经济管理的一般原则有：

（1）主导性原则。城镇和农村是区域生态经济系统中两大生态经济单元，它们通过人口流动、物质流动、资金运动、信息交换和各种经济行为相互影响、相互作用。现代经济社会，城市在区域经济中的地位越来越突出。农村人口大量涌进城镇，城镇人口比例不断提高；城市的废水、废气、废渣通过河流、大气影响附近农村。从某种意义上说，首先控制好城镇人口，处理好城镇环境问题，也就能管理好区域的人口，管理好区域的环境。

（2）公平性原则。区域的公平包括部门之间的公平、产业之间的公平、地区之间的公平、区际的公平和代际的公平。一个区域生态经济的持续不应建立在其他区域生态经济不持续的基础上；当代人的生态经济持续不应建立在我们子孙的生态经济不持续的基础上。

（3）地域性原则。不同地域不仅在自然条件、自然资源上，而且在社会文化心态、行为规范、道德准则诸方面存在着差异。这就要求我们在进行区域生态经济管理上，针对不同地域，采取不同的管理方法，推行不同的生态经济管理模式。

（五）区域生态经济管理模式

管理过程是一种激励、协调和控制过程。区域生态经济管理就是根据不同区域的 REP 结构及其他特征的差异，采取不同的激励、协调和控制措施，达到区域的 PRED（人口—资源—环境—发展）协调。区域生态经济管理模式大致可以归纳为：

（1）负反馈机制强化模式。根据耗散结构理论，任何一个远离平衡的开放系统，均具有非线性负反馈的动力学机制，均存在着自组织现象和行为，均可在一定的条件下呈现有序的结构。但是，当人类对系统的影响从"干预"变成"干扰"的时候，由于这种"干扰"已经超过了区域生态经济系统的阈值，破坏了自然界的自发自组织行为，如农牧生态经济交错区的超载过牧，山区生态经济系统的陡坡耕作，水域生态经济系统的竭泽而渔、围湖造田等，从而使区域生态经济系统中原来偶尔和局部存在的从有序到无序（混乱）的过程逐步放大和增多起来。负反馈机制减弱，使系统的有序度降低，系统朝不利的方向演化。区域生态经济系统负反馈机制的强化，就是要尊重生态经济规律，杜绝人类的不正当经济行为。

（2）层次管理模式。区域生态经济系统的结构是有层次的。它不仅包括空间上的水平层次和垂直层次，而且包括时间上的进展层次、营养层次。区域生态经济系统的整体 PRED 协调有赖于每一个层次结构上的 PRED 协调。只有按照层次上的等级，下一级层次受到上一级层次的严格控制，而上一级层次则根据更上一级层次的指令及下一级层次反馈的信息发出控制，协调各层次的行为，才能保证区域生态经济系统的整体最优化。

（3）闭路开环管理模式。外部性是生态经济管理的一个重要问题。人们在利用区域资源创造经济产品的过程中，总会产生区域内在成本外溢区外的现象，这就是外部性。只有根据"闭路循环、开环控制"的原理，才能使区内的"外部性""内在化"，从而保证整个区域生态经济健康而持续地发展。

（4）优势互补、区域协调模式。区域生态经济系统是一个开放的系统。每一个区域生态经济系统都有自己的优势与不足，万事俱全的"孤立国"是不存在的。区域生态经济管理的一个重要任务就是充分发挥各个区域的优势、克服自身的不足、提高生态经济生产力。只有在区内各地域之间、各部门之间、行业之间，以及在区际各地区之间相互协调，调剂余缺，才有可能实现真正意义的持续发展。

（5）政策激励管理模式。优惠的政策是区域生态经济持续发展的催化剂。人类的许多经济行为的动机来自政策的激励。区域生态经济系统中的开发与保护都应有相应的生态经济政策系统予以支持。不过，不同的区域，其政策系统应有所不同。

二　主要生态经济区域的管理

（一）山区生态经济系统的管理

我国山区总面积约 762.4 万平方公里，占全国陆地总面积的 69%。山区资源、环境、人口、物资、资金及技术等要素在山区这个特殊的地理空间相互作用、相互交织，形成一个有机整体——山区生态经济系统。它具有如下生态经济特征：

（1）自然条件复杂，垂直分异明显。如湖北武陵山区自下而上，形成三处垂直自然地带。相应地，其农业自然资源也分为三个自然资源带。其人口分布、经济发展水平的垂直差异也较显著。

（2）自然资源丰富，开发潜力大。在山区特殊的生境下，各种动植物荟萃，往往是生物资源的宝库和重要的土特产品基地。如木材、橡胶、松脂、生漆、油桐籽、干鲜果品、中药材及林特产品。山区草地、水力资源丰富，耕地的后备资源——荒山、荒坡，以及气候资源都有很大潜力。

（3）生态环境脆弱，生产力低下，土地承载人口的能力较低。山区生态经济系受人类长期掠夺性农业干预，其植被和自然环境逆向演替，使生态环境日趋退化，土地生产力下降，人地矛盾日益加深，形成恶性循环。

（4）人口相对稀少，素质较低，市场意识、商品意识淡薄。因此人在生态经济系统中主体调控作用不强。

（5）社会资源严重缺乏，基础设施严重不足，资金积累机制不强。因此财政吃紧，经济贫困。

山区存在的生态经济问题，主要表现为：陡坡地增多，生物资源破坏，水土流失加剧，经济贫困。这些问题的诱发是山区固有的两类矛盾造成的：

人与耕地的矛盾。突出表现在超过宜种植业用地极限的流动垦殖，部分耕地二三年就撂荒。这是一种危害极大的掠夺性利用方式，它导致山区农业生态经济系统内部形成第一个恶性循环。

人与森林资源的矛盾。主要表现在随着人口的增长、国家建设事业的发展，对木材的需求量激增，引起森林采伐量大大超出其生长量；导致森林面积与蓄积量锐减，人与森林资源之间矛盾日趋尖锐，形成第二个恶性循环。

加强山区生态经济系统的宏观管理，要求：

（1）强化系统负反馈机制，改善生态环境。山区山高坡陡，生态环境脆弱，必须强化系统负反馈机制。

（2）分层设计，层次管理。根据山区生态经济系统自然生态结构的垂直分异规律，划分出自然结构的垂直自然地带。在此基础上，将优势自然资源类别一致的行政单元（乡或村），归并为自然资源地带。然后依水热条件和行政单元在自然资源组合上的不同，划分出资源组合区，以此作为宏观设计的基本单元。根据各地带不同的生产活动采取不同的管理方式，以充分发挥其生态经济优势。

（3）控制人口数量，提高人的素质。发挥人的主体调控作用，协调人地关系，减轻对土地的压力。

（4）增"链"添"环"，强化区域整体功能。山区生态经济系统是由社会因子、经济因子及自然因子，通过各种链（网）为纽带，在空间上形成的多维复合。系统内组成要素越多，耦合机制越好，系统的稳定性越高，系统的整体功能越强。要在巩固粮、猪的基础上，根据区域资源实际及市场供需状况，合理配置系统内种植、养殖、加工、商贸之间的内在联系，促进资源循环利用，使系统朝着高产、高效、优质、无污染和持续的方向发展。

（5）增加投入，提高生态经济生产力。要促进充分发挥资源优势，形成自己的支柱产业，生产自己的拳头产品和商品，强化资金自我积累机制。

（6）政策驱动，扩大改革开放力度。要实行向山区倾斜的政策和全方位的开放。通过引进资金和技术，实现生产要素在更大的空间范围内优化组合，参加竞争，促进山区经济的更大发展。

（二）平原生态经济系统的管理

我国平原集中在东部，总面积约 197.6 万平方公里（包括盆地），占全国陆地总面积的 21%。它集中了全国耕地的 56.2%，供养了全国 2/3 的人口。平原生态经济系统与山区生态经济系统相比，其生态经济特征是：（1）小尺度景观单一，大尺度景观水平分异明显。它与山区的"十里不同天"状况不同，但自南而北，自东而西，大尺度分异明显，如我国的"南蔗北菜"、"南柑北枳"、"南稻北麦"、"南船北马"等。（2）森林资源匮乏，水生物资源丰富。（3）人类开发历史悠久，经济发达。自古以来，已兴起了"黄河文明"、"巴蜀文明"、"荆楚文明"、"吴越文明"、"岭南文明"等，今天也是我国重要的农业基地和全国大、中城市的集中地。穗港澳、厦漳泉、京津唐、沪宁杭、武大黄、沈大鞍等更构成了我国东部平原经济高度发达的"黄金三角"地带。（4）技术先进，资金充足，交通、通信等基础设施完善，物资、商品周转迅速。强大的科技力量、庞大的运输系统和便利的通信网络为区域经济注入了活力。

平原存在的生态经济问题，是围绕着生态经济系统的基本矛盾，即生态的供给和经济的需求而产生的，主要表现在以下几方面：

（1）洪、涝、盐、渍问题。主要是由于人类的不恰当经济行为使之加强。

（2）以城市工业污染为主的环境破坏问题。包括城市不断扩大和广大乡村乡镇企业迅猛发展带来的严重污染和环境破坏。

（3）耕地稀缺，各业占地、争地矛盾突出。如水利部门只管防洪堤，交通部门只管港口航道，公路、铁路要征地，城建部门只管用地，而广大群众又要大量占地盖房，对耕地使用缺乏统筹的规划和管理。

（4）地域生产空间组织缺乏统一部署。部门之间不协调，优势产业不明显，经济效益有待提高。诸如重复建厂，行业之间争人才、争技术、争原材料、争市场，抑制了区域潜力的释放。

加强平原生态经济系统的宏观管理，要求：

（1）完善排灌系统，增强泄洪抗旱能力。以维护工农业生产稳定，保障人民生命与财产安全。具体做法，一要考虑水资源的综合利用，即将防洪、排涝、抗旱、治盐碱、航运、发电，以至旅游融为一体，通过修建水库、退耕还湖增加蓄水能力；二要加强农田水利设施的建设与管理，高标准地搞好田间灌排系统，使河、沟、渠、蓄配套。

（2）加强城市规划和乡镇企业的管理，抑制环境污染。城市工业的布点和企业污染的处理应作为城市规划的一项重要内容。乡镇企业上马必须考虑到企业污染物的处理能力及环境的容量。否则，即使经济效益高、市场前景好，也要强制关、停、并、转。

（3）划分基本农田保护区，保护耕地，巩固现有商品粮基地。通过划分基本农田保护区，一方面可集中管理、集约经营、提高土地利用率和农业的效益；另一方面其较好的管理模式和方法又可辐射到周围地区，从而起到提高整个区域管理水平和生产水平的作用；此外，还可以保护耕地资源，防止非农侵占。

（4）统筹规划，全面协调，发挥优势，提高效益。区域生态经济规划必须把城市与农村，工业与农业、第三产业通盘考虑。并在分析区域优势的前提下，确定区内各部分的职能、主导产业，并围绕着主导产业，按照生态经济学原理，配置相应的辅助产业，才能充分发挥各地优势，推动区域经济的全面发展。

（三）生态经济交错区的管理

生态经济交错区是指两个或两个以上相邻、特征特性相异的生态经济系统，各自在其发展的过程中，通过内在的运行机制（物流、能流、信息流和资金流等）不断地向外扩散、辐射和相互作用而形成的；兼具相邻生态经济系统某些特征特性，又具有新质的生态经济系统。它是生态经济系统交接处的过渡带。如农业生态经济系统与牧业生态经济系统在交接处相互作用而形成的农牧生态经济交错区。

生态经济交错区具有以下主要生态经济特征：

（1）自由度高，生态脆弱，易出现生态经济问题。它处于两种或两种以上生态经济系统交接处，由于资源利用方向选择余地大，人类对其资源的掠夺性开发利用也往往较强。易造成环境破坏，资源再生能力下降等一系列生态经济问题。如山地平原生态经济交错区的森林破坏、水土流失问题；农牧生态经济交错区的草场退化、土地沙化；海陆生态经济交错区的土壤盐碱化；湖陆生态经济交错区的沼泽化、洪涝灾害加剧；城乡生态经济交错区有机、无机废弃物的污染等。

（2）异质性强，生态经济要素的水平梯度大。生态经济交错区并非相邻生态经济系统生态经济要素的简单混合和叠加，它是两个或两个以上相对均匀的相邻生态经济系统相互过渡的突发转换区域，不但具有相邻系统的某些原有特征，而且具有其独有的特性。包括形成独特的环境条件和某些特有种或边缘种生物，其植物种类及群落结构往往也更加多样复杂。

（3）物种多样，物流、能流量大，信息量丰富，生物生产力高。在相邻生态经济系统多种应力交互作用下，往往在交错区形成一种边缘效应。生态环境复杂，物种丰富，信息反馈灵敏，物质循环旺盛，能量转换迅速，生物生产力较高。

（4）界限模糊，难以界定。在实际工作中，一般可以先确定其界面轴线：首先，选取若干个由一个相邻生态经济系统到另一个（或几个）生态经济系统的地带，在各地带上选取多个小区域的中心县（一般取市、县级经济中心），并用折线把各点连接成一条相邻生态经济系统的连线；其次，确定各点统一的自然、社会、经济资源的指标，人均值、单位人口占有比重等；再次，在各带内的连接线上，依据相邻点间的距离分别计算各要素的梯度值；最后，确定各带上过渡区域内的要素梯度的最大突变点，并将各点用折线连接，此折线便是交错区的轴线位置，即生态经济界面的位置。而交错区的范围则更难确定。

要对我国主要生态经济交错区加强宏观管理：

1. 农牧生态经济交错区的宏观管理

（1）控制人口增长，提高文化素质，缓和人地矛盾。农牧生态经济交错区土地退化和沙漠化过程是由于人类经济活动忽视自身对自然环境的依赖关系，对资源采取掠夺式利用所造成的。在半干旱的生态环境下，只要消除人为强度经济活动的干扰，土地退化、沙化过程就会逐渐终止并具有自我恢复的能力，即具有一定的生态弹性。保持生态弹性的重要措施就是有效地控制人口增长，使其年均增长率在10‰以下，并不断地提高广大民众的文化素质，改变目前文盲、半文盲率高达30%以上的局面。

（2）调整现有土地利用结构，合理利用资源。改变现有不符合生态原则的土地利用结构，就是要改变广种薄收、以粮为主的旱农种植业，扩大林牧比例，使其达到生态上和经济上的双重效益。调整的关键是压缩受沙漠化影响的农田面积，集约经营水分条件较好、地形平坦的湖盆滩地与河谷平原。扩大林草用地，在畜牧业上要扩大草原放牧与集约育肥相结合的舍饲半舍饲制度，建立适当的人工草地与饲料基地。总之，就是要建立一个适宜于农牧过渡地带环境资源特点的牧林农有机结合的土地利用结构，即商品性畜牧业、保护性林业和自给性农业相结合的结构，其实施应以滩川地或河谷平原为中心，扩大到其周围地区。

（3）加强政府的有效干预。从中央到地方各级政府应提高加快农牧交错区发展的战略认识，要树立全新的生态经济发展观，要制定出一整套切合实际的保护生态环境、脱贫致富、加速社会经济全面发展的政策、法规、制度，保证其持续发展。

2. 海陆生态经济交错区的宏观管理

（1）制定可操作性较强的海岸带管理条例，加强对这一特定地带环境和资源的生态经济管理。据调查，珠江口每年入海铜、铅、锌、镉、汞、铬、砷和镍等重金属含量达2.44万吨，其中大部分是工业生产活动中产生的污染物。另外，航运、港口也为海岸带输入油类污染物。据观测，每年通过珠江入海的油类物近5万吨。投放农田的农药也严重污染了海岸带，必须加强环境监测和治理。

（2）界定海洋经济专属区，禁止酷渔滥捕。将海洋渔业可更新资源的收获率控制在更新率之内，以保持可持续利用。

（3）有计划地垦殖滩涂，防止耕地的次生盐碱化和海洋水生物生态系统的破坏。要避免过去盲目围垦海滩导致咸潮上溯、土地次生盐碱化、港口淤塞、海洋水生生物环境破坏的问题。

（4）调整食物链（网）环节、生境和资源结构。进行多层次立体配置，充分利用资源，创造更大的生态经济效益。如对大小水域多层次综合开发，实现水产生产农牧化等。

3. 山地平原生态经济交错区的宏观管理

（1）以城镇管理为中心，控制污染、优化环境。山地平原生态经济交错区往往是城镇的密集区；在我国它仅次于滨海地带。一方面，城镇的工业大气污染物质通过大气环流，将污染带到山地；另一方面，城镇向山区索取所需的食物、燃料及其他土特生物产品，直接加剧了山地生物资源的退化，形成平原对山区的"生态剥削"。国外有的学者认为，在某种程度上，平原地区的持续发展是建立在山区的非持续发展基础上。山区和平原是一个有机的整体，生态经济管理和决策必须把山区与平原统筹考虑，将平原的生态需求控制在山区的生态供给之内，将平原的排污量控制在山区的环境容量之内。

（2）以小流域为生态经济管理单元，统筹进行开发和治理。山地平原的交接带为河网较稠密的地区，众多河网汇集成规模不等的小流域。它是一个统一的生态经济系统。以之作为基本生态经济单元进行开发与管理，可以避免过去各地区、部门和行业各自为政，缺乏协调带来的各种问题，取得协调最大的生态经济效益。

4. 城乡生态经济交错区的宏观管理

（1）科学规划，清晰地界定用地功能。在我国规范的城市规划中包括了郊区规划，其重点是副食品基地布局等。贫乏的内容使边缘带基本上成为规划管理的"灰色"地带。今后的城乡生态经济交错区生态经济管理，要求全面科学地规划，包括副食品规划、土地利用职能分区及分区利用规划、暂住人口规划、农村劳动力转移和人口流动规划，乡镇工业区前瞻性规划和城市废弃物接纳、堆积、处理规划等。变生态经济管理的"灰色"地带为"白色"地带。

（2）优化系统结构，发挥生态经济优势，提高生态经济效益。我国现行的城乡生态经济交错区的生态经济结构已经制约着系统整体功能的提高。调整、建立一个符合城乡结合特点，配置科学的生态经济结构，在工业上，要注意综合发展、因地制宜、就地取材，不与大工业争原料，严格控制污染严重行业。农业应以发展鲜活农副产品为重点。

（3）推广废弃物综合利用技术，使废弃物资源化，不断提高环境质量。如利用发酵技术，将废弃物在厌氧的情况下发酵，制成饲料，再用饲料养猪、养鸡，然后再利用猪、鸡的废弃物进沼气池，沼气发电、沼渣肥田、沼液养鱼等一举多得、变废为宝，实现物质多级循环利用，同时达到净化环境的目的。

5. 湖陆生态经济交错区的宏观管理

（1）严格控制围垦。这是维护这一区域生态经济系统的稳定性，提高系统生产力的关键一环。要通过控制围垦，使生态经济系统由逆向演替向顺向演替转变。

（2）防止血吸虫病。交错区的时水时陆和湖草丛生的湖土，最适宜钉螺滋生繁殖。消灭钉螺一方面应采取专业性防治措施，同时要使治水改土改造钉螺滋生环境与发展生产相结合。

（3）加强渔政建设。要统一管理，改变大中湖泊及四周陆地在行政隶属关系上几省、几县（市），多乡（镇）分头管理的状况，实行统一的湖区治理与开发。同时要根据鱼类等生物资源的再生能力，制定出可操作性较强的放养、管理、捕捞和违章处罚条例和措施，保护有限的资源。

参考文献

1. 《中国 21 世纪议程——中国 21 世纪人口、环境与发展白皮书》，中国环境科学出版社 1994 年版。

2. 《综观世界全局——为建立一个能够长久维持的社会而奋斗》，中国对外翻译出版公司 1985 年版。

3. 李金昌主编：《资源核算论》，海洋出版社 1991 年版。

4. 黄奕妙等编著：《资源经济学》，北京农业大学出版社 1988 年版。

5. 王松霈主编：《自然资源利用与生态经济系统》，中国环境科学出版社 1992 年版。

6. 刘思华：《当代中国的绿色道路》，湖北人民出版社 1994 年版。

7. 邹骥：《市场经济中政府的环境管理》，《中国环境报》1993 年 9 月 2 日。

8. 胥树凡：《建立环境与资源统一管理体制的探讨》，《中国环境报》1993 年 2 月 2 日。

9. 张超、沈建法：《区域科学论》，华中理工大学出版社 1991 年版。

10. 王铮、刘丽：《可持续发展意义下的区域管理》，《管理世界》1995 年第 2 期。

11. Herman E. Daly. *Toward Some Operational Principles of Sustainable Development*: *Ecological Economics*, 1990, 2 (1): 1 - 6.

12. 张安录、徐樵利：《湖北石灰岩地区持续发展模式及对策》，《地理学与国土研究》1995 年第 1 期。

13. 张安录：《红安县龙潭寺——火连畈生态示范社区农业持续发展问题探讨》，《华中农业大学学报》1994 年第 2 期。

14. 朱震达、刘恕、杨有林：《试论中国北方农牧交错地区沙漠化土地整治的可能性和现实性》，《地理科学》1984 年第 3 期。

第三篇　微观生态经济管理

　　微观生态经济系统是宏观生态经济系统的基本组成元素。宏观生态经济活动的总量及其变化，最终取决于微观生态经济实体活动的个量及其变化。国家宏观生态经济管理最终要落脚在微观生态经济实体上。因此，微观生态经济实体是宏观生态经济管理发挥作用的微观基础。现代经济社会中，微观生态经济系统一般都以企业的形式存在，微观生产力企业化是现代经济社会发展的一般趋势。所以西方经济学家把现代经济社会称之为"企业社会"。在实践中，工、农、商、建、交及其他公用事业单位等各类企业的生态经济管理，均属微观生态经济管理。近20年来的中外管理实践表明，微观生态经济管理往往滞后于宏观生态经济管理，使宏观生态经济管理缺乏一个生机勃勃、充满活力的微观基础。这是造成当今世界的现代经济社会与生态环境仍然处于严重生态经济矛盾困惑之中的一个重要原因，并且是关键所在。因而建立和强化微观生态经济管理，对实现企业管理现代化，促进现代市场经济持续协调发展具有重大意义。

第九章　现代企业制度下的生态经济管理

发达资本主义国家企业管理发展的历史告诉我们，微观生态经济管理的产生，使现代市场经济条件下的现代企业管理，由单纯经济型发展到生态经济型，标志着现代管理进入一个新阶段。当代中国建立现代市场经济体制，实行现代企业制度，同样蕴含着微观生态经济管理形成与发展的客观必然性；我国目前微观生态经济系统面临的严重生态经济问题，则决定了加强微观生态经济管理的紧迫性。

一　微观生态经济管理的提出

（一）发达资本主义国家微观经济管理的历史考察与启示

1. 从资本主义企业管理发展演变的历史看生态经济管理产生的历史必然性

人类从事微观经济管理的历史由来已久，但微观经济管理成为以集体为对象的专门管理工作，却是在资本主义产业革命之后。它随着资本主义工厂制度的出现而发展起来，大体经历了传统管理、科学管理和现代管理三个大阶段。

（1）传统管理阶段。从 18 世纪 80 年代到 19 世纪末，经历了 100 多年时间。这个阶段工人主要凭经验进行生产，管理者主要凭经验来管理。这是一种粗放式的管理，生产效率和经济效率都不高，还没有形成一套完整的经济管理体系和科学的经营管理理论，即仍然处于经验阶段。

（2）科学管理阶段。从 20 世纪初到 40 年代末，经历了近半个世纪。由于 19 世纪 70 年代开始的科学技术的新发展，使生产社会化程度不断提高，市场范围和企业规模进一步扩大，尤其是资本主义公司的兴起，使企业管理工作日益复杂，需要管理职能专业化，从而加速了资本所有者同管理者的分离，形成了专门的管理者阶层，建立了专门的管理机构，采取了科学的管理制度和方法。20 世纪前期兴起了"管理运动"，使企业管理由传统管理发展到科学管理。

（3）现代管理阶段。从第二次世界大战后至今，约半个世纪。世界科学技术进步出现了突破性进展，掀起了新的技术革命热潮，使人类获得了现代生产力。它推动资本主义的发展进入现代资本主义的历史时期，使资本主义市场经济由传统市场经济发育到现代市场经济，从而把资本主义企业管理推进到现代管理的新阶段。这时，现代生产力飞速发展，生产社会化程度进一步提高，企业规模日益扩大，已发展成为跨国公司，国际资本对世界市场的激烈争夺，企业外部经营环境日益复杂；企业内部生产过程自动化和连续化空前提高，内外部分工更加精细，企业竞争异常激烈。这时企业的兴衰存亡，不仅取决于企业经济活动的效率和效益的高低，更决定于企业决策必须适应不断变化的经营环境。因此就要求企业，一方面，采用现代管理手段和管理技术；另一方面，适应现代高度社会化经济的发展趋势，建立现代企业制度和与之相配合的现代企业管理制度和管理组织方法。

回顾资本主义企业管理的历史，可以看到，从 18 世纪 80 年代的传统管理到 20 世纪 80 年代的现代管理，有一个共同的特点，就是企业管理是一种纯粹的经济管理。虽然现代管理十分重视企业经营的内外环境，但主要考虑的是经济社会环境，而忽视企业生存与发展的自然生态环境。所以，总的来说，近 200 年来的企业管理是一种生态与经济相脱离的微观管理，资本主义各国企业界与生态环境处于对抗的冰雪时代。现代企业管理的本质决定了它必然要由单纯的经济管理转向经济与生态相统一的生态经济管理，这是现代管理发展的必然趋势。近几年来，不少国家企业界的态度已经发生了重大变化，一些发达国家兴起了融生态环境管理于企业经营管理之中的"绿色管理"，它标志着现代管理进入一个实行微观生态经济管理的新的发展阶段。

2. 现代微观经济管理思想与理论的发展和局限性

理论产生于实践，又服务于实践。资本主义企业管理的产生与发展，必然也伴随着资本主义企业管理思想和理论的产生与发展。与资本主义企业管理发展的过程相适应，其管理思想与理论的发展也大致可以划分为三个阶段：（1）早期的管理思想即传统管理思想。其代表人物是英国的亚当·斯密。（2）古典管理理论即科学管理理论。主要代表人物和理论有美国泰罗创立的"科学管理理论"；法国的法约尔创建的"古典组织管理理论"；德国的韦伯提出的"行政体系组织理论"。（3）现代管理理论。它包括现代各种最新的企业管理思想。

20世纪二三十年代，是现代管理思想的萌芽时期，主要标志是霍桑试验与梅奥的人际关系学说和巴纳德的社会系统理论。前者认为工人是"社会人"，不是"经济人"，因而企业是个复杂的社会系统，管理应该从"经济人"模式转向"社会人"模式；后者认为组织，是个协作系统，必须从社会学、心理学的角度研究社会环境、人际关系对人的积极性的影响。20世纪40年代至60年代，是现代管理理论的形成时期。这一期间，现代管理理论沿着两条线发展：一是系统科学的发展，引起管理思想与理论的变革；二是现代科技成果应用于管理，引起管理方法和手段的更新。因此形成了现代管理理论的许多学派，主要有六个学派，但从大的分类可归纳为两大学派：一是行为科学学派，是在以梅奥为代表的人际关系理论基础上发展起来的；二是管理科学学派，是泰罗的科学管理理论的演变、延伸和发展。20世纪七八十年代，是现代管理理论的发展时期。从60年代的六大学派发展到80年代的十一大学派，并且出现了现代管理理论丛林，进而形成现代管理理论的综合趋势。其主要代表是美国卡斯特和罗森茨威克的系统管理理论。这一理论克服了古典学派侧重"技术"、"组织"管理和行为学派侧重人而仅仅把企业看成一个封闭系统的缺陷，将企业看成由人、物和环境组成的有机体系，视组织为与周围环境相互作用的开放系统，并强调管理的任务就是要寻求组织与环境之间及组织内各分系统的一致性。很明显，这是把系统理论、权变理论、行为科学和管理科学综合起来的一种现代管理理论。它的形成为进一步的绿色管理思想的产生与发展开辟了道路。

但是上述资本主义企业管理思想与理论的发展，从 18 世纪 80 年代的早期管理思想到 20 世纪 80 年代的现代管理理论，都是纯经济管理理论。即使是综合性很强的系统管理这一最新现代管理理论，也没有将企业的经济活动和生态环境视为一个有机整体来研究企业管理活动及其规律性。这明显地表现在现代企业管理理论体系中的系统管理原理、管理职能原理、人本管理原理、权变管理原理和效益管理原理等几个基本原理都存在着一个根本缺陷，就是没有把企业的社会经济系统看成是建立在自然生态系统基础之上，并与之共同组成生态经济系统有机整体，而是将对企业生态环境的管理排除在外，因而是一种不完全的现代管理理论。为弥补这些理论的不足，就必然导致"绿色管理"思想在一些发达国家产生，使现代企业管理理论朝着生态与经济一体化的方向发展。

（二）我国微观经济管理的沿革、成就与缺陷

1. 我国微观经济管理的沿革

新中国成立以来我国社会主义企业管理的发展，大体上可以分为两个历史时期：一是 1949—1978 年，即改革开放前的 30 年；二是 1979 年至今，即改革开放以来的 15 年。这两个时期中又可分为若干个小阶段。

第一个历史时期的 1949—1957 年，是社会主义企业管理的建立阶段，管理工作的重点是进行社会主义改造，变革企业管理组织和管理制度，建立符合社会主义公有制和适应社会化大生产客观要求的科学管理制度、管理方法和管理基础工作，使我国企业管理走上科学管理的轨道。1958—1965 年，是我国社会主义建设探索阶段，其中包括探索我国社会主义企业管理的模式与道路。1966—1976 年，企业管理同整个国民经济一样遭到一场空前的大灾难。总的来看，改革开放前 30 年的企业管理，是一种传统计划经济体制下的传统社会主义企业管理。它历经了"两上两下"的曲折发展历史，终于迎来了改革开放的现代化建设新时期，从此，开创了建立具有中国特色的社会主义企业管理的新局面。

第二个历史时期的 1979—1984 年，主要是进行以重建规章制度和加强企业管理基础工作为基本内容的恢复性整顿和以"三项建设"和"六好要求"① 为目标的全面建设性整顿，并开展了以提高企业管理水平为主要内容的企业升级活动；与此同时，进行扩大企业经营自主权的试点，为以改革企业经营机制为重点的企业管理改革，使企业成为社会主义商品生产者和经营者创造的必要条件。

1985—1992 年，在整个经济改革的推动下，企业和企业管理改革是按照所有权与经营权分离的原则，以转变企业经营机制、改革经营方式为重点；以增强企业活力，提高经济效益为中心；以提高企业素质，强化企业整体功能为目标的转轨换型②，促进企业从管理思想、管理体制、组织机构、管理方法和手段等进行全面改革，确立了企业作为社会主义商品生产者和经营者的企业制度，为重构现代市场经济的微观基础创造了必要前提。

从 1992 年 10 月党的十四大到现在，我国企业管理进入了新的发展阶段。党的十四大确立了建立社会主义市场经济体制的改革目标，提出了转换国有企业的经营机制，把企业推向市场，增强企业活力，提高企业素质。这是建立社会主义市场经济体制的中心环节。其后，党的十四届三中全会通过的《中共中央关于建立社会主义市场经济体制若干问题的决定》，明确提出转换国有企业经营机制，建立以公有制为主体的现代企业制度，这是我国国有企业改革的方向。这些无疑为我国的整体企业管理改革提出了指针，从此，我国企业和企业管理改革进入了以建立与现代市场经济体制相适应的现代企业制度为主要内容的崭新阶段。目前，我们正通过理顺产权关系，建立现代企业产权制度、现代企业领导体制、现代企业组织制度、现代企业管理制度和现代企业管理方法，实现企业管理现代化。这是发展社会主义社会化大生产和现代市场经济的内在要求和必然趋势。

---

① "三项建设"是指逐步建设起一种既有民主又有集中的领导体制，一支又红又专的职工队伍，一套科学文明的管理制度。"六好要求"是指国家、企业、职工三者兼顾好，质量好，经济效益好，劳动纪律好，文明生产好，政治工作好。

② 转轨换型是指我国企业由数量型的发展道路向质量型的发展道路转轨，由生产型管理向经营型管理转型。

2. 我国微观经济管理的成就与缺陷

我国企业管理的第一个历史时期，在探索社会主义企业管理制度与管理方法上，确实创造了许多成功的管理经验，如"两参一改三结合"，大庆的"约法三章"、"三个面向"、"三老四严"、"五到现场"，民主管理，思想政治工作等，有的已被外国企业学习借鉴。但是，也有严重教训，主要是小生产管理思想和"左"的思想对企业管理的影响很大，尤其是全盘否定和极力排斥发达资本主义国家的现代企业管理方法和经验；与此同时，不认识企业生态环境问题，忽视企业生态环境管理。

我国企业管理发展的第二个历史时期，是探索有中国特色的社会主义企业管理最兴盛的发展时期。我国企业管理的面貌发生了深刻变化，取得很大成就，出现了新的发展趋势。有的学者把它概括为八大变化；也有学者把这些变化概括为我国企业管理出现了五大发展趋势等。在此，要看到：

第一，社会主义商品经济思想与社会主义市场经济理论，逐步取代了社会主义产品经济思想与社会主义计划经济理论，这是我国企业管理思想与理论的根本性变革，使我国企业管理由传统计划经济体制下的工厂制度向现代市场经济体制下的现代企业制度转变，由传统企业管理方式向现代企业管理方式转变，是我国社会主义企业管理发展史上的历史性转折。

第二，企业界在批判僵化的传统企业管理模式中探索现代企业管理的新模式。在出现的多种企业管理模式中，有代表性的企业管理模式主要有：以承包制为核心的"首钢（首都钢铁公司）模式"，以全面质量管理为骨架的"北内（北京内燃机总厂）模式"，以"中学为本、西学为用"的"吉化（吉林化学工业公司）模式"，以"人为中心"的企业管理模式，如长城特殊钢公司第四钢厂就是这种管理模式的突出代表。该厂进行的以"人为中心"的企业立体管理模式的构思和探索，就是把企业办成为"人—人"和谐、"人—机"和谐、"人—环（境）"和谐的"命运共同体"。

第三，随着商品经济发展、市场竞争激烈，企业产品的质量和消耗已成为真实反映企业素质和整体功能的综合性指标。企业以此为主攻方向，推行以全面质量管理为代表的多种现代管理方法，已涌现出一批优秀的质量管理小组和企业，取得了良好的成效。

第四，随着我国环境保护工作由"以组织污染源治理为中心"向"以强化环境管理为中心"的转变，把强化环境监督管理作为各级环保部门的基本职能。这样，在宏观生态环境管理推动下，试行和推广企业环境考核制度，把环境保护指标列入企业承包和企业升级考核的条件，使企业在经营机制的转换过程中开始承担环保责任。进入 80 年代中期，我国开展创建"清洁文明工厂"、"环保先进企业"，向"花园式企业"进军的活动不断发展，现已有 400 家企业获得全国环保先进企业的称号。把生态环境管理纳入企业管理的轨道，标志着当代中国企业奔向现代企业管理的新觉醒。

但是，也必须看到，改革开放的 15 年间形成的微观经济管理的理论与实践，还不完全适应现代企业和现代生产力发展的客观要求。它还不能全面地反映现代企业生态经济系统运动的全过程。目前我国绝大多数企业遵循的仍然是一种不完全的经营管理观，还没有完全克服企业经济管理与生态环境管理相脱离的缺陷，还没有实现由单纯经济管理向生态经济管理的根本转变。所以，发展现代市场经济，建立现代企业制度，探索一条有中国特色的生态与经济相协调的现代企业管理的发展道路，是我国微观生态经济管理面临的一项紧迫任务。

（三）微观生态经济管理的产生与发展

上述国内外企业管理发展的历史表明，80 年代以米，中外企业管理发展中都出现了新情况、新特点，提供了微观生态经济管理产生的实践基础和理论基础。从总体上讲，工业文明的企业经济管理已经完成它的历史使命，更高级的生态文明的生态经济管理正在兴起，从而使现代企业管理进入一个新的发展阶段。

1. 微观生态经济管理形成的客观基础

80 年代以来，一个生态环境保护的绿色浪潮在世界各国滚滚兴起，推动着许多国家绿色管理的发展；在我国，企业生态环境管理的初步实践，也标志着当代中国已经出现微观生态经济管理的萌芽。这突出表现在企业管理实践中发达国家和发展中国家都产生了生态农户、生态农场、生态村和生态企业等，为微观生态经济管理提供了实践基础。现在，一场继农业革命和工业革命之后的生态革命，旨在寻求生态经济协调持续发展（包括建设现代企业）的绿色道路，已成为势不可当的时代潮流。这就推动现代企业的经营环境发生巨大变化，它极大地冲击着工业文明的企业现代管理，而使生态文明的企业生态经济管理的产生与发展成为历史的必然。

生态经济学是适应生态与经济协调发展的需要而产生的一门新兴边缘学科。它的建立为微观生态经济管理提供了理论基础：

第一，生态经济学认为，在现代经济社会条件下，现代企业是一个由生态系统与经济系统复合组成的生态经济系统，因此对现代企业的管理仍然是生态经济管理。由此，现代企业管理的对象、目标、任务、职能、原则等都具有生态与经济的两重性，必须通过有效的管理来实现其中生态与经济两个方面的有机统一与协调发展。过去的企业管理学只是把企业看成纯粹的经济社会系统，谈管理就是对企业经济系统的管理，而将企业生态环境的管理排除在企业管理之外。正因如此，它在处理企业的生态系统与经济系统的协调发展上，就显得无能为力。

第二，由于现代企业是一个生态经济系统，因此提高其活力就要着眼于提高企业的整体生态经济素质与效能。这也就必然要兼顾到经济和生态两个方面。为此，企业的生产经营，必须合理调节人与人之间的经济关系和人与自然之间的生态关系，才能促进企业的生态经济协调发展。

第三，企业生态系统是人工（或人造的）生态系统，人在系统中居中心地位。这就决定了企业再生产是由物质再生产、精神再生产、人口再生产和生态再生产构成的。因此企业的经营管理活动，就要调节它们之间的各种发展关系，才能保证企业整个再生产的顺利进行与持续发展。

2. 生态经济管理是现代企业管理发展的新阶段

随着现代经济社会的发展，资源紧缺、环境污染、生态破坏、生态环境问题已成为现代企业生存与发展的重大问题，并日益严重制约现代企业的生产与经济活动。它迫使人们对过去那种企业生产经营与生态环境保护相脱离的传统经营管理进行反思，并探索两者有机统一的现代企业经营管理模式，于是一种新型的现代管理——绿色企业（即生态经济管理）应运而生。

现代企业的绿色管理作为一种新型的管理思想，其要点是融生态环境保护的观念于企业的经营管理之中。这一思想可以概括为企业管理的五条原则：（1）把生态环境保护纳入企业的决策要素之中，重视研究本企业的生态环境对策；（2）采用新技术、新工艺，减少有害废弃物的排放；（3）对废旧产品进行回收处理，循环利用；（4）变普通商品为绿色产品，积极争取绿色商标；（5）积极参与社区内的环境整治，推动对员工和公众的环保宣传，树立绿色企业的良好形象。这是目前西方各国绿色管理的基本内容。

企业实行绿色管理，实现生产经营管理和生态环境管理的有机统一，是世界绿色运动的一个重要组成部分，它将引起一场现代企业的管理革命。当今世界现代市场经济的发展越来越表明，今后的企业竞争、市场竞争不仅是产品质量、商品价格、服务优劣、促销手段等方面的竞争，而且是生态环境保护的竞争。谁在生态环境保护方面取得优势，谁就能在下个世纪竞争中掌握主动权，处于领先地位。

美国《企业与环境》一书的作者乔格·温特认为："总经理可以不理会环境的时代已经过去了，将来公司必须善于管理生态环境，才能赚钱。"把现代企业建设成为绿色企业，是现代企业发展的正确方向，与之伴随的必然是现代企业绿色管理的加强。它标志着现代企业管理由单纯追求利润的目标向追求经济与生态相统一的生态经济目标转变，现代企业经营活动由外部不经济的经营管理方式向内部经济性和外部经济性相统一的经营管理方式转变。这种转变体现了现代企业发展与生态环境对抗的冰雪消融，是现代管理的巨大变革。它的出现把现代企业管理从纯经济型发展到生态经济型，从而把现代企业的管理推向一个新的阶段，即微观生态经济管理的新阶段。

二 微观生态经济管理面临的主要问题

目前我国微观生态经济系统（企业）的运行条件是：环境污染与生态破坏并存、资源匮乏与资源浪费并存、历史遗留环境问题与现时新增环境问题并存、国际生态环境问题与国内生态环境问题并存，因而使得我国的微观生态经济问题极为严重。

（一）微观生态经济系统的生态经济形势严峻

长期以来，我国微观经济在传统的发展战略和经济体制下，形成资源高耗、经营粗放的发展模式，走着一条投入多、消耗高、产出少、质量差、浪费大、污染重、效益低的路子。80 年代以来，由于我国经济发展模式的转换滞后于经济体制模式的变革，企业发展基本上沿用大量消耗资源与数量扩张的发展模式，继续在低层次上以外延扩大方式发展了 15 年。其特征是从企业总体上看，仍处在低技术水平、结构水平和管理水平的基础上，不得不消耗高于发达国家几倍的资源能源来支撑企业系统的运行与发展。因而，物质消耗高，产品质量差、污染重、效益低仍然是企业发展的突出弱点，这与现代市场经济发展之间形成了尖锐的矛盾。例如：

（1）各类企业资源能源消耗高。这是目前我国微观经济活动普遍存在的严重问题。就工业企业而言，目前世界工业单位产品所需原材料量只有 1980 年的 40%，许多国家工业生产正在逐步摒弃原料高度密集的产品和工艺。而我国单位工业产品的原材料所需量一直居高不下，其中重点工业企业产品原材料的实物消耗量比发达国家高 25%—50%。据农业、工业、建筑业、运输业、商业五个行业的企业统计，1991 年同 1978 年相比，除建筑业企业外，物耗率都在上升。我国目前每万美元国民生产总值耗能是西方发达国家的 3—9 倍，是印度的 1 倍多。一般来说，我国企业单位产品用水量高出发达国家 5—10 倍。

（2）投入多、产出少、物料流失率高，浪费惊人。我国企业产生符合社会需要的最终产品占物料投入量的 20%—30%。据对农药、染料、氯碱、铬盐、电石、化学试剂六个化工行业企业调查，进入产品中的原材料只有 1/3，其余 2/3 的原材料被作为废弃物排放了。我国每消耗一吨能源提供的社会产品比发达国家要低 3—6 倍，投入与产出效益比与发达国家差距较大。

（3）企业资源能源利用率低，也是我国微观经济活动的一个致命弱点。能源利用率只有 30%，化工原料的利用率为 33%，矿产和木材利用率为 40%—50%，粉煤灰的利用率为 21%，煤矸石的利用率不到 20%，含铁尘泥只利用 15%，乡镇煤矿的资源回收率仅为 10%，资源浪费十分惊人。

（4）企业生态经济系统的综合生产能力低，资源综合利用程度低，废物资源化能力低。我国能源综合利用率只有 30% 左右，工业用水的重复利用率平均为 30%，而发达国家日、美等国的工业用水重复利用率一般都在 70%—80%。我国铁矿最终开采利用率只有 22% 左右，目前工业固体废物综合利用率为 38.7%，等等。

（5）产品质量差，质量合格率低、优质品率低、市场竞争能力不强。自 1984 年以来，在企业片面追求产值高速的情况下，产品质量问题始终没有好转，甚至日趋严重。它突出表现在产品质量稳定提高率、产品合格率、优质品率都不是上升而是下降。尤其是轻工、纺织行业半数左右企业的产品质量出现较大幅度下降，建材、有色金属、医药企业产品质量下降更为突出，致使我国产品质量总水平落后发达国家 10—15 年。例如，有关部门对工业产品市场抽查商品合格率为 55%，与发达国家 98% 的合格率相去甚远。我国企业不良品（包括废品、次品和返销品）的损失率占产值的 10%—15%。仅以 10% 的比率计算，每年因产品质量差造成的损失达 1000 亿—2000 亿元之巨。

（6）企业生产经营成本高，经济效益低下，成为我国经济发展的一切矛盾和困难的焦点。自 80 年代以来，我国预算内工业企业的可比产品成本除个别年份外，是处于上升趋势，尤其是农产品的物耗成本一直在上升。这是因为，我国企业产品成本物质耗费高达 80%—85%，比发达国家高出 30% 左右。值得注意的是，企业成本增加幅度大大高于产出增加幅度，使企业发展面临资源供给不足和成本不断上升两种难以逾越的障碍，极大地影响企业的生存与发展。物质消耗增加，产品成本上升，必然导致经济效率低下，从而困扰着我国市场经济的健康发展。

（7）企业污染严重，生态效益差，生态环境形势严峻。同发达国家相比，我国企业单位产品排放的污染物高出几倍，有的甚至几十倍，使"三废"排放量大，污染严重。据 1993 年环境统计公报，我国的废水排放总量为 356 万吨，废气排放总量是 109604 亿立方米，其中二氧化硫排放量 1795 万吨，烟尘排放量 1416 万吨，工业固体废物产生量 61708 万吨、排放量为 2152 万吨。我国企业污染主要有以下几个方面：

①大部分老企业，尤其是工业企业，生产技术落后、工艺老化、设备陈旧，导致生态环境问题十分严重。

②原有城市集体企业和新建城市街道企业存在着其他国家少有的生态环境问题。

③80 年代以来乡镇企业迅猛发展，已达近 2000 万家，总产值已达 2 万亿元，估计 20 世纪末将达到 8 万亿元，相当大部分是重污染的企业，使得农村已经严重的生态环境问题更是"雪上加霜"。

④这几年来新建的三资企业、涉外企业、私营企业及个体企业的迅速发展，带来了我国生态环境的新问题。不仅企业污染，而且生态破坏、掠夺资源，令人触目惊心。

⑤农业微观经济运行与发展的高资源消耗与低效益的特征更加明显。农户把发展农业生产建立在大量消耗资源的基础上，靠吃生态老本致富，使农业生产陷入生态条件退化和生态赤字的严重困境之中。

（二）企业管理不善是企业生态环境恶化的重要原因

我国微观生态经济系统面临严重的生态经济问题，根本原因是在党的十四大之前，我国经济改革还没有明确建立社会主义市场经济体制，企业发展不可能完全脱离传统计划经济体制的束缚；直接原因是传统计划经济体制下形成的传统发展模式处于主导地位，使企业生产经营继续依靠增大投入和加大消耗为其发展的基本途径，没有建立起主要依靠科技进步和提高管理水平的企业发展模式。因而，技术进步缓慢，管理水平低下，是企业生态经济系统不良循环的两个基本原因。

我国企业的技术进步缓慢，管理改善更为缓慢，就是一些现代化企业也还处于从科学管理向现代管理的过渡阶段，还没有完全实现企业管理现代化。据 1991 年对北京、沈阳、天津三市 50 家企业亏损原因的调查：造成企业亏损的政策性原因和宏观原因分别为 19.2% 和 47.8%，而企业经营管理原因占 32.8%。有关部门 1993 年对上海、山东等八个省市 2586 家企业的亏损原因调查发现，政策性原因和宏观原因分别下降到 9%，而企业经营管理原因已上升为 81.7%，说明随着现代市场经济体制的建立，企业经营管理问题越来越突出。而且经营管理不善也是造成企业生态经济问题的根本原因。据调查，工业企业排放的污染物中 50% 左右是因企业管理不善造成的，其中冶金工业企业的污染物，没有采取防治措施而逸散的占 10%，没有开展综合利用而流失的占 20%，70% 是管理不善所致；对化工、石油等部门的一些重点企业调查结果发现，污染物排放量中大部分是由管理不善而流失的，有的物料流失率高达 86%。不仅部门和行业是这样，据对一些地区的调查，在工业企业排放的有害物质中大约有 60% 也是由于管理不善造成的。同时，企业管理不善还是造成企业污染事故的重要原因，我国许多企业在这个问题上也吃了苦头。实践证明，凡是生产经营管理混乱的企业，往往也是污染严重的企业。

我国企业管理不善造成生态经济问题严重，主要在于企业生态环境管理薄弱，不能适应企业生态经济系统协调发展的需要。其具体表现，就是企业生产经营管理与生态环境相脱离。因此企业的生态环境问题，在很大程度上是企业生态环境管理问题。有人曾对湖南省冶金系统一些企业的统计资料进行分析，认为企业"三废"污染中有 70% 是属于缺乏生态环境管理而跑、冒、滴、漏造成的。又如某工业部门调查，需要进行工艺改革等治理的污染排放物只占总排放量的 10% 左右，通过开展综合利用可以解决的污染物约为 20%，而通过加强生态环境管理，杜绝跑、冒、滴、漏就可以解决的约占 70%。这两个材料反映的情况是一致的，它们都说明企业污染可以通过加强企业生态环境管理解决大部分问题。如果再加上开展综合利用，或采取一定的治理措施，企业污染问题就基本上可以得到解决。以上情况充分说明当前加强企业生态经济管理的重要性和紧迫性。

三 建立现代企业制度与实行微观生态经济管理

当今世界，发达资本主义国家随着现代企业制度日益完善，现代市场经济不断发展，越来越重视生态经济管理。我国是在社会主义制度下建立现代企业制度，发展现代市场经济，不仅更应重视企业生态经济管理，而且要比资本主义国家管理得更好。

（一）现代市场经济条件下企业应负的生态经济责任

在资本主义市场经济发展过程中，从资本主义企业的传统管理阶段到现代管理阶段，企业界奉行斯密自由经营论的思想与原则，把追求最大利润、实现盈利最大化作为企业经营管理的唯一目标与原则。它统治了企业几个世纪，使企业经营管理只顾企业利益、不顾社会利益、不承担社会责任，实际上是常常以牺牲社会利益为代价谋取企业利益。

其实，现代生产力和现代市场经济的发展，已经形成多样化的企业经营环境，使现代企业经营的价值观有所变化，即首先是向社会提供符合公众需要的产品和劳务，即把满足人（及社会）需要和愿望作为企业发展的首要目的与经营管理模式的核心，也就是说，要使现代企业的经营管理服务于整个社会的生存与发展。这正如美国经济学家帕帕斯所说的："企业是为特定的社会需要服务并经公众同意而存在的，只有社会公众满意了企业提供的服务，它才能生存下去，进而兴旺发达起来。"因此，现代企业经营管理是应把为整个社会生存与发展服务放在首位，即把社会责任放在首位的，而企业盈利只不过是企业为社会服务作出贡献所获得的报酬而已。应当看到，在市场经济条件下，盈利原则是企业经营管理的重要原则，但它只是效益原则的一个重要内容，整个效益除经济效益外，还有社会效益、生态效益；本身经济效益中既有目前经济效益，也有长远经济效益。何况，实践已经显示，那种以短期利润最大化为目的的盈利原则，已不能适应现代市场经济的企业经营环境。现代企业盈利目标与原则向效益目标与原则的这一变异，使企业发展必然出现一种新趋势：追求盈利仍然是现代企业经营管理的主要目标，但对社会的贡献越来越成为企业追求的基本目标，即企业发展越来越承担更多的社会责任。这种趋势表明，现代企业的职责只是创造利润，实现企业经济利益，不管社会利益及生态利益；企业经营管理只是追求盈利，不顾保护生态环境的时代即将结束，而企业的职责是兼顾经济、社会和生态三种效益，在追求本身经济效益的同时，也必须承担应有社会责任的时代已经到来。如果说，当前资本主义条件下的现代企业正在朝着这种趋势发展的话，那么，我们完全可以说，在社会主义条件下建立现代企业制度，不仅必须而且更有可能更好地适应这种历史趋势。

（二）现代企业经营管理应当把保护环境摆在社会责任的首位

企业作为微观生产力存在的形式，是现代社会的基本单元，在整个社会发展中具有多种社会责任。它包括提供符合社会需要的优质产品和劳务，保障消费者权益；开辟财源，增加社会积累；提供就业机会，促进社会安定；保护生态环境，维护现代经济发展的生态基础；支持科技、文教、社会福利等事业，促进现代社会全面发展，等等。然而，现代经济社会发展的实践表明，关系企业生存与发展的首要社会责任，应是维护消费者利益和保护生态环境。这是塑造良好的企业形象和实现企业内部经济性与外部经济性两重目标的关键所在。因此现代企业的经营管理必须把维护消费者利益和保护生态环境（即把保障公众的经济利益和生态利益）摆在社会责任的首位，这是现代企业制度巩固与发展唯一明智的正确选择。为实现这一要求，对于现代企业的建设和发展必须强调以下两点：

1. 建立现代企业制度

要使现代企业成为享有民事权利，承担民事责任的法人实体，依法自主经营、自负盈亏、照章纳税，并必须建立科学的企业领导体制和组织管理制度。对于现代企业，不仅要求在产权清晰、权责明确、政企分开的条件下，组织管理好生产，不断提高劳动生产率和经济效益，使企业经济系统保值增值；而且要求对生态环境保护与建设也承担民事责任，组织管理好生态环境，提高生态系统的承载力和生态效益，使企业生态系统保值增值。绝不能以污染环境、破坏生态（即损害公众的生态利益）为代价来换取企业的经济利益。为此，就要求现代企业转换经营机制，使之不仅具有追求内部经济性，而且也具有追求外部经济性的动力和能力，使企业真正成为生态环境保护、建设与管理的主体，即生态经济主体。

2. 把创造良好的生态环境作为现代企业的基本任务

在我国社会主义制度下，建立现代企业制度，发展现代市场经济，不仅要创造日益丰富的物质产品和精神产品，保证满足人民物质文化的需要，使人民物质文化生活水平不断提高；而且还要创造良好生态环境，提供生态产品，保证满足人民对生态环境的需要，使人民的生活质量不断改善。这是我国社会主义现代化建设的根本宗旨和目的。因此决定了防治污染、保护资源、改善环境、建设生态，也是企业现代化的一个重要组成部分，是现代企业经营管理的一项基本任务。为此建立现代企业制度，必须加强而绝不能削弱企业生态环境保护、建设与管理，必须把保护和改善生态环境放在社会责任的首要地位，自觉地接受政府的生态环境监督管理，依法履行生态环境的责任与义务。同时这也是现代企业与国际市场要求接轨的需要和现代企业应当肩负的时代使命。

第十章 微观生态经济管理模式

模式作为人们认识事物结构的有力工具和研究事物变化规律的基本手段，越来越为人们所重视和掌握。实行微观生态经济管理，规范微观生态经济行为，必须研究微观生态经济管理模式。理论和实践都表明，质量效益型微观生态经济管理模式（其本质是协调互促型现代企业生态经济管理模式），是中国微观生态经济管理目标模式发展的正确方向。

一 微观生态经济管理模式构建的基础和本质内容

无论是从经济学的角度来透视生态问题，还是运用生态学的原则来分析经济现象，都必须把研究对象和研究客体置于由生态系统和经济系统耦合而成的生态经济系统之中，从生态经济系统的矛盾运动过程来寻找问题的答案。我们应该从这个意义上来认识构建微观生态经济管理模式的基础和本质内容。

（一）构建微观生态经济管理模式的基础

微观生态经济管理模式据以构建的基础，包括理论基础和实践基础。上一章阐述的微观生态经济管理产生与发展的思想理论和客观实际，就是构建微观生态经济管理模式的理论基础和实践基础。在此，需要进一步深入认识的是，生态经济协调发展理论和以此为科学依据建立的协调互促型的现代生态经济发展模式理论，是构建微观生态经济管理模式的理论依据；而发达国家绿色管理的初步实践和我国企业生态环境管理的初步经验，都为构建微观生态经济管理模式奠定了坚实的实践基础。

80 年代中期以来，随着企业改革的深入，在经营机制的转换过程中，我国企业开始承担生态环境保护的责任与义务，并被作为企业振兴、搞活经济、增强企业凝聚力的战略措施来抓，从而初步扭转了企业外部不经济性的经营管理方式。我国企业的这种管理是以企业的生态环境管理形式出现的，它要求企业必须严格执行国家颁布的有关自然资源开发利用和生态环境保护方面的政策、法令、规划、条例、标准及有关规定的要求，这种管理活动贯穿于企业生产经营的全过程。由于这一微观生态环境管理在实施中必然要与企业的生产经营管理紧密结合起来，并融合于企业经济发展过程中的每一个环节和阶段，因此客观上就建立起一种协调互促型的现代企业生态经济管理模式。从生态经济学的角度来看，企业实施的这种微观生态环境管理，实质上就是微观生态经济管理。近 10 年来，我国企业实施的这种生态环境管理，为我们构建成熟的微观生态经济管理模式从理论与实践的结合上创造了 10 条重要经验：

（1）企业必须把生态环境保护与建设摆在领导的重要议事日程。对这方面的工作要经常研究、经常检查，使企业领导既是生产建设、经济管理的领导者和责任者，又是生态环境保护、建设与管理的领导者和责任者。例如，江苏省泰州炼油厂领导人就很重视生态环境保护与建设工作，把它摆在企业的重要议事日程上，他们恰当地将生产建设、经济管理和生态环境保护、建设与管理的要求统一起来。因此，他们对"三废"处理装置的日常运行管理和监督检查、环保设施的维修、噪声治理、基本建设及重大技术措施项目的环保"三同时"，以及厂区绿化建设等，都配有一名副厂长分工抓，使全厂出现厂领导人人挑担子、个个抓生态环境管理的新局面。

（2）要制定出以讲求生态经济效益为中心，又能切实防治污染、合理利用资源的规划。使它成为企业发展和技术改造规划的重要组成部分，作为企业全体职工的行动指南。比如鞍钢制订五年环境保护规划，提出在五年内的奋斗目标和分年度的行动措施。不仅如此，该公司还制订了生态环境保护和"三废"综合利用的长远规划。到 2000 年，外排废水要全部达到国家规定的排放标准，并使"三废"综合利用产品利润比 1988 上半年增长 4.7 倍，把鞍钢建成生态环境一流的现代企业。

（3）建立健全企业生态环境管理机构，明确职责，规定任务，克服生态环境管理无人负责的状况。我国许多企业都积累了这方面的有益经验。例如辽阳石油化纤公司把生态环境保护与建设当作关系企业命运的大事来抓，使公司生态环境管理机构自成体系。这个公司设有专门的生态环境保护管理机构，从公司经理到各厂厂长、车间主任、班组都有专人抓生态环境保护与建设，形成了拥有 2500 多人的生态环境监督管理、监测、科研、治理、综合利用、园林绿化等比较完善的微观生态环境管理体系。

（4）建立企业生态环境保护责任制和考核制度。将生态环境保护指标同生产经营指标一同纳入目标责任制和经济承包合同，实行统一考核，从而调动广大职工遵守执行生态环境管理条例和规章制度的积极性。例如北京燕山石化公司、山西焦化厂、河北冀东水泥厂等企业在这方面创造了经验。如冀东水泥厂这一大型现代化企业，结合自身的实际情况，制定了"冀东水泥厂环境保护规定"、"冀东水泥厂经济责任制"、"环境保护经济责任制考核实施细则"、"冀东水泥厂环境保护监测站岗位责任制"等多项环境保护与管理制度，强化了企业生态环境管理，成为"全国环境优美工厂"，在全国大型企业经济效益排序中，被列入"500 佳"，在全国建材行业企业经济效益排序中，被列为"十佳"之首。

（5）必须依靠科技进步，加强企业技术改造，把污染物消除在生产过程中，尽力减少污染物排放量。例如，全国工业污染防治十佳企业之一的潍坊第二印染厂，近几年来先后投资 393 万元，用于污水治理、消除烟尘、噪声等环保设施的建设和技术改造。该厂同北京环保所联合攻关，采用"厌氧—好氧—生物炭"工艺，使印染废水的日处理能力达 3000 吨；通过改进生产工艺，采用先进设备，每年削减 COD605 吨，使 SS 排放量减少 323 吨，大大降低了该厂印染废水对水体的污染，取得良好生态效益。同时这个厂仅因节水和污染物排放量减少，年实现的经济效益近 120 万元。

（6）切实把生态环境管理纳入企业的计划管理、质量管理、技术管理、设备管理、劳动管理、物资管理、财务管理等各个专业管理之中，实行企业全过程的生态环境管理。例如新疆独山子炼油厂实行生态环境保护目标管理，将生态环境管理工作全员、全方位、全过程贯穿于整个企业生产经营管理之中。该厂在生产管理上，布置、检查、总结生产要有环保内容，并提出这方面的要求和安排；在技术管理上，将环保指标作为工艺纪律，成为工艺卡片的内容；在工资管理上，将环保指标分级控制到车间、班组、岗位，使之与经济奖惩有效结合起来，进行奖惩考核；在设计工程管理上，如技术措施、大修、扩建项目等，都严格执行"三同时"制度；在劳动管理上，开展劳动竞赛时专设环境保护流动红旗等，从而实现了生产增长，污染下降，环境改善的大好局面，获得"全国炼油行业第一家无泄漏厂"、"全国环境优美工厂"等荣誉称号。

（7）从企业实际出发，根据需要和可能，建立生态环境保护设施的专门工厂（公司所属的）、专门车间和班组，与生产厂（公司所属的）、生产车间和班组同样对待，进行考核、评比，保持环保设施的正常运转。许多企业提供了这方面的经验。有的企业对已投产的环保设施建立健全工艺操作规程和考核指标、奖惩制度，确保环保设施的正常运行。同时坚持狠抓环保设备的完好率、运转率和合格率，使环保设施充分发挥作用，做到环保装置与生产装置同时停车、同时检修、同时运转，提高治理能力。

（8）整顿厂容厂貌，开展清洁文明工厂活动。这是企业生态环境建设与管理的一个重要组成部分。企业的现代化管理包括质量、设备、技术、财务、组织、制度等各方面，而厂容厂貌也是一个不容忽视的企业管理问题，它从某种意义上反映着企业的现代文明程度。湖南省的岳阳石油化工总厂、长岭炼油厂、洞庭氮肥厂三家"清洁文明工厂"的实践证明，开展清洁文明工厂活动，实际上是企业推行清洁生产的初级形式和必要准备，有利于加强企业的全面管理，对促进企业现代文明建设，推动企业生态环境建设与管理，都起到积极作用。

（9）创造环境优美工厂，向园林式企业进军，这是企业生态环境建设与管理的一项基本内容，是实现企业的生产经营管理和生态环境管理有机统一的有效途径。例如四川宜宾五粮液酒厂通过建设"花园式"的工厂，使全厂发生了翻天覆地的巨大变化，把企业建成"工厂在花园里，花园在工厂中"的现代企业，展示了该厂生态环境优美的企业形象，是同行业第一流、高层次的花园式企业。几年的实践使该厂认识到搞好生态环境建设与管理，提高企业环境质量，不仅造福工人、造福社会，而且为酒质的不断提高奠定了良好的生态环境基础，使这个厂的主导产品"五粮液"9次获国际金奖，4次蝉联国家名酒称号，获得历届国家金奖，被评为全国同行业（浓香型）唯一的商业部第一家"国家质量管理奖"，还被评为四川省文明先进单位。

（10）加强职工的生态环境教育，增强职工的环境意识，培养职工的生态道德，这是实现生态环境保护、建设与管理任务的重要保证，也是企业生态经济管理的一项经常性的基础工作。在这方面，我国许多企业都创造了一些具体经验。它们采取多种形式对职工进行生态环境教育，并做到经常化、制度化，使每个职工认识到保护和改善生态环境人人有责，成为自己的道德规范和自觉行动。

（二）构建微观生态经济管理模式的本质内容

上面总结的企业生态环境管理的初步经验，体现了微观生态经济管理的主要内容。就一般意义上说，微观生态经济管理的内涵包括三个方面的内容：一是管理的主体与客体；二是管理的方式与手段；三是管理的目标与取向，其核心始终是围绕着微观生态经济的协调发展。因此，从本质上讲，微观生态经济管理就是要努力使经济主体的微观生态经济行为达到这样一种规范：既能使生态系统的物质、能量资源得到充分的开发利用，以满足经济增长的需求；又不超过生态系统自我稳定机制所允许的阈限，以维持系统的动态平衡和持续生产力。很明显，微观生态经济管理模式的本质内容正是寄寓于生态经济协调发展的命题之中。所以，微观生态经济管理的理论模式，就是生态与经济协调互促型的现代企业生态经济管理模式。其本质内容主要包括：

1. 协调：这是微观生态经济管理模式的深层结构内容。具体表现为：

（1）质态协调。主要反映生态系统与经济系统在微观层次上互相协调的关联状态。其表现形式是技术、经济、生态联系的统一，据以形成微观生态经济管理模式。其中技术联系是具有一定科学知识的劳动者和机器、工具结合作用于生态系统创造的生产力，表现为物资流和劳动流。经济联系是生态经济系统各组成要素由生产到消费经过的分配、交换等环节的劳动补偿，表现为商品流和价值流。生态联系是组成生态经济系统的"生物—环境—人"三者之间的能量传递和物质补偿，表现为能量流和物质流。与这些流同步循环的还有信息流。正是这些"流"将企业系统联结成为一个生态经济有机整体，而使之具有了能够自我调节、自我修复的自组织能力。所以，质态协调旨在协调和强化生态系统与经济系统之间的循环增值功能，促进微观生态经济的良性循环与协调发展。

（2）量态协调。主要指微观生态经济系统构成要素之间在数量配比上的协调。微观生态经济系统的投入产出物，都是系统在特定的属性组合方式下共同作用的结果。只有系统诸要素组合有序，结构合理，才能保持系统的持续生产力。这是量态协调的第一层含义。第二层含义是指人们对于生态系统的干预调控，对于自然资源的开发利用也必须有一个数量界限，即适合度问题；微观生态经济管理就是通过调整经济主体的微观生态经济行为，达到或者是"逼近"生态经济的最适度，保持微观经济发展与生态环境相互适应。

（3）空间协调。主要指微观生态经济系统在地域空间上的分布和协调。不同地区因自然条件、资源状况、生产力水平、社会发育程度等方面的差异，形成功能各异的区域生态经济系统。因而在不同区域生态经济系统的企业，其管理的方式、手段、措施也会不尽相同。所以，微观生态经济管理的空间协调，就是要根据生态经济区划原理和要素配置方式变化规律的要求，自觉地、科学地选择和控制企业系统要素的空间组合方式，加速要素位置的合理转移，使微观生态经济系统的运行与发展获得经济上的互补与生态上的共生之实效。

（4）时间协调。主要指企业经济活动的经济效益与生态效益的同向运行与协调。由于经济效益与生态效益被激发的条件不同，各自遵循的运动规律不同，以及形态特征的差异，因而在时序上二者往往是不同步或不一致的。时间协调，一方面要在微观生态经济管理活动中，正确地运用生态经济规律，处理好经济效益与生态效益的辩证关系，并使之相互促进、同向增长；另一方面要尽力防止经济增长损害生态效益的负效应和不断弱化生态效益阻滞经济发展的负效应，以减少经济效益的衰落性递减波动，强化生态效益促进经济效益提高的正效应，保持生态经济效益的持续稳定提高。

2. 有序：这是微观生态经济管理模式的深层功能表征。微观生态经济管理是一个有着独特运行方式和作用机理的管理系统。根据系统功能原理，微观生态经济管理模式的功能主要体现在系统的要素构成秩序及其与外部环境之间的物质、能量和信息的输入、输出转换能力与交换关系之中。具体来说，微观生态经济管理模式的功能，主要有如下几个方面：

（1）进展演替功能。微观生态经济管理运行的目标首先是维护微观生态经济系统的总体稳态，调节微观生态经济系统的基本矛盾，实现其生态经济协调发展。这里，协调发展既是微观生态经济管理模式运行的目标预期，又是进展演替的功能形态。因为，进展演替的核心是协调发展，而协调发展又植根于进展演替的动态过程之中，即通过反馈调节和管理控制，使微观生态经济系统的功能要素与结构方式不断从无序走向有序。反馈调节在自然生态系统内是一种自我调节，在生态经济系统内则是自我调节和人工控制的共同效应。正因为微观生态经济系统的进展演替加入了人工控制即管理活动，因而在实施反馈控制时必须注意：一是从实施反馈控制的时间上要克服过时的现象。所谓反馈过时是指系统已经出现偏差后所进行的调节控制，如企业生产经营中的先污染后治理，或生产与污染治理的不同步等。克服反馈过时现象，应根据系统偏差随机产生的原理，相机进行调节和控制。二是从实施反馈控制的强度上要克服反馈过度或反馈不足的现象。反馈过度容易引起系统的震荡，反馈不足又不足以消除系统的偏差，二者都达不到管理的目的。克服反馈过度和不足现象，应及时准确地分析和判断系统偏差的大小和强弱程度，据此建立一套双向的反馈控制机制。

（2）协同扩张功能。为了维持微观生态经济系统的总体稳定，必须通过科学的管理，把原有可以利用的杂乱无章的生态资源和经济资源变成有序的能量组合，将分散运动的物质能量组合成有机整体，产生协同力，从而引起系统的自组过程，使系统不断处在从无序走向有序的否定之否定的发展过程中。需要指出的是，有序结构的形成和系统的自组织过程，并不是一个渐进的、平稳的过程，而是一个在内部酝酿、通过不确定的涨落力表现出来的过程，其中，"涨"意味着对原有结构的突破，"落"则表明对新结构的选择失败。系统的涨落实质上就是随机选择，通过不断的选择，择优汰劣，重新组合，赋予系统更强的机能，使微观生态经济管理由不确定向确定转化。

（3）循环增值功能。为了保持加大负荷的微观生态经济系统输入输出的平衡，必须把技术手段和技术产品作为激发能量投入到循环过程中，以补充自然能量之不足。这种补充依赖于能量转化、物质循环以及等量交换的基本法则。当不断输入的经济物质和技术产品参与生态经济系统的循环运转后，势必引起生物的加工增值和经济的价值增值。生物加工增值是指有些植物产量不能直接为人类所利用或利用价值不大，则可以将其转化为动物产品，进行生物自加工，如将粗饲料、饲草、废弃物等转化为肉、奶、蛋、鱼，还可转化为沼气。经济价值增值，则须通过劳动过程控制和科学管理，使以货币表现的价值发生增值，使企业经济活动获得较高的经济效益。经济价值增值为生态价值增值提供了物质条件，生态价值增值为经济价值增值提供了生态基础。达到二者互为条件、互相促进，正是微观生态经济管理模式运行的重要功能表现。

二　微观生态经济管理模式的实现形态

生态与经济协调互促型的现代企业生态经济管理模式，是微观生态经济管理的理论模式。在现实的企业管理实践中，它的实现形态是什么，应运用历史和逻辑的方法，从我国企业管理的历史发展过程和现代市场经济条件下的运行状况来研究。结果表明，它的实现形态是质量效益型的微观生态经济管理模式。这是我国微观生态经济管理目标模式发展的方向，也是我国企业管理由生产型与生产经营型管理模式向经营型管理模式转变的实质所在。

（一）关于企业管理模式的争论和启示

在我国，企业管理学界研究企业管理模式的方法不同，得出的结论也就不同。就其基本方法来看，主要都是用历史方法和逻辑方法相结合来研究我国企业管理模式及其发展方向。主要有两种意见：第一种意见是把我国企业管理模式的演变过程划分为四个阶段。认为有四种不同的企业管理模式。第二种意见是从我国企业管理的历史发展角度看，应把企业管理分为生产型管理和经营型管理两种模式。这两种意见，虽然都是党的十四大之前的思想理论观点，其理论基础还不很成熟，却反映了我们探索企业管理新模式的认识过程，为我们在建设社会主义市场经济体制的新时期进一步研究企业管理新模式提供了有益的启示。

1. 这两种意见对改革开放以前我国企业管理模式的看法是一致的，即生产型管理模式，这是一种追求发展速度的粗放型管理。而对改革开放以来我国企业管理模式的看法则略有不同，因而就导致企业改革和转轨换型所要最终建立的企业管理模式也就有所不同。但是，有两点也是基本一致的：一是由生产型转向经营型过程中要经历一种生产经营型；二是就其实质来说，企业转轨换型所追求的新模式的核心问题是决策经营型，是一种追求发展效益的集约型管理。这对于我们进一步研究现代企业管理模式的发展趋势，是很有价值的。因此，在我们看来，生产型管理模式的实现形态，是速度消耗型的企业管理模式；经营型管理模式的实现形态，是质量效益型的企业管理模式；而生产经营型管理模式是过渡性管理模式，其实现形态是速度效益型管理模式。

2. 这两种意见提出的企业管理新模式的管理目标存在分歧。第一种意见认为，新模式不仅要追求经济效益，而且要讲究社会效益，达到物质文明和精神文明的统一，实现经济性目标和社会性目标的统一。第二种意见则认为，新模式的总目标是增强企业的适应能力和竞争能力，提高经济效益。当然它强调的经济效益是全面经济效益，即包括生产效益和流通效益、劳动消耗效益和资金占有效益、当年效益与长远效益、企业效益与社会效益的统一。很明显，这里所说的"企业效益与社会效益"是指企业的经济效益与社会的经济效益。如前面所说，在现代市场经济条件下现代企业生存与发展只是追求经济效益，实现经济性目标是不行的；仅仅追求经济效益与社会效益相统一，实现经济性目标和社会性目标的统一，也是不够的。当今人类正在进入生态时代，关系现代企业兴亡盛衰是经济、社会和生态三大效益的有机统一，物质、精神和生态三大文明建设的协调发展。因此，新模式的管理目标是实现经济性、社会性和生态性三大目标的高度统一与协调发展，由此形成生态经济相协调的现代企业经营管理模式。

3. 这两种意见都没有克服传统企业管理学把企业看成与自然生态系统相脱离甚至对立的纯粹的经济系统的缺陷。因而，他们提出的企业管理新模式仍然是以生态与经济相脱离为特征的。这不完全符合现代企业系统运动的实际情况，也不能完全适应现代企业生存与发展的客观要求。因此，我们对现代市场经济条件下企业管理现实模式及其发展方向的探索，必须建立在现代企业是个生态经济有机整体的坚实基础之上，按照强化企业功能（包括生态功能），增强企业活力（包括生态活力），提高企业素质（包括生态环境质量），充分发挥企业整体效能（包括生态效能）的要求，建立与现代企业制度相适应的现代企业生态经济管理模式。它的最佳模式与实现形态，就是质量效益型的微观生态经济管理模式，或者说是生态与经济相协调的质量效益型现代企业管理模式。

（二）速度消耗型和速度效益型企业管理模式的生态经济辨识

1. 速度消耗型企业管理模式的生态经济弊端

在改革开放以前，国家为了有效地推行高度集中的计划经济管理体制，很自然地就对企业实行直接控制管理，以保证追求国民总产值高速增长为根本目标的发展战略的实现。在这种情况下，微观管理只能是执行性管理，从而形成了企业生产型管理模式。它与传统计划经济体制和传统企业发展模式相适应，具有以下几个主要特征：

（1）片面追求产值、产量，依靠大量投入和消耗物质资源换取高速增长，必然表现出速度型特征；

（2）盲目追求总产值数量扩张，质量提高缓慢，必然表现出数量扩张型特征；

（3）只是注重扩大企业发展规模，忽视科技进步，必然表现出外延粗放型特征；

（4）单纯索取、消耗资源，忽视保护、增值资源，资源利用程度低，必然表现出资源消耗型特征。

这些归根结底，使企业发展与管理的效率与效益低下，这是传统计划经济体制下企业发展与管理模式的痼疾。这就充分表明生产型管理模式实质上是一个以追求速度为中心的低效益、高耗资源的速度消耗型管理模式。它阻碍着企业经济社会系统的发展，同时也损害企业及其所在地区的生态环境系统。这种管理模式使企业运行与发展对环境质量的高耗行为与生态资源利用的低效行为相伴而生，外部不经济导致的短期行为与内部不经济产生的短期行为相互交织，这必然会造成资源浪费、环境污染、生态破坏、经济效益和生态效益都低。尤其是它自身存在着高投入、高消耗、高污染的三大弊端，必然会从以下三个方面损害企业及整个国民经济运行与发展的生态基础：①高投入、低产出，造成过度开发资源，生态严重破坏；②高消耗、低效率，造成过度消耗资源，资源浪费惊人；③高污染、低效益，造成生态环境补偿能力的严重滞后。可见，速度消耗型管理模式是以生态与经济相脱离为特征，是一种生态与经济消长互损型的企业发展与管理模式。

2. 速度效益型企业管理模式仍然是纯经济管理模式

党的十一届三中全会以来，随着我国经济体制改革的不断深入，国家对企业的管理经历了由直接控制的管理方式向直接和间接控制相结合的管理方式，再到间接控制管理方式的转变过程。与此相一致，企业管理模式也发生了从生产型管理向生产经营型管理，再到经营型管理的转换过程，这是一方面。另一方面，由于我国宏观经济发展模式的转换大大滞后于经济体制模式的转换，甚至可以说改革开放 15 年间，数量速度型发展模式仍然处于主导地位，这就极大地制约着微观经济发展模式的转换过程。所以，80 年代以来，从企业的总体来看，其发展基本上还沿用着大量消耗资源与数量扩张型的传统发展模式，企业经济的高速增长继续以消耗巨大环境资源为沉重代价。因而大批企业已转变形成的生产经营型管理模式，甚至在目前一些企业中已经基本形成的经营型管理模式，都难以消除生产型管理模式的那种高投入、高消耗、高污染的弊端，而不同程度地仍然具有明显的速度消耗型管理模式的特征。这突出表现在企业片面追求经济高速度增长，对生态环境质量继续损耗，及其生态成本的外在化上，都没有根本性的变化。

对此，我们认为，改革开放以来，我国企业的"转轨换型"主要表现在，企业管理模式正在构造并已开始具备追求企业内部经济的动力、能力和条件，初步形成获取经济效益的激励机制和资源配置自我优化的经营方式。这与生产型管理模式相比，的确是个历史性进步。也正是从这个意义上说，生产经营型管理模式，已经是一种以提高经济效益为中心的速度效益型企业管理模式。但是，这种管理模式仍然是一种外部不经济性管理方式，虽然某些具体环节有所改变，却没有发生根本性变革。因而，它还是处于外部不经济性的生态环境高耗行为和追求企业内部经济性的利用资源高效行为并存状态，使企业生态环境保护与建设的力量伴随于追求经济的高速增长时强时弱，企业的生态环境管理伴随于追求经济效益的强烈要求而时起时落。可见，速度效益型企业管理模式，在本质上同样是一种纯经济的管理模式，仍然是以生态与经济相脱离为特征的。

以上，速度效益型企业管理模式，以追求经济效益为管理目标，这体现了质量效益型经济发展与管理模式的基本特征。但由于它本身存在的局限性，因而它还只是一种过渡性的企业管理模式，还必须向质量效益型的生态经济管理模式转变。

（三）构建质量效益型微观生态经济管理模式

发展现代市场经济，实行现代企业制度，变革传统企业管理模式，所追求的不是速度效益型的传统管理模式，而是质量效益型的现代生态经济管理模式。这是我国微观生态经济管理模式的发展方向。

1. 构建现代企业质量效益型生态经济管理模式既是历史的选择，

又是必然的趋势

第一，目前我国生产力处于传统生产力向现代生产力的转变时期。发展现代市场经济，建立现代企业制度，就是为了加速这种转变，大力发展现代企业生产力。而现代企业生产力发展的基本规律，就是利用现代科技不断使企业生产力系统各因素素质提高和诸生产要素优化配置，以尽可能少的劳动耗费和资源耗费创造尽可能多的符合社会需要的产品，并以尽可能少的排泄物返回自然环境，获得最佳的经济效益、社会效益和生态效益。简称"低耗、优质、无污、高效规律"。这里，把实现三大效益的统一纳入现代企业生产力发展目标，是对现代生产力运动发展本质认识的深化。由此就从根本上决定了发展现代企业生产力，必须建立低耗、优质、无污、高效型现代企业发展模式，实现传统企业管理模式向现代企业管理模式的转换。这是当代中国现代企业发展的必然趋势。

第二，建立与现代企业制度相适应的现代企业质量效益型管理模式，是实现现代市场经济合理配置与有效利用资源的职能作用的客观要求。现代市场经济体制的这种职能作用的最终实现，有待于作为其微观基础的企业，实现资源的配置合理化与最优化。建立现代企业制度为企业向低消耗、优质量、高效益、高质量集约经营方向发展提供了极大的可能性，但要把这种可能性变为现实性，关键在于实现现代企业由速度效益型管理模式向质量效益型管理模式的转换。只有这样，才能提高企业整体素质与竞争能力及其对经营环境的应变能力。可见构建现代企业质量效益型生态经济管理模式，既是企业经营机制转换的必然结果，又是增强企业活力的必由之路。

第三，现代企业管理模式实质上是实施企业发展战略和发展模式的实现方式。现代企业发展战略与发展模式的特征直接决定现代企业管理模式的基本特征。发展现代市场经济，建立现代企业制度，必然实现企业发展战略目标由以数量速度为主，转向以质量效益为主，使我国企业发展早日走出资源高消耗、低效益、数量粗放经营的困境，建立起投入少、消耗低、产出多、质量优、污染轻、效益高的质量集约型与资源节约型的企业发展模式。由此形成的基本特征应当是：（1）企业发展主要依靠科技进步和科学管理在经济发展中贡献率的增长，形成集约经营型特征；（2）企业运行表现为对技术、资源、劳动最佳组合和结构优化，形成结构协调型特征；（3）企业规模扩大是以降低物力、财力、人力的有形投入与消耗为其发展的重要手段，形成内涵扩大再生产型特征；（4）企业运行建立在合理开发与充分利用资源，极大提高资源转化率，形成资源节约型特征；（5）企业发展注重质量，优质产品日益增多，质量水平不断上升，形成质量增进型特征；（6）企业发展诸要素中科技进步越来越成为主导因素，企业的科技水平全面提高，形成科技先导型特征。这些特征集中到一点，就形成了质量增进与效益提高型的企业发展模式。这就在客观上决定了对构建现代企业管理模式所具有的基本特征的要求。

2. 现代企业质量效益型管理模式的生态经济实质与特征

现代企业经济发展必然与生态环境状况相协调，这是现代企业经济发展的重要特征。因而，在当代世界，许多国家企业现代化过程中，都伴随着现代企业经济发展生态化的趋势和企业管理生态化的趋势，即绿色企业运动。我国现代企业经济发展应当适应这种历史的大趋势，坚定地走现代企业经济生态化之路，建立符合生态与经济一体化趋势的现代企业制度和与之相适应的现代企业管理模式，即质量效益型微观生态经济管理模式。它从本质上说是一种生态与经济相协调的微观管理模式。

在这里，正确认识这一模式的生态经济本质，必须把握以下两点：一是现代企业质量效益型管理模式作为一种效益型的管理模式，绝不是传统经济学所说的单纯经济效益，而是现代经济学所说的企业经济活动的效益，即它应该包括经济、社会、生态（环境）三个效益的有机统一。只有实现了企业发展这三个效益的有机统一，走出一条生态经济效益高的管理道路，才能从根本上克服生态与经济消长互损型的传统企业管理模式的三个生态经济弊端。二是现代企业质量效益型管理模式作为一种质量型的管理模式，绝不是传统经营管理所说的单纯经济质量，而是现代经营管理学所说企业经济活动的质量应该是经济质量和生态质量的统一。生态环境质量越来越成为衡量企业发展质量、水平和程度的一个客观标准和衡量企业整体素质的一个重要指标。为此，企业的产品质量、劳务质量和服务质量也都应是生态与经济的一体化，才能适应现代企业发展的绿色趋势。只有这样，我国企业管理现代化水平才能不断提高，在 21 世纪国际市场竞争中占据有利地位。

质量效益型微观生态经济管理模式，充分反映现代企业发展模式的本质特征和发展方向，就应当具备与之相一致的以下基本特征，即集约经营型管理、结构协调型管理、内涵扩大型管理、资源节约型管理、质量增进型管理、科技先导型管理、生态改善型管理七大基本特征。这些特征相互交织而又融合在一起，使每个特征既具有经济属性，又具有生态属性，并且是两者的辩证统一。据此，我们可以得出结论：质量效益型微观生态经济管理模式，是生态与经济协调互促型现代企业生态经济管理模式的实现形态，它是企业现代管理的理想模式与最佳形态。

3. 生态与经济协调互促型现代企业经济管理理论模式正在形成走向实践的洪流

近 10 年来，许多企业尤其是具有一定管理现代化水平的企业，在深化改革，转换企业经营机制，促进企业由生产型管理向经营型管理的转变过程中，开始走上了生态经济相协调的持续发展道路，初步建立起质量效益型微观生态经济管理模式，取得了可喜的成绩，而且正形成一股建设现代企业管理模式的洪流。例如，镇海石化总厂是中国石化总公司直属的大型现代化石油化工联合企业，居全国最大的 500 家工业企业中前 50 位。该厂明确提出了"环保是生命，质量是饭碗"的指导思想和管理目标，探索走出了一条既保持经济高速增长和经济效益不断提高，又保持生态环境改善和优化的持续发展道路，已基本形成了质量效益型微观生态经济管理模式。该厂 1993 年实现利税 5 亿元，在获得较好经济效益的同时，也取得了良好的生态效益，其主要环保技术经济指标继续保持了总公司一类企业的水平。万元产值废水排放量为 11.65吨，工业用水重复利用率达 95%，可燃气利用率达 99.9%，废渣综合利用率达 95%，"三废"治理率为 100%，绿化面积占可绿化面积的98.9%，厂区和附近居住区大气环境质量始终维持在国家二级标准以上，排污口附近海域水质除氮、磷外（背景值较高），均优于二类海水水质标准。因而该厂继前些年获全省、全国环保先进单位后，1993 年又获"全国工业污染防治十佳企业"的光荣称号。它们的基本经验是：第一，努力寻求质量效益型的发展道路，坚持经济、社会、生态三大效益相统一的经营管理目标与原则。第二，实行清洁生产，进行工业污染的全过程控制，朝着生态环境管理由污染浓度控制向总量控制的转变。第三，通过生产操作调优和优化装置及资源配置，实现对生产要素的合理配置和优化管理，节能节水降耗，把排泄量降到最低限度，提高资源能源利用率。第四，强化环境管理和加强生态建设，使之与生产经营管理同时安排、同时实施、同时检查、同时总结，从严管理，有奖有罚。第五，加强全面质量管理，提高产品优质率，现有 27 种主要产品中有16 种成为国家级、省部级优质产品；生产"绿色产品"，93 号无铅汽油获得国家质量金奖，被确定为我国首批获得环境标志的 6 种产品之一。第六，把工业污染防治和搞好"三废"综合利用有机结合起来，使"三废"综合利用设施和污染治理设施运转率达到或接近100%。第七，加强技术改造，走内涵发展道路。目前这个厂总体技术装备已进入国内先进行列，有的技术装备还达到 80 年代国际水平。第八，从建厂至今，坚持环保先行，舍得投入。占同期建设项目工程总投资 5.84%的环保投资，成为提高企业整体素质、开拓市场、取得较好经济效益的前瞻性投资。

　　在农业上，80 年代以来，在中华大地兴起的生态农业建设，是一种现代农业经营管理方式，推动着我国农业发展与管理模式由粗放经营型向集约经营型的转换。一些先进生态农业户、生态农业村、生态农业乡构建质量效益型微观生态经济经营管理模式获得了令人瞩目的成绩，某些方面达到了国际先进水平。例如，江苏泰县河横生态农业村就是一个典型代表。该村微观生态经济系统的建设与管理，获得了较高的经济、社会和生态三种效益，1990 年被联合国环境规划署授予具有杰出的生态环境保护成果的"全球 500 佳"荣誉称号，成为当年我国唯一获此殊荣的生态农业村。这个村的基本经验是：（1）把整个村作为一个自然和社会的生态经济有机统一体，从封闭式的农业生产向开放式的农村生产经营管理发展，建立起农村全面发展、多级结构、物质和能量多级利用、循环畅通的污染轻、效益高的良性循环微观生态经济系统，使该村产业结构合理化和协调化，达到微观资源配置合理化与最优化，极大提高了资源利用效率，获得了较高的生态经济效益。（2）实行农业生产废弃物的综合利用，有效地缓解了或解决了燃料、饲料、肥料紧张的矛盾，降低了成本，增加了收入。（3）调整施肥结构，增施有机肥，合理使用化肥，应用配方施肥和氮素调控技术，减少化肥用量，培肥了土壤，提高了农田有机质含量，增强农业发展的生态基础。（4）实行农作物病虫害综合防治，既减少了农药用量，使农药费用下降一半，又减轻了农药污染，使益虫种群数量增加，改善了农村生态环境。（5）实行立体开发战略。利用不同层次的主体空间，实现由"单项发展"到"综合发展"的转变，提高了光能利用率和单位面积产出率，获得较高的经济效益。

第十一章　微观生态经济管理优化

　　构建质量效益型微观生态经济管理模式的直接目标，就是实现微观生态经济管理优化。生态经济管理优化的经济本质，主要是实现企业局部、眼前利益和社会整体、长远利益的有机结合与协调统一。因此，优化管理既要使企业能够追求和有效实现企业内部经济性，又要使企业能够追求和有效实现企业外部经济性。这就必须使生态成本补偿真正进入企业的成本—效益核算之中，消除生态成本的外在化，使企业外部不经济性内部化。为此，还必须有完善的生态经济管理体制和法制体系这两大保障机制。

一　微观生态经济管理优化的根本问题

　　对此着重研究两个基本问题：一是揭示微观生态经济管理优化的经济本质；二是探讨生态成本的内在化，进行企业成本—效益分析。

（一）微观生态经济管理优化的经济本质

　　按照生态经济学的观点，生态利益更具有全民性和公用性（即共享性），因而它的实质是保持社会的整体利益和人民的长远利益。所以，优化生态经济管理，正确处理企业的局部、眼前利益和社会整体、长远利益的关系，其实质就是要实现企业的经济利益和社会的生态利益的有机结合与协调统一，这是由企业生态经济管理优化的经济本质所决定的。而有效地约束和根本改变企业外部不经济的经营管理方式，真正实现企业内部经济性与外部经济性的有机结合与协调统一，是优化企业经济管理的关键问题。

1. 必须正确处理企业眼前利益和社会长远利益的关系，实现企业经济利益和社会生态利益的有机结合与协调统一

这是优化企业管理、协调生态经济利益关系的根本问题。在社会主义经济运行中，尤其是市场经济运行中，如果注意不够，处理不当，只顾本单位的眼前利益，不顾社会的长远利益，在公有制的市场经济中也会产生外部不经济性，导致企业经济利益和社会生态利益的矛盾尖锐化。而生态经济利益关系严重不协调，则将给我国经济社会的发展带来灾难性的生态经济恶果。而只顾眼前利益，牺牲长远利益的经营管理，所造成的对生态的破坏，常常是长远的、根本性的破坏，一旦破坏以后，恢复起来相当困难，有些甚至是不可逆转的。因此，优化生态经济管理，一定要把企业的眼前利益和社会的长远利益有机结合起来，通盘考虑：要瞻前顾后、统筹安排，以避免破坏积累，贻害子孙。

2. 必须正确处理企业局部利益和社会整体利益的关系，实现企业经济利益和社会生态利益的有机结合与协调统一

这是优化企业管理，协调生态经济利益关系的核心问题。在社会主义制度下，企业的局部利益和社会整体利益是一致的。前者是后者的基础，而后者不仅是前者的集中表现，而且是前者的前提和保证。但是，在社会主义市场经济条件下，企业是自主经营、自负盈亏、自我发展、自我约束的法人实体和市场竞争的主体，其经营管理活动对各种不同经济利益载体的关联程度很不相同。于是，在某些情况下，就很容易使企业为了从生态系统中谋取自身更多的经济利益，而忽视社会的生态利益即整体利益。这种经营管理活动就导致企业局部利益和社会整体利益的矛盾和冲突。在现实经济生活中，这种矛盾和冲突是经常大量发生的，因此，正确处理企业的局部利益和社会整体利益的关系，必须要全盘考虑、顾全大局、统筹安排，克服只顾局部、牺牲全局的错误做法，才能使这一矛盾性转化为一致性。

在实践中，正确处理企业局部利益和社会整体利益的关系，主要是切实有效制止和防止企业采取掠夺性经营和大量消耗环境资源来发展经济，谋取自身的经济利益。当前最突出的是，一方面，许多乡镇企业、

个体私营企业和农业企业，追求自身经济利益而粗暴地、大量地掠夺自然资源，破坏生态十分严重。不少农户靠抢吃生态老本尽快致富，给社会带来了巨大经济损失。另一方面，无论城市工业企业，还是乡镇企业及个体私营企业，都不同程度地任意排放废弃物，使水体、大气、土壤污染严重，其后又转化为巨额的经济损失。这种生态经济损失，主要不是直接落在企业身上，而是转嫁给社会和公众，这就使企业的经济性转变为社会的不经济性。之后又会变为企业的不经济性。这些做法必须扭转。

3. 必须改变企业外部不经济的生产经营管理方式，实现企业内部经济性与外部经济性的有机结合与协调统一

这是优化企业管理，协调生态经济利益关系的关键问题。在现代市场经济条件下，企业经营管理的基本目标之一，就是追求企业内部经济性，实现其最大经济利益，即以货币计量的利润最大化。为此，企业管理就会把重点放在直接反映于财务的现金流量上，尽力减少费用；而那些不反映于货币流量的外在成本和效益则被忽视以至排除在企业的管理范围和目标之外，从而使得生态经济管理缺位。在实际经济运行中，由于企业的经济效益与外部影响或生态环境是密切相连的；而且在一定条件下，经济资源与生态资源有替代关系。因此，企业为了取得最大限度的货币利润，就会在所能左右的范围内，尽可能地利用不耗费其货币成本的社会生态资源，来替代其货币成本；或将其污染水体、大气等有害物质不加处理地向外部排放，从而节约治理费用，减少货币成本，而增加利润。在这里，企业采用了外部不经济的生产经营管理方式，来追求和实现企业内部经济性，使企业成本外在化（即生态成本外在化），将其费用转嫁由社会来承担和补偿，即构成了社会成本。这样，直接责任者企业只分摊了成本中很小的一部分，而那些不这样做的企业却要分担这些企业外部不经济生产经营管理方式所产生的社会成本。这样，他们在竞争中就处于不利的地位。他们为了避免这种不利的后果，也只有采取同样的外部不经济生产经营管理方式，从而就在广泛的范围内形成了生态经济的恶性循环。

针对这种情况，若无政府宏观生态经济管理的强制性约束和有效地

干预，这种外部不经济生产经营管理方式的恶果是难以克服的，微观生态经济管理的优化也就难以实现。因此，必须强化各级政府的宏观生态经济管理，对企业外部不经济性行为进行防范与矫正。其中重要的一点是要建立起有效的约束机制和实行有效的生态经济政策和措施，增强企业对生态环境损耗的自我约束能力，促使企业在追求内部经济性，实现自身利益的过程中，尽量减少外部不经济性程度和增加外部经济性程度，以致完全改变其外部不经济生产经营管理方式，以达到企业内部经济性和外部经济性的紧密结合与协调统一，这是推动实现企业的眼前、局部利益和社会长远、整体利益有机结合与协调统一的关键所在，这也是优化微观生态经济管理的客观要求。

（二）企业成本、生态成本与生态经济成本

实现微观生态经济管理优化的一个重要目标，就是约束企业外部不经济行为，克服生态成本的外在化，使它能够真正纳入企业的成本—效益核算之中。

1. 企业成本，生态成本与生态经济成本

一般来说，企业成本是指在生产经营管理过程中为了生产一定数量产品按市场价格直接支付的一切费用，即所花费的全部货币量。我国现行的成本项目在会计账目上表现为：购买原材料、燃料、辅助材料、机器设备、厂房等生产条件所付出的货币量，管理人员和工人的工资，以及一部分非生产性开支，如贷款利息、赔款、废品损失等和企业管理所付出的货币量，等等，这就表明，企业成本是计算劳动耗费及其补偿的工具。从这里，我们可以看出，企业成本基本上不包括企业生产经营管理对生态环境的资源消耗，使它再生和恢复所需的费用，即生态成本，而是纯经济成本。

长期以来，传统经济学和企业管理学中所形成和使用的，把生态资源和环境质量这种重要生产要素排除在外的许多传统观念，例如，纯经济的（即不完全的）生产观、消耗观、成本观、补偿观、效益观等，将生态成本排除在企业的成本—效益核算之外，而不纳入企业的经济核算体系。

按照生态经济理论，生态成本是计算再生和恢复生态环境资源所用的劳动耗费及其补偿的工具。因此，无论是经济成本，还是生态成本，都是人类劳动耗费及其补偿。经济成本是企业创造经济价值的一部分，生态成本是企业创造的生态价值的一部分。所以，从理论上说，企业劳动不仅反映了经济关系，而且反映了生态关系，从而综合反映了一种新的经济关系即生态经济关系。相应地，生态经济成本就是企业在生态经济系统中为了生产一定数量的经济产品和生态产品所花费的劳动耗费和生态资源耗费，是经济成本和生态成本的有机统一体。据此，就要求我们在优化生态经济管理时，必须消除生态成本外推、污染代价外移的外在化现象，而应使生态成本核算进入企业的成本—效益分析之中，通过进行生态经济成本核算，实现企业外部不经济性内部化。

2. 企业生态经济成本—效益分析

一般来说，企业的生态经济成本—效益是在一定时期内，以货币表示的现金流出与流入状况和结果。这种现金流量有相当部分是由企业生产中的生态成本与生态效益的经济化而来的。或者说是外部经济的企业内部化的结果。为了简化分析过程，现假设各种物质投入品与产出品的价格不变、产量不变，直接费用中的物质投入产出比例不变。同时为了比较的方便，这里将不同时点上的货币流量通过一个反映社会资金价值的折现率（i）将其折算为现值。由此我们得到一定时期内的企业效益或现金流入表达式：

$$M = \sum_{t=0}^{n} (QP + X + Y)\ t\ (1+i)^{-1} \qquad (11-1)$$

式中，M 代表现金流入现值；Q 为产量；P 是产品价格；X 是由于企业生产的外部经济性或外部不经济的企业内部化而得到的政府补贴或税收减免等带来的现金流入（前者如国家对植树造林的补贴，后者如企业为治理污染源进行的技术改造等得到的政府补贴或税收减免等）；Y 是企业在进行生态环境治理中回收副产品的价值或得到的现金收入。显然，这里的 QP 是传统意义上的经济效益，而 $X+Y$ 则是生态效益部分企业内部经济化的结果，Y 是将污染物资源化的结果。

在成本方面，企业的货币流出主要表现为购买原材料、燃料动力、劳动工资等与产品生产直接有关的费用、各种税费、耗用资源和污染环境而被政府征收的生态环境补偿费（各种与此有关的税收和排污费），企业直接投资耗费的生态环境治理费等。若将除生态环境补偿费和治理费外的各种直接与生产有关的费用和产量的关系定为一个不变系数；同时假设，不管企业的污染程度如何，政府只对其进行经济制裁，而不取缔其生产。这样我们就得到相同时期内的企业为生产一定数量产品的成本或货币流出：

$$N = \sum_{t=0}^{n} (QR + W + Z) \ t \ (1 + i)^{-1} \tag{11-2}$$

式中，N 为企业的货币流出现值；R 为生产一单位产品的价值系数，这里为一常数；W 是由政府强制征收的一定量外部不经济或生态环境成本的补偿费；Z 为企业支出的生态环境治理费，其中一部分是厂内环境治理及劳动保护费，另一部分是厂外环境治理及保护费，如建污水排放系统花费的货币支出等。

在成本支出方面，QR 是传统意义上的经济成本，而 $W+Z$ 则是社会耗费的生态成本的部分经济化和企业内部化的结果。只是在此，W 与 Z 是互成反比的，因为 W 越大，会使排污不如治污；而 Z 越大，企业对生态环境的危害程度就越小，政府征收的生态环境补偿费也就越少。

大家知道，在市场经济中，企业经营管理是以净效益或净现金流量现值的最大化为基本目标的。由此我们得到企业利润的表达式：

$$\sum_{t=0}^{n} [(QP + X + Y) - (QR + W + Z)] \ t \ (1+i)^{-1} \xrightarrow[max \to]{} FNPV$$

将方程调整后得到：

$$\sum_{t=0}^{n} \{(QP - QR) + [(X - W) + (Y - Z)]\} \ t \ (1+i)^{-1} \xrightarrow[max \to]{} FNPV \tag{11-3}$$

（$FNPV$ 为企业财务净现值，以大于 0 为效益好，小于 0 为效益不好）

很明显，（11-3）式中的 $(QP - QR)$ 是传统意义上的企业获得的经济效益，而 $[(W + Z) - (X + Y)]$ 则是企业为此项付出的生态成本或得到的生态效益的企业经济化表现。由于假设（$QP - QR$）为常数，所以这里决定企业生态经济效益的好坏，主要就取决于（$W + Z$）－（$X + Y$）的大小和正负。在实际生产经营管理中，这些因素之间存在着密切的关系，如 W 与 Z 是互成反比的，两者都由国家的生态经济政策所决定。但 W 对企业来讲是个外生变量，所以 Z 是 W 的函数。X 与 Y 的大小主要由 Z 的大小决定，它们之间存在着正比关系。在这里，当国家的生态经济政策一定时，上面这些因素都成为企业的可控制变量，据此企业可通过对它们的合理组合来取得其最佳的生态经济效益。

3. 寻求实现企业利益和社会利益紧密结合的最佳平衡点

为了全面反映企业生产经营管理对生态经济效益的影响，仅分析企业的成本—效益还不完全，还必须从社会的角度进行其成本—效益分析。企业生产经营管理所产生的社会生态经济效益，应当是企业的内部效益与外部效益的统一，即企业经济效益与社会生态效益的统一。假设不存在产品使用上的外部影响，并且企业的财务价格等于社会影子价格，那么企业的内部效益就是 $QP + Y$，外部效益就是企业给社会带来的未反映在企业现金流量中的那部分效益，如企业绿化对生态环境改善所产生的社会效益，或者企业对其原来排向外部的污染源进行治理，由此使生态环境得到保护和改善而使社会得到的那部分效益等。这部分效益的计量，从理论上讲，可以以其在一个时期内使国民经济产生的净现值流量增加额或减少的社会成本支出数来表示，但实际上，这种计量极其困难。所以，我们只能以一定量的生态经济资源的机会成本 A 来表示。这样我们就得到一定时期企业生产经营管理所产生的社会效益的表达式：

$$M' = \sum_{t=0}^{n} (QP + Y + A) \ t \ (1 + i)^{-t} \qquad (11 - 4)$$

式中，M' 为社会的现金流入净现值。显然，从社会的角度来看，QP 为传统意义上的经济效益，$Y + A$ 为生态效益的经济化表现。

企业生产经营管理的社会成本，表现为企业成本减去其中的转移性支付，如税收、利息及企业支付的生态环境补偿费，再加上社会为此耗费的各种未计入企业成本中的各种费用，如受企业外部不经济影响引起的人们体质下降而支出的医疗费用，由于劳动生产率及出勤率下降使国民收入减少的部分，受其影响其他部门成本上升或收入下降的部分，社会为治理环境而发生的各种费用等。为了简化分析，我们将这些费用合在一起用 E 表示。如将排污费外的各种转移性支付，产品销售税金等忽略不计，那么我们就得到同一时期企业生产经营管理的社会成本表达式：

$$N' = \sum_{t=0}^{n} (QR + Z + E)\ t\ (1+i)^{-t} \qquad (11-5)$$

式中，N' 为社会现金流出净现值，QR 为经济成本，$Z+E$ 为生态成本的经济化表现。很明显，Z 与 E 是互成反比的，企业对其污染源治理的投资越大，其外部不经济程度就越轻。要注意的是，由于 W 的存在，因此企业外部不经济的支出并不完全由企业外的社会承担，企业外的社会只承担 E 与 W 之间的差额。

现在，我们可以得到社会的净效益表达式：

$$\sum_{t=0}^{n} \{ (QP-QR) + [(Y+A) - (Z+E)]\}\ t\ (1+i)^{-t} \xrightarrow[max\rightarrow]{} FNPV$$

$$(11-6)$$

式中，$FNPV$ 为国民经济现金净现值，在此可理解为社会净效益，$(QP-QR)$ 为净经济效益，$[(Y+A) - (Z+E)]$ 则为社会的净生态效益。显然，与企业一样，社会的净效益的高低也主要取决于 $[(Y+A) - (Z+E)]$ 的相互关系。同样，这几者之间也存在着密切的依存和制约关系。社会要取得最优的生态经济效益，就必须在它们之间寻找均衡点。

然而，理论和实践都表明，最优的社会生态经济效益，是包括企业在内的整个社会的生态经济效益的最优化，而不是排除企业后的社会的生态经济效益最优化。因此，我们优化生态经济管理，只有当企业的内部效益增加不足以抵消外部效益的减少而使社会的净效益下降时，政府才应该加以制止；而当企业的内部效益增加，外部效益减少，但前者所得大于后者所失时，政府应当通过实行生态经济政策，使企业补偿外部效益的减少。这就要寻求既能保持企业利益，又能保持社会利益两者之间紧密结合的最佳平衡点，以实现企业利益和社会利益的有机统一与协调发展。

最后，要强调的是，随着生态环境资源在现代经济发展中日益短缺，它的价值化和经济化的趋势日益加强。这种趋势必然使生态环境资源日益成本化，使生态成本的企业内部化程度不断提高，与生态环境资源有关的成本耗费占企业总成本的比重将不断上升。目前我国企业的产品成本中，环保费用仅占千分之几，而西方发达国家一般要占 5%—8%。由此看来，目前我国企业的生态成本绝大部分是由社会承担了。随着现代企业制度的建立，企业不仅要承担国有资产保值增值的责任，而且还要承担社会生态财富保值增值的责任。在企业承受能力不断提高的条件下，逐步提高生态成本内部化的程度，使生态环境保护与建设费用占企业总成本的比重逐渐增加，这是必然趋势。这个问题，我国经济界和企业界必须及早高度重视。

二　企业外部不经济性内部化

在我国目前的情况下，大多数企业一般不具备或不完全具备追求外部经济性的动力，并缺乏对生态环境资源损耗的自我约束能力，也没有建立能够抑制外部不经济行为的自我约束机制。因而在许多场合下，就会出现外部不经济性的倾向。因此，建立现代企业制度，优化微观生态经济管理，必须使企业既具有追求内部经济性的动力和能力，又具有追求外部经济性的动力和能力，从而有效地克服生态成本的外在化，实现外部不经济性内部化。这是现代企业生产经营管理生态化的历史发展趋势。

（一）企业生态经济行为合理化

企业生态经济行为，既是实现内部经济性目标即企业利益的过程，又是实现外部经济性目标即社会利益的载体。什么是企业生态经济行为合理化？根据实践与我们的认识，它是指企业生产经营管理活动以最小耗费获得最大的经济、社会和生态效益，达到企业利益和社会利益的密切结合与协调统一。企业为了自身的利益，会使自己的生态经济行为实现微观生态经济系统运行与发展的合理化。但是微观上合理的生态经济行为，从宏观上看并不就一定合理。为此，企业的生态经济行为，同时还必须尽可能实现宏观生态经济系统运行与发展的合理化，至少不损害宏观生态经济系统的健康发展，以符合社会利益和履行企业对社会应尽的责任和义务。因此，企业生态经济行为合理化就是微观合理化和宏观合理化的有机统一与协调发展。

在现代市场经济条件下，作为市场主体的企业，追求自身收益的最大化与生态环境保护和建设是存在着矛盾的。这实质是企业利益和社会利益的矛盾在企业行为中的反映。对此，政府要通过政策和措施来调节企业的生态经济行为，为之树立内部经济性与外部经济性的双重目标，通过企业外部不经济性内部化的过程，实现企业利益与社会利益的有机结合，这就使企业的生态经济行为达到了合理化。

关于生态经济行为合理化的界限。对企业来说，就是追求自身利益最大化的经营管理活动，只能在国家和社会所规定的界限内进行，而不得违反国家有关政策法规。对政府来说，应尽力约束企业外部不经济行为，又不过多地影响企业发展和企业的活力，以达到最大可能的最佳社会利益，这就是政府对企业生态经济行为调节的合理界限。

（二）建立企业内部生态环境补偿制度

生态环境的补偿是指人们为了防止降低和失去生态环境的使用价值，而必须对那些被耗费和破坏的生态环境进行维护和修复，以保持和恢复其原来具有的使用价值和正常功能所采取的经济措施。这已成为现代人类经济活动的一个十分重要的内容。生态环境补偿制度的实质是社会（包括企业在内）以什么样的方式方法来维护和恢复被消耗和破坏的生态环境，使之重新具有符合人类生存与社会发展所需要的使用价值。为使企业外部不经济性内部化，不仅要建立社会（即各级政府角度）的生态环境补偿制度，而且要建立企业的生态环境补偿制度，予以保证。这是加强生态环境保护与建设的根本措施之一。

实行企业生态环境补偿制度，一个主要内容，是合理调节企业生态经济行为，优化企业投资结构。无论是国际上的绿色管理，还是我国的生态环境管理，都有一条共同经验，就是增加企业环保投资，改变企业生产投资与生态投资比例极不协调的状况。这是建立企业生态环境补偿制度的中心环节，是推动外部不经济性内部化，实现内部经济性和外部经济性双重目标的一个根本途径。生态环境投入在企业总投资中占多大比例，取决于多种因素。其中，经济因素是主要因素（如治污是否比排污合算、有无合适的技术、所产生的副产品能否获得较好的经济效益，治理、建设能否直接改变企业的生产条件等）。但社会因素（如社会舆论、公众抗议等）也会对它起一定的作用，因为这关系到企业的形象和与社会各方面的关系，尤其是对企业产品销售、占领和扩大市场有重要影响。随着现代市场经济发展的绿色趋势和消费者环境意识与生态道德的日益增强，来自这方面原因的生态环境投资将会不断增加。

实行企业生态环境补偿制度，一个重要措施是加强生态环境补偿政策的调控能力，促使企业自觉缴纳生态环境补偿费。这是优化生态经济管理，使外部不经济性内部化，实现内部经济性和外部经济性双重目标的政策保障。生态环境补偿费是社会收取，用于补偿生产和生活消耗的生态环境资源，或对生态环境资源进行保护、管理的费用。它不仅反映了生态环境资源的价值化和经济化过程，而且反映了人类赖以生存的生态环境必须得到正常维护的这一客观要求。因此企业必须缴纳这种费用。而国家则要正确地制定和实施生态环境补偿收费政策，使之具有很强的调控功能。一方面，政府充分发挥自己的宏观生态经济管理职能，加强生态环境补偿政策的调控能力，促使企业认真地缴纳生态环境补偿费；另一方面，企业自觉地建立和实行内部生态环境补偿制度，保证依法按时缴纳这些费用，这样就能将这一制度的实施落到实处，同时也能推动企业的微观生态经济管理达到一个更高的水平。

（三）优化生态经济管理必须以法治厂

这是微观生态经济管理优化，使外部不经济内部化，实现内部经济性和外部经济性双重目标的法制保障。

优化生态经济管理，一定要制定和执行各种生态环境法规，运用法律手段，保证企业利益和社会利益的有机统一与协调。世界现代化发展的历史表明，现代市场经济是法治经济，一个突出的表现是现代市场经济运行要纳入生态环境法治轨道。因此，任何一个发达国家和正在建设现代化的国家，对生态经济系统进行管理都需要制定和执行各种生态环境法律和法规，把防治污染、保护环境、建设生态纳入法治轨道。在我国社会主义制度下，调整生态环境保护和建设所引起的社会关系的各种法律大体可以分为六类：（1）综合性的生态环境保护法；（2）污染或其他公害的防治法，这类法律规范大体可分9种，如大气污染控制法、水污染防治法等；（3）自然资源保护法，这类法律规范大体可分10种，如土地保护法、森林保护法等；（4）文化环境保护法，这类法律规范大体可分5种，如文物古迹保护法、园林绿化保护法等；（5）环境标准，这类法律规范大体可分为两大部分，一部分是环境质量标准，如大气质量标准、水质标准等；另一部分是污染物排放标准，如工业废气排放标准、工业废水排放标准等；（6）其他部门法（如行政法、民法、刑法、经济法等）中的生态环境法律规范。目前我国已经制定和实施了《环境保护法》等4部法律、20多种法规和160多项环境标准，生态环境法律体系较为健全。

生态环境法律的主要承担者是各类企业。优化微观生态经济管理必须加强企业法律建设，以法治厂。首先，要增强企业经营管理者的生态环境法制观念，明确严格执法的目的。其次，企业生态经济管理必须自觉实现生态环境的基本任务，使之成为完成企业发展基本任务的重要组成部分。再次，优化微观生态经济管理，加强法制建设，企业必须以生态环境法规标准为依据，制定符合企业实际情况的生态环境管理法规条例，使企业生态环境法治管理具体化，并采取有效措施严格执行。最后，加强企业生态环境法制教育，严肃生态环境法律法规标准的权威性。例如，"全国企业管理优秀奖"（金马奖）、"全国工业污染防治十佳企业"等荣誉获得者哈尔滨锅炉厂，组织全厂职工系统学习了《中华人民共和国环境保护法》、《水污染防治法》等，围绕生态环境法律，从治厂思想、重大经营管理决策、干部任期责任制和职工的思想教育等方面，把生态环境保护摆在重要位置，做到有章可循、有法可依，使企业生态环境管理工作纳入法治的轨道。

三　建立健全微观生态经济管理体制

在实行现代企业制度，改革现存的企业管理体制中，建立新型的微观生态经济管理体制，是优化微观生态经济管理的制度保障。总结国内外的实践经验，建立与现代企业制度相适应的微观生态经济管理体制，至少应当包括健全企业生态经济管理组织，强化企业生态经济管理制度，完善企业生态经济管理机制和改革企业领导体制，建立企业生态经理制等。

（一）建立健全企业生态经济管理组织

目前我国多数企业的生态经济管理组织不落实，机构不健全，环保人员少，监督力量薄弱。因而，在建立现代企业制度，改革企业管理体制的过程中，一定要认真抓好建立和健全企业生态经济管理组织。当前，令人感到欣慰的是，近几年来，有不少企业，主要是一些先进国有大中型企业，在加强生态环境保护和管理、建立和健全企业生态环境管理组织方面，取得了可喜成绩。主要表现在：第一，成立企业环保委员会，这是一种实行集体决策的组织形式，决定和解决企业的重大生态环境保护、建设、管理的重大问题。第二，实行企业内部分级管理，层层抓环境保护与建设。第三，建立企业各级专职环保职能部门，充实专职环保干部或环保员，形成一支专业生态环境管理队伍。第四，在充分发挥专职生态环境管理队伍的作用的同时，还要利用企业各个职能管理队伍的力量，共同抓好生态环境管理工作。例如，安徽马鞍山钢铁公司是全国特大钢铁联合企业之一，被人们誉为"江南一枝花"，1992 年荣获"全国环境保护先进企业"的称号。该公司于 1990 年成立环委会，由公司总经理任主任，各有关处室负责人任委员。环委会决定公司生态环境管理目标，使生态环境保护与建设规划成为公司总体发展规划的组成部分；协调解决厂内重大生态环境问题；实行标准化、一体化的生态环境管理。又如乌鲁木齐石化总厂从总厂到分厂都相应成立了环委会，主管生产的总厂副厂长任总厂环委会主任，定期召开环委会决策重大的生态环境保护、建设与管理问题。总厂设置环保处、监测站，分厂设置环保科，生产车间设置环保小组，每个生产班组设有环保员。全厂有专职环保人员 229 人，占职工总人数的 1.76%，形成了完善的生产控制、治理污染、科研追踪、监督管理的生态环境管理网络。在建立组织机构的基础上，制定了一系列科学管理规章制度。该厂的做法得到国务院环委会领导的高度评价。

（二）强化企业生态经济管理制度

国内外企业管理的实践证明，加强企业生态经济管理，必须实行以生态环境目标责任制为核心的生态经济管理制度。发达国家一些大公司实行绿色管理，就是将公司的生态环境责任贯穿于公司的发展战略之中，从而明确公司高级管理人员的个人责任，把生态责任和经济责任相提并举，确保生态责任的落实。例如，美国的道氏化学公司，把环保责任作为该公司考核所属各工厂的主要指标之一，工厂负责人的工资与奖金都与环保指标直接挂钩；IBM 公司对环保有贡献的雇员进行奖励，1992 年该公司一名雇员因一项环保发明获得 5 万美元的奖金。

近几年来，在我国许多企业围绕实行生态环境目标责任制，建立和完善微观生态经济管理制度，主要有以下几方面的做法：

第一，实行企业生态环境目标责任制，作为考核企业经营管理状况的重要内容，并作为厂长经理任期目标之一，成为考核其业绩的一项内容。

第二，在企业经营机制的转换过程中，把企业生态环境目标达到的水平作为企业上等级、评选先进单位的主要内容和重要条件。

第三，在改革企业管理制度过程中，把企业的生态环境责任和生产经营责任有机结合起来，将生态环境保护指标同生产经营指标一同纳入目标责任制和经济承包合同，实行统一考核。

第四，建立和健全生态环境管理经济责任制，与企业领导者、管理者的经济利益直接挂钩，设立生态环境保护奖励基金。

第五，建立和健全企业生态环境考核制，作为优化企业生态经济管理的重要手段。

在这方面，山西焦化厂、北京燕山石化公司、河北冀东水泥厂、辽宁鞍山钢铁公司等企业都创造了宝贵经验。这些企业的共同特点是，把生态环境指标与生产经营指标一同纳入目标责任制和经济承包合同，实行统一考核，使企业生态环境管理条例和规章制度，同生产经营管理条例和规章制度一样，作为企业的厂规厂法，全体职工都必须严格遵守执行。以鞍钢为例，早在 1987 年就将污染物综合排放达标率、岗位粉尘达标率、环保设施完好率和运转率四项指标纳入公司生产经营目标、计划之中，厂矿严格考核，实行自上而下的目标控制。近几年来，随着经营承包责任制的普遍实行，建立了一套以"公司、厂矿两级干部任期环保目标责任制"为中心的生态环境管理体制。其主要内容是：（1）经理（厂长）要对企业的生态环境保护、建设、管理工作全面负责；（2）生态环境指标要列入经理（厂长）任期目标责任制，作为其业绩考核的主要内容之一；（3）经理（厂长）必须把生态环境指标体系纳入企业总体生产经营的方针、目标、计划之中，与生产经营指标一起考核；（4）生态环境指标未完成不算全面完成生产经营计划，不能被评为先进（文明）单位；（5）制定和实施《经理（厂长）任期目标责任制生态环境目标考核档案和奖惩评分办法》，并建立了一整套监督制度。这些做法为我们探索具有中国特色的微观生态经济管理制度提供了实践经验，值得推广。

（三）完善企业生态经济管理机制

我国企业管理的发展表明，由单纯经济管理发展到生态经济管理，使生态环境管理和生产经营管理紧密结合起来，关键在于建立完善的企业生态经济管理机制，形成推动力，把生态环境管理渗透到企业经营管理的各个环节，不仅纳入企业的综合管理，而且纳入企业各项专业管理，这样才能真正实现企业生产经营管理和生态环境管理的有机统一。对此。一些企业已经进行了很有成效的摸索，他们的经验主要有以下几点：

1. 把生态环境保护与管理纳入企业管理的全过程，实施全方位的生态环境管理。例如甘肃白银有色金属公司采用"四纳入考核"的办法，将废水、废气综合排放达标率、污染物排放总量和环保设施运转率四项指标纳入生产经营计划、经理厂长任期目标、企业晋升等级和经营承包经济责任中进行统一考核。这个公司的选矿厂把生态环境管理渗透到企业管理的全过程，总结出生态环境管理"十个纳入"的经验：（1）纳入厂长任期目标：（2）纳入工厂发展方针、目标；（3）纳入企业等级规划；（4）纳入全面质量管理；（5）纳入安全文明生产；（6）纳入"双增双节"活动；（7）纳入经济责任制；（8）纳入班组建设；（9）纳入"双文明"竞赛活动；（10）纳入思想政治工作。这就形成一种动力，使企业生产经营管理和生态环境管理紧密结为一体，推动企业生态经济系统正常运行与协调发展。

2. 建立全方位的企业生态经济管理机制。例如，前面提到的哈尔滨锅炉厂，其生态经济管理机制是"32字"的工作体系，即分级管理（厂、分厂、班组各级都建立责任制），分线负责（各系统都要负责本系统的环境保护与管理，制定措施计划），纵向到底（在管理中，从上面到基层，实行全员管理），横向到边（全过程、全方位的管理），连带责任（考核的部门都要负责任），互相监督（各部门之间要互相监督），专兼结合（职能部门与兼职环保人员结合起来管理），目标管理（达到企业的管理目标）。这样就形成了一个内在的推动力，促进企业生态经济管理的实现。

3. 建立生态环境监督机制。它是生态经济管理机制的一个重要组成部分。实践证明，充分发挥监督机制的作用，才能切实保证生产经营管理和生态环境管理的有机统一，实现微观生态经济管理优化。例如，"全国环保先进企业"内蒙古棉纺织厂，从改善企业生态环境管理机制入手，强化企业生态环境管理，使它与生产经营管理密切结合起来。该厂主要是采用"三级管理，四级监督"的办法：厂部统筹管理，职能部门专职管理，职工群众全员管理；厂职代会监督，厂企管会监督，各级领导监督，职工群众监督。由于发挥了全厂生态环境监督机制的作用，使生态环境监督管理成为企业管理的重要职能，从而保证了企业生态经济管理的严肃性和有效性。

（四）改革企业领导体制，建立企业生态经理制

企业领导体制，是企业管理体制中最重要的组织制度，它对企业经营管理工作起着领导、支配和协调作用。因而，发达国家的大公司、大企业为了确保绿色管理的推行顺利履行生态环境责任，大多改革企业领导体制，实行企业生态经理制。例如美国的杜邦公司，任命了专职的主管生态环境事务的生态经理；可口可乐公司聘请了一位农业工程师任环境经理。德国新颁布实施的《环境保护法》明文规定，从 1991 年 1 月 1 日起，工业公司必须委任一位高层经理为生态经理，监督企业生产过程要合乎环境保护法规要求，并规定受委任的生态经理必须具备丰富的工程技术知识，而且还是管理人才、经济学家或法律人员。生态经理的权限事实上跨越了企业中所有职位。德国政府认为，唯有如此才有足够的能力和权力确保工业生产不与环境保护相冲突，才能促进企业经济与生态环境协调发展。我们认为，在现代企业制度下，实行生态经理制，这是改变企业领导体制的一项很有远见的举措。我国建立现代企业制度要借鉴这一可贵经验，减少走弯路。这是我们应当认真研究和切实解决的重要问题。

在我国，目前许多大中型企业设立了企业环委会，大多数是由主管生产的副厂长或副总经理兼任环委会主任，还没有专职主管生态环境事务的厂长经理，当然就没有确立企业生态经理制。随着我国现代企业制度的建立，尤其是生态时代的到来，我国企业要走向世界，走向 21 世纪，那么，以生态文明建设为核心的生态经济建设将会日益主宰企业的生产经营管理活动，企业生态经济管理越来越重要。在客观上必然要求企业领导体制适应这种客观要求，因此，确立企业生态经理制，是历史的必然。为此，我们建议，在一些条件比较好的企业，如本书中所提到的那些企业，在建立现代企业制度过程中，应当进行企业领导体制的改革，实行企业生态经理制。并作为试点，取得经验，逐步在面上推广。

实行生态经理制，必须培养和造就适应现代市场经济发展的生态经济企业家。现代企业家是高层次的、通晓现代市场经济运作规律的经营管理领导者，其职责除准确决策之外，还应通过完善组织、健全制度、

明确责任,实施科学而有效的管理。而生态经济企业家,则是在一般企业家的基础上,还必须是通晓现代生态经济运作规律的经营管理领导者,能够带领全体职工走出一条低耗、高产、优质、无污、高效的企业发展的绿色道路。当代中国的现代企业家很少,生态经济企业家更是奇缺。中国现代文明建设的成败,生态文明建设的成败,系于适应现代市场经济的生态经济企业家的崛起。我们的国家、我们的民族,要走向世界、走向 21 世纪,需要大批生态经济企业家。因此,培养和造就大批生态经济企业家,应当是建立现代企业制度的一项带有根本性、战略性的历史任务。

参考文献

1. 北京经济学院经营管理教研室编:《现代企业管理原理》,北京经济学院出版社 1991 年版。

2. 王起:《"绿色管理"在西方兴起》,《中国环境报》1993 年 5 月 15 日。

3. 杜拉克:《管理——任务、责任、实践》,孙耀君等译,中国社会科学出版社 1987 年版。

4. 刘思华:《生态与经济协调互促:现代经济发展模式的重构》,《中南财经大学报》1994 年第 1 期。

5. 刘思华:《当代中国的绿色道路》,湖北人民出版社 1994 年版。

6. 谢学良:《有计划商品经济条件下企业管理模式研究》,载《企业管理新模式初探》,中国人民大学出版社 1986 年版。

7. 陈炳富主编:《企业经营管理模式》,天津人民出版社 1992 年版。

第四篇　城市生态经济管理

　　城市生态经济管理，是城市的管理者和决策者运用人力、物力、财力、技术、信息、时间、自然资源、环境资源等，来调节与控制城市生态经济系统的发展和演化，使其达到人们预定的生态经济总体目标的系统工程。由于城市是人类文明的标志，是一个时代的经济、政治、社会、科学、文化、生态环境发展和变化的焦点和结晶，所以任何国家经济的现代化首先都表现为城市的现代化。在城市现代化过程中，如何正确处理城市发展、经济建设和生态环境保护建设的相互关系，是城市生态经济管理面临的重大课题。因此，城市生态经济管理不仅包括人们对城市经济系统管理的内容，而且还包括人们对城市生态系统管理的内容，以及使城市经济系统的管理和城市生态系统的管理相互协调的内容。

第十二章 现代化城市的生态经济综合管理

一 城市现代化过程中面临的生态经济问题

国内外城市现代化的实践证明，随着城市经济现代化（特别是工业现代化）水平的不断提高、城市人口的迅速增长、城市数量的不断增加等，城市经济发展和城市生态环境之间的矛盾越来越尖锐、复杂，从而使解决这类矛盾的城市生态经济管理问题提到了世界各国的议事日程。概括起来，城市现代化过程面临的生态经济问题主要表现在如下两个方面。

（一）城市经济现代化过程中出现的生态经济问题

城市的优势在于工业、人口、市场、文化和科学技术的集中，这有利于生产专业化、协作化和技术密集型产业的发展，有利于市场的配套建设和物流、能流、信息流、人流和价值流的合理高效，全面促进城市经济的现代化。但城市的缺点也恰恰在于人口和工业的过量集中和经济密度过大，使占国土面积较小的城市地区，进行着大量的资源利用、物质变换、能量流动和产品消费的活动，从而使自然资源大量耗用和各种生产、生活性废料大量产出，引起了一系列城市生态经济问题。这种城市经济现代化过程中出现的生态经济问题有如下十大类：

1. 城市工业的迅速发展和现代化同越来越多的工业自然资源（水、铁矿石、石油、煤炭、木材、粮食、棉花、土地等）短缺的矛盾。

2. 城市工业增长和人民生活水平的提高同城市能源（电力、煤气、石油、热气等）供应紧张的矛盾。

3. 城市生产性和生活性用水日益增加同水域（江、河、湖泊、地下水等）污染、水源紧缺的矛盾。

4. 城市建设的日益扩大和城市建设用地的迅速增加同城市郊区耕地资源迅速减少的矛盾。

5. 城市工农业和人民生活用水量迅速增加导致过量抽取地下水，地面出现下沉的生态经济问题。

6. 城市建设缺乏规划或规划不科学，以及盲目的基本建设同保护城市文物资源、城市景观旅游资源的矛盾。

7. 城市经济现代化和人民生活水平提高所产生的城市环境污染（大气污染、水污染、废渣污染、噪声污染、电磁波污染、放射性污染、城市"热岛效应"和酸雨污染等）问题。

8. 城市建设的迅速发展同城市园林绿地和郊区森林被大量滥占、滥挤的问题。

9. 城市人口的迅速发展和居民住宅拥挤、居民生活环境质量难以提高的矛盾。

10. 城市人民生活水平的迅速提高和大量含有有毒污染物的蔬菜、果品、肉类等食品涌入城市市场的问题。

（二）城市经济现代化过程中出现的基础设施滞后问题

城市的可持续发展建立在健全的生态环境基础上，它以良好的城市基础设施为基础。城市基础设施相对于城市生产、流通、消费等各项主体设施来说，具有建设的超前性和形成的同步性特征。也就是说，为了和城市生产能力等主体设施能力相同步，城市基础设施建设必须超前进行。当做到这点时，所形成的较完善的城市基础设施就能对城市生态经济系统功能的实现起到促进作用。否则，城市的基础设施就难以适应甚至越来越制约城市经济能力的发展。目前，我国在经济现代化过程中，一方面是城市生产、流通、消费等各项主体设施的建设和发展速度过快；另一方面是需要超前进行的基础设施建设在投资能力等条件的限制下难以和主体设施的建设能力相同步，因而就造成全国很多城市出现了基础设施滞后的生态经济问题。主要表现在以下五个方面：

（1）城市道路的建设远远落后于城市交通工具发展的需要，使全国多数城市的交通拥挤问题越来越严重。

（2）城市停车场地建设和高层建筑建设的规模不同步，停车难问题在全国很多城市十分严重，不但挤占了城市道路，而且严重影响了城市市容。

（3）城市水源建设、供水设施和水厂供水能力的发展落后于城市现代化的需要。

（4）城市环境保护基础设施建设速度远远低于城市环境污染治理所应达到的速度，致使很多城市的污水处理率、烟尘去除率、垃圾无害处理率都较低，使很多城市的环境污染有加重的趋势。

（5）城市防洪基础设施普遍落后，很多城市的经济技术开发区建设和防洪排涝设施建设很不同步。我国有很多城市地处江河两岸，这里聚集着众多的人口和巨大的社会财富，但却有着发生洪涝灾害的巨大危险。据统计，全国 500 多座城市中有 400 多座存在着外洪内涝问题。在这些有防洪任务的城市中，80% 的防洪标准不足 50 年一遇，65% 不足 20 年一遇。

除城市的防洪基础设施落后以外，城市的防火、防爆炸、防毒物或毒气泄漏等方面的基础设施也普遍落后，致使很多城市经常发生各种工业灾害，使人民生命安全和国家财产遭受巨大损失。

二　现代化城市必须进行生态经济综合管理

（一）现代化城市必须实行生态经济综合管理的理论依据

要在城市现代化过程中合理解决上述各种生态经济问题，必须对城市实行科学合理的生态经济综合管理。现代化城市是一个由经济系统、社会系统和生态系统相互结合而成的城市生态经济大系统，它同时进行着经济再生产、人口再生产和生态环境再生产这三种再生产；而城市生态经济系统在这三种再生产中又分别产生经济效益、社会效益和生态效益三种效益。这三个方面的相互对应及其连接和统一就构成了现代化城市必须实行生态经济综合管理的理论基础。

1. 现代化城市的管理必须是对其经济系统的管理、社会系统的管理和生态系统的管理的结合与统一。国内外城市化过程中的大量实践证明，人类对城市管理的认识是有一个过程的。在西方工业化早期和中期，由于蒸汽机的使用使城市迅速发展。当时管理城市的资产者只注意管理城市的资本主义企业经济，以取得较多的剩余价值，而对城市生态系统的被污染和城市社会系统的杂乱局面是根本不顾的，以至于到 20 世纪 50 年代连续出现了"伦敦烟雾事件"和日本的"水俣事件"等重大污染事故。从 20 世纪 60 年代中期开始，西方主要的城市开始治理生态环境，经过一二十年的工作，逐步重视城市生态环境管理，谋求城市生态、经济、社会的协调发展，从而进入了城市生态经济综合管理的阶段。

由于每一个城市生态经济系统的运行，都依赖于其经济系统、社会系统和生态系统各个子系统的协调互动，而城市生态经济的综合管理，正是承担了这种协调互动的指挥中心的作用：（1）通过城市生态经济管理，可以从调整城市经济系统、城市社会系统和城市生态系统各自的内部结构及城市生态经济系统的总体结构入手，来实现对各子系统的协调互动的总调控作用，促使城市整体生态经济系统全面的优化。目前我国很多城市之所以会出现上述生态经济问题，主要原因在于城市生态经济系统内部的各子系统、各要素间的比例不合理、不协调。（2）通过城市生态经济综合管理，城市的决策者可运用城市规划管理、计划管理等宏观调控手段，并充分发挥市场机制的作用，制约城市经济系统、城市社会系统和城市生态系统之间发展的比例关系，限制那些对城市生态经济良性循环不利要素的增长，鼓励那些薄弱系统和有利要素的增长，并使各种要素和子系统有合理的空间布局，从而实现城市生态经济系统的协调发展。

2. 现代化城市的管理必须是对城市的经济再生产、城市人口再生产和城市生态环境再生产的综合管理。国内外城市发展的无数实践证明，城市生态经济系统的总体运行过程是由城市经济再生产、城市人口再生产和城市生态环境再生产这三个再生产过程相互联系和交互推动进行的。它们的联系通过物质流、能量流、信息流、人流和价值流等作为中介来实现。如作为城市生态经济系统主体的人在城市经济再生产中，从城市内外生态环境中吸取自然物质和能量，通过消费实现了城市人口的再生产和劳动力的再生产。而在此过程中，又都要消费一定的城市生态环境资源，并且向城市生态环境排放各种生产性和生活性废弃物质和能量，从而引起城市的水环境污染、大气环境污染、土地或地面环境污染、热污染（城市"热岛效应"）、噪声污染、电磁波污染和放射性污染等，使城市生态平衡受到影响。在这种情况下，如果城市的管理者和决策者只注重经济再生产和人口再生产的管理，而不重视对城市生态环境再生产的管理，就会反过来，一方面由于城市生态环境中有一定质量的自然资源（如水资源等）的减少和有害物质的增加，会影响城市的经济再生产；另一方面由于有害的污染物质和能量的损害，严重影响城市人口再生产和劳动力的再生产。因此，现代化城市必须实行城市经济再生产、城市人口再生产和城市生态环境再生产的综合管理。

3. 现代化城市的管理要追求城市生态经济系统的经济效益、社会效益和生态效益同步提高的目标。由于城市生态经济综合管理的过程，是要调节控制城市生态经济系统的上述三个子系统和三种再生产，使其向着人们预定的目标发展的过程，所以选准这个预定目标是头等重要的事情。如果城市生态经济管理的目标只是追求眼前的局部利益，就会导致长远的整体利益被严重损害的后果。

从城市生态经济管理是要通过调节控制，促使城市生态经济系统朝着协调发展的方向进化的总目的来分析问题，只强调管理过程提高经济效益是不完整的。因为城市经济系统只是城市生态经济系统的三个子系统之一，它必须同城市社会系统、城市生态系统相互依存、相互作用、相互协同，才能形成大系统整体的功能。由于这三个子系统分别进行着经济再生产、人口再生产和生态环境再生产这三种再生产过程，并分别承担着满足城市居民特定需要的功能，因而相对应地要产生经济效益、社会效益和生态效益（或称环境效益）这三种效益。所以，城市生态经济管理的总体目标不能只强调其中的一种效益，而且应强调提高城市生态经济系统的综合效益，即同步提高经济效益、社会效益和生态效益。

（二）解决城市生态经济问题必须实行生态经济综合管理

概括起来，实行城市生态经济综合管理。对解决上述城市现代化进程中所出现的种种生态经济问题，有以下 3 个方面的巨大作用：

1. 城市生态经济管理能通过规划、计划和市场等多种手段，对城市生态经济系统的物质流、能量流、信息流、人流和价值流进行宏观的或微观的调控，促使城市各类生态经济问题的解决，实现城市生态与经济的良性循环。由于城市生态经济系统具有动态和循环发展的连续性的特点，城市的经济系统结构、社会系统结构和生态系统结构随时都在发生变化，使城市生态经济系统的物质流、能量流、信息流、人流和价值流的运转不断变化。应当看到，城市的这五种"流"的有些变化是有利于现有生态经济问题的解决的。如将废弃物质和能量更多地流向综合利用部门和领域的变化，就有利于各种环境污染问题的解决和产品的物耗、能耗的降低。城市的管理者和决策者就是要采取各种经济的、行政的和法律的管理措施，大力促进城市各个领域的废弃物质和能量的综合利用事业的发展，以实现城市生态与经济良性循环。而城市中这五种"流"的另一些变化则是对解决城市生态经济问题不利的，如城市人流、车流、污水流等的大量增加就会带来很多生态经济问题，需要城市的决策者和管理者在城市生态经济综合管理中，及时地把握城市的动态平衡，并采取相应的经济、行政、法律的宏观调控措施来调控城市这五种"流"的流向和流量，合理地调节城市各方面发展和运行的比例关系，促进各种城市生态经济问题的逐步解决。例如，近几年上海市政府在加强城市生态经济综合管理中进行的苏州河合流污水治理工程，就是一项调节控制上海市污水流的流向以实现黄浦江、苏州河由黑变清的巨大工程。它西起普陀区丹巴路，东至原川沙县竹园长江口，全长约 35公里，沿线接纳市区 44 个泄水区、52 个泵站的污水。建成后每秒最大将处理 45 立方米污水，经预处理后排到长江内扩散稀释。

2. 在法制方面的城市生态经济综合管理，是解决各种城市生态经济问题的有力保障。对城市生态经济系统的综合管理需要有相应的法制管理做保证。任何一个较大的城市一方面要贯彻执行国家制定的经济和生态环境方面的法律，如基本建设法、中外合资经营法、矿产资源法、环境保护法、森林法、水污染防治法、大气污染防治法、土地法、海洋环境保护法等；另一方面要根据本城市的生态经济特点，制定有利于本城市生态经济协调发展的法律体系。例如，根据每一个大城市自己独特的生态经济问题（这些生态经济问题的出现是与各城市独特的生态系统结构、经济系统结构和社会系统结构相联系的），制定本市的水源地保护条例、噪声防治条例、核废料管理条例、大气污染防治条例、排污收费和罚款管理条例、乡镇企业环境管理条例、市区车辆通行管理条例，等等。由于这些条例的制定和实施都是针对本市的主要生态经济问题来进行的，所以这种生态经济法制管理措施能对城市生态经济的协调发展起到巨大的促进作用。

3. 对城市大中型建设项目的生态经济综合管理有利于杜绝各种新的城市生态经济问题的产生。城市大中型项目的建设，对城市生态经济系统的结构和功能的变化有着重大影响。因此，加强对城市大中型建设项目的生态经济综合管理，使可能产生的生态经济问题尽量消除在建设之前或建设之中，就成为城市生态经济综合管理的重要内容。其一，要在城市的一切大中型项目的建设之前认真抓好项目的环境影响评价工作，认真评价项目建成后可能对城市的大气、地面水、地下水、局部小气候、土壤、植被、文物、景观等方面的影响程度，评价项目建成后对城市生态环境带来的不良影响和消除这些影响所需要的费用及环保配套设施建设等。其二，要抓好大中型建设项目中主体设施和环保设施"三同时"（同时设计、同时施工、同时投产）的管理，使经济发展和环境保护实现同步发展。实践证明，认真抓好"三同时"管理是杜绝城市新的生态经济问题产生的保障。

三 现代化城市基础设施的规划、建设与管理

（一）基础设施的规划、建设与管理是城市生态经济综合管理的重要内容

城市的基础设施是相对于城市的生产、流通、消费、经济和行政管理等主体设施而言的。它主要包括城市的能源电力系统、供水排水、水资源开发和利用、道路和公共运输、邮电通信、环境保护、园林绿化、文物古迹保护、防洪防灾、文体卫生、教育等方面的设施。城市基础设施是一个城市生态经济系统赖以生存和发展的基本物质条件。因此，城市基础设施的规划、建设与管理是城市生态经济综合管理的重要内容。

1. 城市基础设施的规划、建设与管理对实现城市生态经济系统功能调控具有重要作用。城市生态经济系统功能的调控主要表现为对系统的物质流、能量流、信息流、人流和价值流的流向、流量和"流"的内部构成的调控。对城市基础设施的规划、建设与管理，就能起到这种作用。它能做到使每个城市地域上布局了能使这些"流"得以合理高效地进行相应的基础设施，并使这些城市基础设施成为一个有机整体。如果城市的决策者和管理者高度重视城市基础设施的规划、建设与管理，就会对各类基础设施进行统筹规划和超前建设，逐步实现城市生态与经济的良性循环。

2. 城市基础设施的规划、建设与管理对提高人类驾驭城市生态经济系统的能力具有重要意义。由于城市不仅集中了历代人民的创造性劳动成果，而且也集中了一个时代的各种矛盾，包括现代城市所产生的种种生态环境与经济发展之间的矛盾，这就决定了人类难以自如地驾驭自己创造出来的城市。人类为了能驾驭各个城市生态经济系统，就必须在加强城市生态经济综合管理中通过完善城市基础设施等手段，尽量避免和消除不同城市发展中的各种生态经济矛盾。为此，人类可以根据自然界中对自身有利的因素，在一定的城市地域上进行物质模拟、集中和复制，把人的创造性劳动有目的地对象化在城市基础设施体系中，将原来需要千百个中间环节才能联结起来的事物直接统一起来，使城市基础设施成为人类改造自然和解决各种生态经济问题的工具。例如，交通拥挤、污染严重是上海市长期存在的严重生态经济问题之一。近年来，上海市就通过基础设施的配套建设与管理，大大提高了驾驭城市生态经济系统的能力。除正在进行的苏州河"合流污水治理"工程外，新规划建设的环路，通过两座跨越黄浦江的大桥，除将浦东包括进来，在市区也辟设了三条大路。而在内环线上建设高架道路，再加上"地铁一号"等工程，使上海市形成了现代化的地下、平面、高架的立体交通网络，将逐步变生态与经济的恶性循环为良性循环。

（二）按照生态经济原则搞好城市基础设施的规划、建设与管理

由于对城市基础设施的规划、建设和管理是城市生态经济综合管理的重要内容，所以城市的决策者和管理者需要自觉地按照生态经济原则来搞好城市基础设施的配套建设和管理。

1. 要按照生态经济学将城市基础设施分为生产性、生活性和生态性三类基础设施的原则，搞好城市基础设施的规划、建设与管理。生态经济学认为，如同城市生态经济系统是由经济系统、社会系统和生态系统这三类子系统构成，分别进行着城市的经济再生产、人口再生产和生态环境再生产一样；城市基础设施也分为主要为其经济再生产服务的城市生产性基础设施、主要为其人口再生产服务的城市生活性基础设施和主要为其生态环境再生产服务的城市生态性基础设施三大类。这三类城市基础设施之间既有相对的分工，又相互依赖。只有在城市基础设施的规划、建设和管理中正确地认识这三类基础设施的相互依赖性和相互制约性，重视三类基础设施规划、建设和管理的同步性，才能逐步使城市的这三类基础设施分别适应城市的经济再生产、人口再生产和生态环境再生产不断发展的需要，做到配套建设、科学管理。例如，天津市在基础设施的规划、建设和管理中就自觉地重视这三类基础设施的配套建设，先后建成了内、中、外三条环线和 14 条放射线，修建了天津铁路新客站，建成了引滦入津等城市供水工程，整治了海河水质污染和两岸的生态环境，修建了纪庄子污水处理厂和无公害垃圾处理场等设施，使天津逐步实现了生态与经济的协调发展。

2. 要按照生态经济原则，结合城市道路网的建设，促进城市三类基础设施的配套建设。城市道路网的科学规划和合理建设，能给城市的公共交通、立交桥、供水、供热、排水、供电、电讯、环境卫生、园林绿化等许多方面的设施建设提供合理的布局和位置。因此，要结合城市道路网的建设，按照有利于城市生态经济系统的物质流、能量流、信息流、人流和价值流合理高效运转的原则，运用系统工程的方法，进行系统设计、配套施工。要做到这一点，就需要与城市基础设施建设相关的各个管理部门，如城建部门、公交部门、电力部门、电讯部门、自来水管理部门、环卫部门、环保部门、园林部门、城市规划部门、土地管理部门、计划部门、财政金融部门和供气供热管理部门等，都能树立城市生态经济综合管理的意识，在城市道路网的规划建设中尽量做到同步规划、同步投资、同步建设和同步管理。这样既可以使城市道路网建设有利于城市生态经济系统功能的发挥，又可避免目前我国很多城市存在的街道修了再挖、挖了再修，形成所谓"拉链式道路"的问题。

3. 要重视对提高城市的经济效益、社会效益和生态效益都有益的各项基础设施的规划、建设和管理工作。城市基础设施虽然可分为生产性、生活性和生态性三大类，但由于它们之间是有广泛的内在联系的，所以有很多基础设施是能同时产生良好的经济效益、社会效益和生态效益的，如充足的发电供电系统、自来水供水系统、集中供气和集中供热系统、绿化良好的现代化道路网系统，等等。这些都是城市的管理者和决策者在加强城市生态经济综合管理中需要全力抓好的。仅以集中供气和集中供热设施的规划、建设和管理而言，由于这种设施对改善用气用热企业的生产环境、改善城市居民的生活环境和城市大气生态环境都有良好的作用，所以受到越来越多的城市管理者的重视。

四　现代化城市的生态经济规划

（一）现代化城市管理必须依据科学的生态经济规划

制定城市生态经济规划及规划管理，是作为城市生态经济系统主体的人类，对城市生态经济系统的进化、演替和发展的调节与控制过程。实践证明，我国城市生态环境问题之所以严重，一个重要原因，就是缺乏科学规划和不合理的工业布局。因此，城市要发展，要以现代化的姿态进入 21 世纪，必须要制定一个符合本市特点的科学的生态经济规划，并按照这个规划来进行城市的生态经济管理。

1. 现代城市的很多生态病症和矛盾，只有通过科学的城市生态经济规划及其规划管理才能得到解决。由于城市是一个由经济系统、社会系统和生态系统复合而成的多层次、多因素、多功能的大系统，它必须依靠人工的调控和管理才能正常运行和发展。尤其是在人类正在进入被称为"生态时代"的21世纪的时候，任何一个缺乏"生态文明"的城市，是很难被国内外投资者、旅游者和决策者承认是"现代化"城市的。因此，城市的决策者和管理者要解决本城市存在的大量生态病症和矛盾，就要依据生态规律和经济规律，通过研究和制定科学的生态经济发展规划，来作为调控和管理城市生态经济系统的依据。

2. 城市生态经济规划，是城市发展战略的综合体现，也是城市建设规划、管理的重要依据。由于城市经济社会发展战略和城市建设规划的制定，都应以服从其自然生态系统的承受力为依据，以生态资源为基础，以生态阈值为临界点，所以现代化城市的经济社会发展和城市的建设和管理，只有建立在有科学根据的城市生态经济规划的基础上，才能实现其清洁优美和高效。

（二）按照城市生态经济理论搞好城市生态经济规划

由于城市生态经济规划是要对一个城市生态经济大系统的未来发展和演替进行全面策划，走出一条生态与经济相协调的可持续发展道路。这是解决城市经济社会发展与生态环境保护建设之间矛盾冲突的最佳选择。所以它在进行过程中要始终以城市生态经济协调持续发展的理论为指导。

1. 城市生态经济学的一些基本原则和基本观点，是进行城市生态经济规划的理论依据。近几年，我国的长沙市、伊春市、宜春市等都先后编制了城市生态经济建设规划或城市生态建设规划。这些城市的实践证明，城市生态经济学的一些基本观点，如城市生态经济系统观、城市生态经济平衡观、城市生态经济效益观、城市生态经济战略观、城市生态经济区域观等理论对这些城市生态经济建设规划的成功编制都起到了理论指南的作用。例如，《长沙市城市生态建设总体规划》在其"规划思想"部分就提出"规划应重视城市生态平衡对经济发展的制约作用，正确处理经济增长与保持生态平衡之间的关系，对生态系统的物质循环进行动态平衡，把经济发展建立在生态平衡的基础上，以实现城市生态系统功能的良性循环，获得整体最佳生态经济效益"。①

2. 要以城市生态经济协调持续发展理论为指导，以建成"生态市"或"生态经济市"为目标，来编制城市的生态经济建设规划。80年代中期以来，随着城市管理者和居民生态经济意识的不断提高，全国有很多城市（如威海市、宜春市、上海市、长沙市等）都先后提出要在 2000 年或 2010 年将其城市建设成为"生态市"的宏伟目标。例如，上海市政府 1992 年作出一项重大决策，争取用 20 年左右时间（即到2010 年），实现与国际大都市接轨，将上海建成清洁、优美、舒适的生态城市。

建设生态城市，必须编制城市的生态经济建设规划。根据长沙市、伊春市、宜春市等城市编制生态建设规划和城市生态经济建设规划的经验，这类规划应包括总体规划和专题规划两大部分内容。其中的总体规划除了要按上述的城市生态经济基本原则和基本观点编制好"规划思想"和"规划远景"等项内容外，还要结合本市的具体情况重点做好以下 5 个方面内容的编制工作：（1）规划依据。这是研究城市生态经济建设规划的基础和前提。它包括城市生态环境的变迁、城市经济、社会、生态三个子系统的现状分析、城市生态环境容量、城市生态环境演变趋势预测等内容。（2）规划目标。这是编制城市生态经济建设规划的核心。它主要是制定规划的生态、经济、社会三大系统的总体发展目标和目标体系，包括定性目标和定量目标。（3）规划重点。这主要是依据城市的生态经济各方面现状和上述规划目标，重点制定城市的人口规划、景观和绿地建设规划、基础设施建设规划和环境保护规划等内容。（4）规划步骤。它主要包括近期和远期需要建设的重点生态经济建设工程，以使城市生态经济建设规划与城市各个中短期计划同步实施。（5）规划对策。这是编制实现城市生态经济规划所采取的措施和手段。它主要包括城市生态经济功能分区建设措施、调整城市生态经济

---

① 参见《长沙市城市生态建设总体规划研究》，湖南科学技术出版社 1992 年版，第 18页。

结构措施、理顺城区管理体制和强化生态经济管理措施、依靠科学技术搞好城市生态经济建设措施、资金筹措措施、法制管理措施和城乡生态经济综合建设措施等。

城市生态经济的专项规划主要包括城市人口发展规划、城市能带动生态建设的产业结构调整规划、城市基础设施规划、城市绿地园林建设规划、城市历史文化名城保护规划（城市是历史文化名城者必须有此规划）、城市环境污染综合整治规划、城郊生态农业建设规划、城市水源地保护规划，等等。这些都是建设生态城市所必须遵循的专项规划。

3. 对于一些资源型城市，其城市生态经济规划的中心内容应该是围绕着城市主要自然资源的合理开发、保护和综合利用等问题来展开，并相应地进行上述的城市生态经济建设总体规划和专题规划。这需要遵循一系列生态经济原则。如林区城市要围绕着森林资源的合理增值、采伐、保护和综合利用，森林公园建设和森林旅游业发展，以及相应的基础设施建设等内容来编制其城市生态经济规划；而煤炭城市则要围绕煤炭资源合理开发利用、采煤塌陷区的综合整治、开发及煤矸石利用等问题来编制。

第十三章　城市生态工业的建设与管理

一　建设生态工业对城市生态经济协调发展的作用

20 世纪 90 年代以来，世界各国尤其是发达国家兴起企业环保热，变革传统工业发展模式，使工业朝着生态化的方向发展。生态工业作为可持续工业发展模式的形成，标志着现代工业进入一个新阶段。所谓生态工业，就是依据生态经济学原理，运用生态规律、经济规律和系统工程的方法来经营和管理的，以资源节约、产品对生态环境损害轻和废弃物多层次利用为特征的一种现代化工业发展模式。生态工业的建设与管理，对城市生态经济协调发展有着巨大作用。

（一）生态工业的基本特点

生态工业区别于传统工业发展模式的基本特点是重视工业生产、流通等经济活动的生态化。生态工业体系的具体特点可以表现在以下 4 个方面：

1. 对工业生产的自然生态系统条件利用和保护相互结合，实现其互相协调。任何工业经济活动都要在人和自然之间的物质变换过程中改变工业所利用的各种自然生态系统条件（包括各种自然资源和生态环境条件）。生态工业模式强调的是，要在利用的过程中，使这些自然条件的改变控制在生态系统所能承受的范围内，并重视各种可再生自然资源的再生和利用的平衡及对所损害的生态环境的保护工作。

2. 在工业生产过程中最大限度地节约资源和能源。这一方面表现在生态工业运转中要努力实现各种资源和能源的最大限度的综合利用；

另一方面又包括在生态工业系统运转过程中尽量做到废弃资源和余热、余能的充分回收和利用。

3. 要求产品技术经济上有利于资源、能源的节约和环境的保护。各种生态工业产品，无论作为生产资料，还是作为消费资料，都强调其技术经济指标要有利于生态与经济的协调发展，既能尽量节约资源和能源，又能使生态环境的损害较少。

4. 在流通领域促进对保护资源与环境有利的产品加快流通，限制不利产品的流通。在生态工业体系建立、发展和完善的过程中，可通过法律的、市场的、行政的和税收的种种措施，严格限制那些对生态环境具有较大危害作用的工业产品的流通，并相应地促进那些有利于资源与环境协调发展的工业产品的流通。如很多国家在食品工业中实行了"绿色食品"制度、在其他工业产品生产和流通中实行了"无公害产品"或"环境标志"制度后，就对这类产品的流通（包括国内市场流通和国际市场流通）提供了各种有利条件。

（二）　建设生态工业对城市资源合理利用的作用

建设生态工业能对城市各种自然资源、经济资源和废料资源的合理利用起到巨大作用，促进城市生态与经济的协调可持续发展。

1. 生态工业是一个国家和城市的工业从粗放向集约转变的一个不可逾越的阶段。只有从一般工业发展模式转变为生态工业的模式后，城市才能不断提高资源配置效率和生产要素的综合生产率，实现城市资源和能源的集约利用。目前，我国城市工业从总体上来说还处于粗放经营的状态，即主要靠不断扩大生产规模，靠过多地消耗资源、能源，来求得城市工业的快速发展。这种状况如果不从根本上改变，我国城镇工业在进一步发展中就将遇到一系列资源、能源问题。

2. 将城市工业的传统模式转变成生态工业模式，可以大大提高城市各类紧缺资源的综合利用水平，实现资源的最佳配置。紧缺资源的合理配置是一个国家，也是一个城市资源配置的最核心问题。任何一个城市的紧缺资源，除经济资源（如资金、技术、紧缺的设备和原材料等）、社会资源（如人才、科学、教育等）外，还包括大量的紧缺自然资源，如土地资源、缺水城市的水资源、环境资源、某些矿产资源，等等。在社会主义市场经济中，各种经济资源和社会资源一般能通过市场机制的作用来调剂余缺，而紧缺的自然资源，特别是某些难以通过市场机制来调剂余缺的自然资源，如城市水资源、环境资源等，就要更多地依靠政府的宏观调控作用来加以解决。发展城市生态工业，就是城市政府通过生态经济管理，合理解决这些紧缺自然资源的有效途径。

发展城市生态工业缓解城市紧缺自然资源矛盾的主要途径：一是通过工业集约化程度的不断提高，减少了单位产品的资源耗用量；二是通过废弃资源的综合利用或多次利用，减轻了对紧缺自然资源的需求压力。

（三）建设生态工业对城市环境保护的作用

生态工业由于是以资源节约、产品对生态环境损害轻和废弃物多层次利用为基础特征，所以，它在发展过程中不但能实现城市资源的合理利用，还能大大促进城市生态环境的保护。

1. 生态工业能在废弃物资的再资源化和多层次利用的过程中，大大减轻工业企业对城市生态系统的污染物质排放种类和数量，从而加强城市的环境保护工作。生态工业对废弃物质的再资源化和多层次利用，一方面表现在企业生产过程中，它能把环境管理和污染防治从侧重于污染的末端治理逐步转变为工业生产全过程控制，从而大大减少生产全过程的环境污染；另一方面是对原有工业废弃物或外企业废弃物的再资源化和多层次利用，如对企业所排出的废液、废气和废渣的综合治理和利用等，这本身就是对城市生态环境的保护做出贡献。

2. 生态工业的产品由于在其生产消费过程中具有对生态环境损害轻的特点，因此对城市环境保护能起到重要促进作用。这种促进作用特别表现在对环境污染较轻的生态工业的机械产品上。如能源利用效率高、排放废气较轻的汽车、火车、轮船、锅炉、发电设备等在城市工业生产和人民生活中的合理利用，能大大提高城市总体的能源利用效率，并大大减轻城市的大气污染问题；而各种生产制冷设备的企业如果广泛采用氟氯烃的替代产品作为其制冷剂，其产品在城市生产和生活消费过程中就能避免产生损害大气臭氧层的有害废气。所以，发展在消费中有利于生态与经济协调发展的生态型机械工业，对城市环境保护能起到巨大促进作用。

二　城市生态企业的建设与管理

（一）城市生态企业的基本特点

城市生态企业是城市生态工业的基础单元和细胞，是在一个工矿企业中按照城市总体生态工业规划的要求，运用生态经济原理设计和改造工厂的工艺流程，使其形成一个无废料或少废料工艺，使进入工厂的各种自然资源和原料得到最优利用，实现物质的良性循环和能量的充分利用，提高企业投入产出链各环节上的物质、能量转换率，从而使企业形成一个少投入、少耗资源和能源、少污染而又多经济产出的现代化的生态经济有机整体。

城市生态企业主要具有如下两方面特点：

1. 经济运行的开放性和生态运行的封闭性相结合。城市生态企业由于是城市工业生态经济系统中的一个实现了良性循环的细胞，所以其生产和经营过程实现了经济运行过程和生态运行过程的有机结合和统一。但由于其经济运行的目标和生态运行的目标是完全不同的，所以各自的运行特点也很不相同。

就城市生态企业的经济运行而言，由于企业生产的产品要面向国内外市场，这就决定了生态企业具有高度的开放性特点，即其资金、技术、设备、原材料和半成品的来源、工艺流程改造和管理等方面都要对外开放，以使其能跟上国际国内同类企业的现代化步伐，并且使其产品质量达到国际或国内的先进水平，保证其产品能占领国际和国内的市场，并在激烈的市场竞争中立于不败之地。

与经济运行的高度开放性相对照，城市生态企业在其生态运行上要求内部封闭性，或称废弃物资的"闭路循环"性。这是因为，企业内生态运行的目标是面向城市生态系统的，而且企业所在的厂区也是城市生态系统的一部分。在工矿区范围内其废弃物质的生态运行状况，既对厂区生态环境和工人的工作环境产生最直接的影响，从而影响工人的职业病发病率和劳动生产率；又对厂区外的城市生态环境通过吸取新鲜空气、干净水资源和排放废水、废气、废渣、余热和噪声等形式产生或轻或重的有害影响。在一般的不按生态经济规律来组织生产的企业内，由于各种生产过程中所产生的废弃物质和能量不能在自身的生态运行过程中尽量自我消除掉，就会对厂区内的生态环境和厂区外的城市生态系统产生各种污染损害。而城市生态企业由于采用了少废和无废料工艺流程，就使企业不仅对各个生产环节上物质和能量的跑、冒、滴、漏问题及时得到处理，避免了各种有毒物质对厂区生态环境和工人身心的损害；而且又能使各个生产环节上所产生的废物尽量减少到最小的数量，还能对这些有限的废物进一步回收利用，从而使企业内的有害废物全部或基本消除在本厂区内，即在厂内实现闭路循环，而对厂外的城市生态环境不产生任何有害影响。这就是所谓的"无泄漏企业"。多数生态企业不仅在厂区内实现污染物的"闭路循环"，而且在厂区内尽量实行绿化，使企业变成对城市生态系统的生态平衡产生有益影响的"花园式企业"。

2. 集约利用自然资源和废料资源，生态经济综合效益高。城市生态企业由于是遵循使工业生态经济系统内的物质流、能量流、信息流和价值流合理高效运转的原理来设计、改造和经营的，所以它比一般企业更能高效合理地利用各种自然资源和废料资源，并在运行过程中产生较高的生态经济综合效益。

（1）城市生态企业能从多方面重视自然资源，特别是紧缺自然资源的综合利用。这包括企业综合利用短缺资源多产出产品，企业以资源比较丰富的原料代替短缺资源进行生产（如以塑代木、以塑代钢、以铝代铜、以玉米代替大米生产味精等），企业综合运用矿物中的多种共生资源进行多种加工工业生产，企业综合利用石油、煤炭等各种矿物能源资源进入多层次化学加工，企业通过综合利用有机物质生产出多种生产资料和消费资料，等等。当这种种企业综合利用资源的工艺流程符合生态经济系统的物质循环利用规律时，就能把有限的自然资源中的各种可被人类利用的物质都利用起来，从而既快速地发展了经济、提高了经济效益，又保护了生态平衡。

（2）城市生态企业由于尽量采用"少废工艺"和"无废料工艺"，所以能对企业各个生产环节上的废料资源进行集约利用，使在一般企业中被排到厂外的废水、废气、废渣和余热却在生态企业中变废为宝，成为资源再加工利用。这样，就为生态企业实现微观的生态平衡和经济平衡的统一提供了良好的条件，使企业内部无废料或只有很少的无害废料产出，对城市生态系统的生态平衡不起有害作用，而且能通过废料资源的集约利用，大大降低单位产品的成本，同步提高了经济效益和生态效益。

（二）城市生态企业的规划、建设与管理

由于城市生态企业对实现城市生态与经济良性循环和可持续协调发展有十分巨大的作用，所以，对城市生态企业的规划、建设和管理，就成为城市生态经济管理的重要内容。

1. 在工矿企业中设计、改造、建立并经营管理好"无废料工艺"，是城市生态企业规划、建设和管理的基础。由于城市生态企业是通过发展和推广少废和无废料工艺流程，综合利用各种自然资源、经济资源和废料资源而建成的新型企业模式，所以如何建设和经营好企业的这种少废和无废料工艺，就成了一般企业能否成为生态企业的关键。在工矿企业中设计、改造、建立并经营管理好"无废料工艺"的基本原则，是要运用城市工业生态经济系统内的物质循环、能量流动和价值增值等原理，以工厂内废料资源闭路循环的形式，在生产过程中实现资源的最佳配置，使企业的生产过程保持物质循环的高效、能量流动的合理、价值增值的最佳和生态环境的洁净。在具体对"无废料工艺"进行设计、建设和管理中，要重视使企业生产过程中输入的物质和能量在第一步利用和生产第一种产品之后，其剩余物（"废物"）被利用为第二种产品的原料。第二种产品生产中的"废物"又作为第三种产品的原料，如此等等。最后不能再利用的剩余物，要通过生物的、物理的和化学的作用过程，将其分解为结构简单的化合物及无机元素，即作为无害物质排入企业外生态环境，供生态系统的各种植物、动物和微生物利用。这样，就实行了企业生产全过程的经济管理和生态环境管理的统一。

2. 把企业的技术改造同生态企业的规划、建设和管理有机结合，是建设城市生态企业的可靠途径。国内外大量企业发展的历史证明，多数企业最初发展时都是生产流程和技术水平比较落后，生产过程中废料产出环节多、污染严重、产品质量差，到后来通过一系列技术改造，才使企业运行过程中的物质流、能量流、信息流和价值流从不合理逐步趋向合理，使企业逐步走上按无废料工艺进行生产的轨道。即大量的城市生态企业都是在技术改造中建成的。因而只有把企业技术改造自觉地同生态企业的规划、建设和管理有机结合起来，才有利于合理运用企业技术改造的资金来建设生态企业。这可包括以下四方面的技术改造：一是在改造旧的落后的工艺流程中建设无废料工艺，把老企业建设成生态企业。二是通过改造企业生产流程中的关键性设备，使其具有很高的产品产出率和很低的废料产出率而逐步建成生态企业。三是通过改造整个生产流程的控制系统，使其实现微机控制而使全流程变成无废料工艺。四是通过采用使能源、资源综合利用的先进技术来使企业变成生态企业。因此，企业的技术进步和技术改造是建立生态企业的必备条件。

3. 城市的决策者和工业管理部门加强对生态企业的规划、试点、经验推广和经常的生态经济效益的考核管理工作，是使城市生态企业健康发展的关键。城市生态企业目前在我国尚处于初建阶段。但由于这种企业的建设对实现城市资源的合理配置和生态与经济的良性循环有着巨大作用，因此，在全国所有城市中结合企业的技术改造把一般模式企业变为生态企业，并在新企业建设中也同时贯彻建设生态型企业的规划思想，就成为城市决策者和管理者进行现代化城市生态经济综合管理的重要任务。为此，城市的决策者和有关管理部门应在树立发展生态型企业意识的基础上，像在农村抓好生态农业的规划和建设一样，抓好城市生态企业的规划和建设工作。即在普遍进行生态企业建设规划的前提下，选择其中有代表性的企业，抓好城市生态企业的建设试点工作，然后总结经验，逐步在全市推广。

三 城市生态工业区的建设与管理

(一) 城市生态工业区的基本特点

城市生态工业区是在城市的某一或某些连片的较大地域上，由多个企业依据生态经济学原理相互结合而形成的有一定物质循环、能量流动、信息传递和价值增值等内在联系的工厂群体。城市生态工业区可以是由众多企业组成的大型公司或企业集团，也可以是有一定内在联系的众多企业组成的松散的企业群体。

城市生态工业区具有如下三方面特点：

1. 城市生态工业区的整体性特点。城市某一个生态工业区虽然由较多的单个工矿企业组成，但由于相互之间具有物质循环、能量流动、信息传递和价值增值等内在联系，并按生态经济原则加以有机的结合和组织，相互之间就形成了一个有机整体，成为总体城市工业生态经济系统中的一个相对独立（但又同大系统有内在联系）的亚系统。

城市生态工业区由于有自己整体的结构和功能，内部各工矿企业之间有合理的分工，因此它与其他生态工业区截然不同。如上海宝山钢铁总厂和上海石油化工股份有限公司（地处杭州湾北岸的金山）都是按照现代科学技术建立起来的大型生态工业区，但这两个生态工业区中的物质流和能量流，无论是在种类上，还是在具体运转特点上，都有明显的不同。由于这种物质流和能量流的不同特点，就决定着两者之间有明显区别的信息流（科技信息流、工艺过程信息流、市场信息流等）和人流（人才流和劳力流等），其价值流特征也互不相同，从而使各自具有其整体性的特征。

2. 城市生态工业区的企业按一定的生态工业链加以组合的特点。每一个城市生态工业区之所以能成为一个完整的有机整体，其根本原因在于工业区内的各个企业都被区内的一条特定的生态工业链（网）加以联结，成为这个生态工业链（网）上的一个环节。

所谓城市生态工业区内的生态工业链（网），是指联结该生态工业区诸工矿企业并形成相互之间的物质变换、能量流动、信息交流和价值增值的渠道、链条和网络，即构成该工业区生态经济系统内在联系的工业"食物链（网）"。在每一个城市生态工业区中，不管其运行的物质流、能量流、信息流等是多么千差万别，但有一条是共同的，即其工业区中的各个工矿企业之间都是通过一定的生态工业链（网）来联结成一个有机整体的。这样，就形成了生态工业区先通过其矿区企业采掘城市生态环境中的有机或无机资源，进而依次是对其进行初加工的工厂（第一级工业消费）—初级深加工工厂（第二级工业消费）—次级深加工工厂（第三级工业消费）—高层次深加工工厂（第四、第五、……级工业消费）—最终产品—人类生活消费；而各个加工工厂产生的废物和废能，又要在生态工业区内得到分别的或集中的处理和回收利用。这样就形成了城市生态工业区的较完整的生态工业链（网），使生态工业区内的物质流、能量流、信息流、人流和价值流得以合理运行。在城市生态工业区的这些生态工业链的每一个环节上都不单是工业经济问题，也不单是工业生态环境问题，而是表现为综合的工业生态经济问题。在这个生态工业链（网）的每一个环节中，即每一个厂矿的生产过程中，都不仅是经济的投入和产出，也不仅仅是生态环境的投入和产出，而且是生态与经济相综合的投入和产出。

3. 城市生态工业区的区域性特点。城市生态工业区由于是具有一定循环利用资源的工矿企业在城市一定地域的聚集，所以它在城市中具有明显的区域性。这种区域性特征表现在该生态工业区要求所在的城市地域具有它所需要的资源（水、矿产等）条件、交通条件和空间条件，以便于在生态工业区内建立各个厂矿所共用的交通运输、供水排水、邮电通信、能源电力、废物处理等各种基础设施，或开采它们所共用的自然资源。例如，上海宝山钢铁总厂的众多企业就要求布局在靠近江河和海洋的城市地域中，以便于修建原料（铁矿石、煤炭）码头和成品输出码头，并且能提供丰富的水源；由于总厂的烧结、炼铁、炼钢、钢材连轧等分厂占地面积较大，它又要求所在区域能有较大的空间面积和一定的施工地质条件。

（二）城市生态工业区的规划、建设与管理

城市生态工业区由于具有一般工业区所无法具有的资源综合利用、生态与经济协调发展的优点，所以应成为城市建设工业区的发展方向。国内外城市工业区发展的实践证明，建设和发展城市生态工业区需要城市的决策和管理系统加强生态经济综合管理，为其创造相应的城市规划条件、技术条件、产业结构调整条件和环境保护设施条件。

1. 在加强城市生态经济综合管理中，为城市生态工业区的建设与发展创造良好的城市规划和空间合理布局条件。城市生态工业区由于具有区域性的特点，所以，在城市工业规划和城市总体规划中如何合理地布局城市的生态工业区，对生态工业区甚至对整个城市工业的生态经济综合效益的高低，有着重大的影响。

（1）要根据建设生态城市的规划，合理地布局城市的生态工业区。即要以生态经济规律为指导，逐步完善城市的产业产品结构的升级换代及其科学布局工作，使建设生态工业区的布局规划成为建设生态城市规划的有机组成部分。

（2）城市生态工业区的布局要有利于城市各种资源的综合利用。由于城市生态工业区本身具有能综合利用各种自然资源（水资源、矿产资源、生物资源、港口岸线资源等），使系统内的物流、能流、信息流、人流和价值流合理运转的特点，所以它要求该工业区在城市整体空间中的布局有利于资源的综合利用，或能在空间上为生态工业区综合利用资源创造良好的条件。例如，位于上海金山地区的石油化工工业区的布局就有利于综合利用当地的港口岸线资源、滩涂土地资源、水资源，便于建立特大型的滨海石油化工工业基地，综合利用通过海港运进的石油资源。

（3）城市生态工业区的布局要有利于城市生态环境的保护。这主要表现在两个方面：其一，由于城市生态系统的主体是人类本身，城市水源地的环境保护就是保护人类自身的生存条件，所以，城市生态工业区的布局必须要有利于保护城市生态系统的水源地，不能对其造成污染。其二，由于城市大气污染防治问题已成为当今国内外城市的重要生

态经济问题，所以，城市生态工业区在布局上应避开城市的上风向区，并且要尽量设立在城市的远郊区。

2. 在加强城市生态经济综合管理中，结合城市原有工业区的技术改造建设城市生态工业区。大量实践证明，将城市原有工业区建设成生态工业区的过程，是通过技术改造将原来粗放经营的工业区生态经济系统变成集约经营的工业区生态经济系统的过程。对于城市原有的以大型联合企业为特点而形成的工业区，要将其改造成集约利用资源的生态工业区，主要按照生态经济原则在如下两个方面进行技术改造：

（1）要按照资源综合利用的原则，通过企业的技术改造，增加综合利用联合企业内的废弃物质和能量的加工项目，并采用提高原有联合企业的资源和能源利用效率的新工艺等措施，逐步将其由一般工业区改造成生态工业区。

（2）对于城市过去建成的集中连片的大型化工联合企业、石油化工联合企业、钢铁联合企业、有色金属联合企业、汽车和飞机联合企业、大型成套机械设备联合企业等工业区，要结合企业的技术改造，不但对可利用的资源、能源尽量提高其利用效率，对可再用的废物资源尽量在工业区内回收利用；而且要对综合利用后还必须排放到城市生态环境中去的废气、废水、废渣及噪声等进行污染防治，建立联合企业专门的污水处理厂（如吉林化学工业公司就专门建立了污水处理厂）、烟尘回收防治设施和废渣处理系统，以使该工业区变成生态工业区。

3. 要在加强城市生态经济管理中，结合旧城改造和新城建设建立和发展城市生态工业区。由于过去我国很多城市旧城中的工业区往往和居民区、商业区、文教区混杂，而且工业区中的各种不同门类的企业混杂，所以必须结合城市的旧城改造和新城建设，有计划地将旧城区的污染重、消耗资源量大的企业搬迁到市郊新规划的工业区中去。而在这一过程中，就要自觉地按照把新工业区建成生态工业区的原则，力求使不同的新工业区能把合理地利用某一类资源和能源并在工艺上有内在联系的工矿企业逐步聚集到一起，使其成为生态工业有机整体，并按这个原则来搬迁旧城老企业和相应地建设新企业。这样就能通过逐步完善，形成一个个城市生态工业区。例如，山东省威海市结合旧城改造和新城建设，将新建的市郊两个新工业区建成了各具特色的生态工业区，并在旧城区集中发展第三产业和园林旅游业，使该市成为全国有名的生态城市。

第十四章　城市群的生态经济规划与管理

一　城市群生态经济综合管理的必要性

区域性城市群生态经济系统的产生和发展，是当代世界一切经济发展较快的国家和地区出现的普遍现象。我国在经济高速发展和加快实现现代化的过程中，也产生了并正在继续产生越来越多的区域性城市群生态经济系统，从而使城市群的生态经济规划和管理问题提上了议事日程。

所谓区域性城市群生态经济系统，是在地球表层的某些特殊地域中，包含着若干个有密切生态经济内在联系的大中城市群落，从而组成了以城市群落为中心的宏大的区域生态经济系统。这类区域性城市群生态经济系统既同各个城市独立的城市生态经济系统有内在联系，它本身又比单个城市生态经济系统的结构和功能复杂得多。

（一）城市群生态经济系统的特点

区域性城市群生态经济系统由于是一定区域内诸城市及其郊区结合而形成的生态经济有机整体，所以它具有不同于单一城市生态经济系统的若干基本特征。

1. 城市群生态经济系统的某些功能具有区域整体性特征。从对国内外已经建成的比较成熟的区域性城市群生态经济系统进行比较研究中可以看出，不同的区域性城市群生态经济系统，往往是人类劳动的地域分工同各地域不同的自然生态及资源条件有机结合的产物。所谓劳动地域分工，是社会分工的一种形式，它往往是劳动部门的分工在空间中的表现。发达的市场经济促进社会分工的发展，也促进人类劳动地域分工的发展。正是由于这种劳动的地域分工同各地域不同自然生态及资源条件的有机结合，就使每一个特定的区域性城市群生态经济系统具有某种整体的功能，并以之同其他城市群生态经济系统相区别。例如，我国以沈阳、鞍山、抚顺、本溪、辽阳为中心的辽中城市群生态经济系统的整体功能就和长江三角洲以沪、宁、杭、锡、苏、常等为中心的城市群生态经济系统的整体功能大不相同。前者主要是开采利用当地地球表层中所蕴藏的丰富能源和铁矿等资源，形成以能源、钢铁和机械加工、石化为中心的重化工业型基地；而后者则是以利用先进技术对主要来自于区域外的资源进行深加工和精加工为其主要功能，并以产品式样新颖、质量精良、技术先进而在国内外市场占有优先地位。

2. 城市群生态经济系统具有诸城市间相互制约、相互影响的特点。首先城市群诸城市间存在着在经济方面的相互制约和相互影响的作用。这种作用可大体分为三大类：一是生产配合型关系。即通过每一个城市的专业分工和整个诸城市间的协调和综合显示这个城市群体的整体经济功能和效益。如我国辽中城市群间就存在着这种生产配合型关系。二是流通促进型关系。即主要是以商业贸易，特别是以外贸为主的外向型经济将各个城市联系起来，促进整个城市群的发展。目前我国珠江三角洲的广州、深圳、珠海、中山、惠州等城市和香港、澳门地区组成的大型城市群就属于这一类型。三是先进技术转移型关系。即各城市间（特别是城市群中的首位城市同其他城市间）主要以先进技术的发展和转移为城市群体发展的动力和经济发展的特征，其中包括科技人才、技术工人的转移。我国长江三角洲的城市群间（特别是上海和苏州、无锡、常州等市）这种先进技术的转移就对城市群的形成和发展起了巨大作用。

其次，区域性城市群生态经济系统诸城市间在生态环境方面的相互联系往往构成城市群发展的制约因素。这是因为，一个区域性城市群生态系统中，往往土地资源、淡水资源、农产品资源、矿产资源、绿地和森林资源是有一定限量的，如果城市群无限制地开发利用，就可能要超过其各种资源可能承受的最大极限。另外，由于区域性城市群生态系统的环境容量是有限的，如果各城市间不注意处理好生态环境保护问题，也会导致各城市间的相互污染和区域生态环境质量的下降。

3. 城市群生态经济系统具有相互联系的层次性特点。由于区域性城市群生态经济系统具有复杂的结构和功能，所以，城市群各城市间在相互联系上具有明显的层次性特征。从区域中城市的辐射能力来划分，往往按其对其他城市的生态经济影响和制约能力的大小分为三个层次：第一个层次是影响该区域城市群生态经济系统全局的中心城市，即其中的特大城市和大城市。它们一般都处于经济较发达、生态环境和资源条件较好的交通枢纽之处，构成了区域性城市群空间分布的骨架。这种城市群骨架空间分布各有特点，有的沿主要交通线形成条状城市带，如我国沿长江城市群带的上海、南京、武汉、重庆等城市；有的呈块状城市群，如我国的京津唐城市群呈三角状态，长江三角洲的沪、宁、杭城市群也呈三角状态；有的呈放射形状态，即以一个主要城市为中心，周围散布着距离较近的若干个大城市。如我国辽宁中部以沈阳为中心，以抚顺、鞍山、本溪等大城市组成的城市群就呈放射形结构；有的则呈两点型结构，即所谓的"双城"状，如四川的成都—重庆；江西的南昌—九江；吉林的长春—吉林；山东的济南—青岛等。第二个层次是区域性城市群的中等城市。它们既受区域性中心城市的辐射，并分担大中心城市的部分功能，又对周围的小城市和城镇具有一定的辐射和生态经济制约作用。如京津唐城市群的秦皇岛、承德、廊坊等。第三个层次是区域性城市群中的众多小城市和镇。它们有的构成大城市的卫星城，如北京市的通县、黄村、昌平，天津市的塘沽、武清、静海等；有的就是城市群中的一般小城镇，如京津唐城市群的众多县城。这些小城镇，既是构成城市群生态经济系统的重要因素，又是城市与乡村生态经济联系的桥梁。

（二）城市群必须实行生态经济综合管理

从对城市群生态经济系统基本特点的上述分析可以看出，城市群生态经济系统比起单个城市生态经济系统来说，其结构、功能要复杂得多。因此必须遵循生态经济客观规律，加强对城市群的生态经济综合规划和管理，才能使一些区域的城市群发展既同经济快速发展和人口城镇化相适应，又能避免该区域资源与环境出现迅速恶化的局面。

1. 加强城市群的生态经济综合管理，能使我国一些经济高速增长区域的城市化进程按照有利于生态与经济协调的方向发展。城市群生态经济系统的形成和发展是某些特殊区域城市化趋向成熟的标志。一般来说，一个国家的特定区域中的城市化过程，大体可分为以下四个阶段：第一阶段是历史上原有诸城镇随社会经济和交通等条件变化的影响进行重新组织。这包括有些新城市迅速兴起，有些过去非常兴旺的城市相对衰退，有些原有的城市在新的经济技术条件下得到迅速发展等。第二阶段是随着区域社会经济的普遍发展，区域内各城市所聚集的人口和其他生态经济要素迅速增加，在原有首位城市迅速发展为特大城市的同时，又有两个或两个以上的新兴城市迅速发展为大城市。第三阶段是区域内各城市（特别是几个中心城市）都逐步形成一定的辐射圈和吸引圈，并在辐射圈和吸引圈中形成一定的卫星城，从而使一个或若干个大城市逐步由城市中心核发展为城市圈。第四阶段是区域内有两个到几个具有不同功能的大城市圈同时崛起，相互影响并制约整个区域生态经济的发展，使区域内城市化程度日益提高，而且大中小城市形成了具有一定内在联系的生态经济有机整体。这个阶段标志着一个区域的城市化基本达到成熟化的水平，也标志着所在地域上建成了区域性城市群生态经济系统。

从上述一个区域的城市群生态经济系统形成的四个阶段来看，要使我国的一些经济高速发展的地区的城市化进程按照有利于生态与经济良性循环的方向发展，必须加强对城市群的生态经济综合管理。这一方面包括对一个区域的城市群生态经济系统在建成前的规划管理，以避免城市群在形成过程中出现的人口过度聚集，区域水资源、森林资源、矿产资源和土地资源的过度消耗和区域生态环境的严重恶化等问题的出现；另一方面包括对形成后的城市群生态经济系统进行综合管理，以保持区域性城市群间生态经济内在联系的高效性、平衡性和合理性，使整个区域性城市群生态经济系统的物质流、能量流、信息流、人流和价值流处于有调控的合理运行状态，不断提高生态经济综合效益。

2. 加强城市群的生态经济综合管理，有利于我国避免出现在一般发展中国家通常出现的某些有优势区位区域的"超城市化"问题。纵观世界很多发展中国家的城市化历史，很多城市群的出现是大量农村人口通向某些有优势区位的区域中几个大城市或特大城市而形成的。这样就使这些区域及其城市群中的人口恶性膨胀，大大超过了其城市和区域的人口容量和环境容量，从而引发了一系列的城市经济、社会和生态环境问题。

一般来说，我国和其他发展中国家容易出现上述"超城市化"的有优势区位的区域有 7 大类，即黄金海岸区域、河口三角洲区域、内陆湖河交叉成网地区、自然条件优越的岛屿和半岛地区、黄金水道沿岸区域、矿产资源丰富且交通方便地区和大江河的内陆盆地地区等。要在我国经济高速发展中避免在上述地区形成"超城市化"型的城市群生态经济系统，就要依靠国家和省、市、自治区政府在宏观调控中加强对已经形成、即将形成和将来有可能形成城市群的区域的生态经济综合管理，防止过多的人口和其他多种生态经济要素在这些区域中过分聚集，并制定相应的区域性城市群发展规划和管理条例等。

二　城市群生态经济的综合规划与管理

城市群生态经济系统由于具有整体性、层次性、相互制约性等特征，这就要求人们变区域性城市群的盲目建设为按照生态经济规律所进行的整体规划、建设和综合管理。

（一）城市群发展的区域生态经济综合规划

由于区域性城市群是以城镇体系为主体的一种特殊的区域生态经济系统，所以，对区域性城市群生态经济系统的规划和建设，实质上就是对这种以城镇体系为主体的区域生态经济系统的规划和建设问题。这种特殊的区域生态经济系统由于人口和工业高度聚集于区域中的某几个大中城市的点上，所以，使区域内的生产力系统、管理体制、人口及其他生命系统要素和环境系统要素的结构及其布局，都同一般的以农林牧渔业和农村为特征的区域生态经济系统大不相同，也使这类区域内的物质流、能量流、信息流、人流和价值流的动态功能特征同一般区域生态经济系统大不相同。因此，要将区域性城市群生态经济系统规划建设好，就必须首先搞好这类特殊区域生态经济系统的综合规划和管理，并使二者密切结合。

要使区域性城市群规划建设同区域生态经济系统的规划建设相结合，就必须依据区域经济系统发展的不平衡规律和地区劳动分工等经济原则，并依据区域生态系统具有分地域的差异性特征，在对区域生态经济系统的自然生态资源和社会经济资源进行综合考察的基础上，对区域生态经济系统的经济子系统和生态环境子系统进行综合规划，包括区域国土资源的开发利用、生产力配置、人口分布、城镇布局、城市功能分工、科学技术发展、城镇体系间的基础设施建设、区域生态环境保护和建设等内容，以充分发挥区域的生态经济优势，实现区域性城市群和区域生态经济系统规划的有机结合，使根据这种规划建设的城市群生态经济系统具有合理的结构、高效的功能和较高的综合效益。

（二）城市群各城市间的生态经济分工管理

要加强城市群的生态经济综合管理，一个重要的问题是要合理运用地区劳动分工的原理，搞好城市群各城市间的生态经济分工管理。这又包括以下两个方面的具体内容：

1. 要根据城市群各城市的生态经济特点和历史传统，搞好各城市间的城市总体功能分工管理。这是城市群社会分工管理的最基本内容。一般来说，一个典型的区域性城市群往往要包括政治和文化科技城市、旅游城市、港口和交通枢纽城市、金融和商业城市、工商业城市、工矿城市等。这些不同类型功能城市的形成，是由区域中不同城市所具有的自然生态条件、自然资源条件、区位条件、交通条件和社会经济条件等所决定的，并在复杂的历史条件下逐渐形成的。例如，在我国的京津唐城市群中，北京承担着首都和全国科教文化和旅游中心的作用，天津是港口和工商业大都会城市，唐山是工矿城市，秦皇岛是港口和旅游城市，承德是旅游城市，等等。如果在此基础上进一步搞好各城市间的功能分工管理，适当地压缩北京的污染严重、消耗资源多的工业比重，增加高科技产业和第三产业比重；并进一步发挥天津市的综合加工工业能力和港口、商业大都会功能，就能使这个城市群的功能分工进一步合理化，避免相互争夺区域短缺的水资源和相互污染，实现区域生态与经济的协调发展。

2. 要本着尽量节省社会劳动和不断增强城市群多个城市间的相互作用强度的原则，搞好区域性城市群各城市间的产业、产品分工的管理和宏观调控。任何一个区域性城市群，如果各城市间的产业和产品结构基本雷同，各自没有形成优势互补的商品交换和产业分工格局，就会影响它们之间的经济作用强度，并且相互争夺区域紧缺资源，从而降低生态经济综合效益。只有使各个城市在产业结构、产品结构、技术结构和企业结构等方面各具特色，在相互分工的基础上强化它们之间的经济技术协作关系，才能充分利用区域的自然资源，形成新的生产力，健全和完善区域性城市群生态经济系统的功能。当然，在对城市群各城市间进行产业、产品分工管理时，要充分考虑各个城市的自然生态和资源状况，不能违背自然生态规律。只有既注意使城市群间相互分工，各具特色；又注意使这种分工符合自然生态规律，才能使城市群协作后产生良好的生态经济综合效益。例如，辽宁中南部城市群的这种分工协同关系就较有成效，这其中，鞍山以钢铁工业为主，沈阳以机械工业为主，抚顺以煤炭和能源工业为主，本溪以钢铁、煤炭为主，辽阳以石油化工和纺织业为主，盘锦以石油工业为主。这样，在区域内把采掘业、冶金和石油化工工业、机械制造业紧密结合，使原料和燃料产地、加工地和生产性消费地三位一体，相互之间形成了良好的投入产出链（网）和资源的循环利用系统。

（三）城市群各城市间基础设施的规划、建设与管理

由于城市群各城市间的道路、交通运输、通信、供水、排水、能源电力、环境保护、造林绿化等基础设施的现代化，是关系到区域性城市群能否健康发展的基本物质条件，所以加强对各城市间各类基础设施的规划、建设与管理，就成为城市群生态经济管理的重要内容。

1. 规划合理并且日益现代化的区域基础设施建设，是使一些经济高速发展地区迅速地成为新的城市群的必要条件。目前，我国在改革开放的实践中，在沿海、沿江、沿边、沿线的各个经济高速增长地区，如珠江三角洲地区、长江三角洲地区、京津唐地区、山东半岛地区、辽东半岛地区、福建东南滨海地区、湖北沿长江地区、陕西渭河流域、四川盆地及其沿江地区等，其区域各种基础设施条件都发生了和即将发生巨大变化，现代化水平越来越高。这使得原来已初步形成城市群的区域，其城市群的结构和功能更加完善；而另一些原来只具有城市群雏形的地区却在这种基础设施和经济迅速现代化中迅速成长为新的城市群。如珠江三角洲地区在80年代以前，除具有香港、澳门和广州这三个大城市外，其他城市发展较慢。但由于这一地区一直处于我国改革开放的前沿，随着经济的高速发展和区域各项基础设施的日益现代化（如机场、铁路、高速公路、通信、城市供水、大亚湾核电站和抽水蓄能电站的建成等），使深圳、珠海两个大城市在80年代迅速建成，佛山、东莞、中山、江门等市迅速成长，惠州—大亚湾地区正在建设新的大城市。这使得珠江三角洲城市群逐步趋于成熟。

2. 区域中某些关键性基础设施的规划、建设与管理正确、合理与否，能对区域性城市群的发展和建设产生巨大影响。这种影响又包括正反两个方面：

（1）某些关键性基础设施如果规划合理和成功建设，能使某些区域的城市群发展大大加快速度。如福建省从福州到厦门一带的滨海黄金海岸地区的城市群目前已成雏形，两城市之间的石狮市、泉州市、莆田市、漳州市、福清市等正在迅速发展，但由于其间交通设施落后，严重影响着区域城市群的成长。如果能按照规划，将福、厦二市间的高速交通设施（铁路、公路、飞机等）配套建设起来，将能使该城市群在不久的将来迅速崛起。

（2）某些关键性基础设施如果规划不合理，建成后能对区域的经济发展和城市群建设产生巨大的负面作用。例如，长江两岸是我国城市密集地区，其以重庆为中心的上游地区和以武汉为中心的中游地区沿岸都有发展为沿江城市群的良好基础。但是，由于下游的南京长江大桥在规划建设时距水位的净高只有 24 米，只能允许 3000 吨的船舶上行，而其后建成的九江长江大桥也把净高定在 24 米，这就使万吨轮无法到达武汉、九江等地，使作为黄金水道的长江无法发挥海河联运的作用，大大限制了长江中上游的沿江开放和城市群的发展。

（四）城市群中农村城市化与小城镇发展的规划与管理

任何一个城市群成长和发展的过程都是与该城市群所在区域的农村城市化和小城镇建设结合为一体的。因此，加强城市群中农村城市化与小城镇发展的规划与管理，是对城市群实行生态经济综合管理的重要内容。

1. 用发展小城镇的途径来实现区域中农村的城市化，是避免城市群出现"超城市化"等生态经济问题的有效办法。由于我国各地的城市群发育地区的自然生态条件和社会经济条件都较好，因此，虽然区域城市化水平相对较高，但仍有大量农村人口存在。如果这些农村人口像很多发展中国家那样逐步涌向了附近的各个大城市，就会使本来已经人口相当拥挤、水和土地等资源相当短缺、环境污染已较严重的各大城市迅速地出现"超城市化"问题。而如果通过建设卫星城和发展区域中的中小城市和城镇的途径来吸收其农村人口的大部分，就既有利于区域城市群中城市化水平的不断提高，又在这种过程中避免了区域生态经济问题的加重。

2. 采取各种措施鼓励农民进小城镇参加乡镇企业、第三产业和基础设施的建设，不断提高小城镇对农民的吸引力。要使小城镇成为吸收农村剩余劳动力的主要方向和地域，一方面要不断完善城市群中很多区位好的小城镇的水、电、路、通信和环保等基础设施条件；另一方面要采用多种经济政策，鼓励农村乡镇企业向小城镇相对集中，鼓励农村剩余劳动力到小城镇建城兴商，以吸引农村剩余劳动力向小城镇集中。实践证明，凡是注意这种小城镇综合规划、建设和管理的地区，如苏南地区、浙东沿海地区、山东半岛地区、珠江三角洲地区、京津唐地区等，都使区域中的小城镇迅速向小城市规模发展，成为区域城市群发展的重要组成部分；另外，由于乡镇企业相对集中于小城镇，提高了其规模效益和集中治理污染的能力，促进了区域生态与经济的协调发展。

3. 逐步改革小城镇的户籍管理制度，是加强小城镇的规划、建设与管理，加快农村城市化步伐的重要内容。在传统的计划经济条件下，我国长期实行了把户口分为"农业户口"和"非农业户口"两类管理的制度。这种制度虽然对控制我国大城市的规模曾起到过某种积极作用；但随着我国由计划经济向社会主义市场经济体制的发展，其弊端暴露得越来越明显。它使全国1亿多在乡镇企业常年就业的农民，成为一个城乡两栖、"既非农民，又非市民"的游离阶层，严重影响了乡镇企业向小城镇的集中和城市化的发展；同时又导致乡镇企业布局过于分散和环境污染由点向面发展的新的"农村病"，破坏了城市群生态经济系统的协调发展。因此，逐步改革小城镇的户籍管理制度，允许农民进入小城镇务工经商，发展小城镇第三产业，促进农村剩余劳动力的转移，调动农民希望进城生活和兴办产业的积极性，按照市场经济的方式来建设新型的小城镇，已成为具有重要战略意义的改革措施。

三　城市群生态环境的综合规划与管理

（一）城市群生态环境的综合规划

由于区域性城市群各城市间在生态环境方面存在着不同强度的相互作用，所以需要对城市群生态环境进行综合规划，以尽量消除各城市间在生态环境方面的负面作用，并对区域城市群可能发生的灾害有较充分的防御措施。

1. 区域性城市群各城市间在生态环境方面的相互作用及其特点。区域性城市群各城市间除了具有一定强度的经济相互作用外，还存在着一定强度的生态环境（包括自然资源）方面的相互作用。这后一种相互作用一方面是通过各城市对区域生态系统的资源（水资源、生物资源、大气资源、海洋资源、矿产资源等）利用的形式表现出来的；另一方面是通过各城市对区域生态系统排放污染物的形式表现出来的。

当区域性城市群的规模及其耗用的区域生态系统的资源的数量超过一定界限时，各城市就会明显感觉到，某些城市耗用某些资源的量不断增加的结果，必然使另一些城市耗用这些资源时在数量上和质量上遇到种种困难（例如，在珠江三角洲地区，过去截留东江支流石马河水的深圳水库既为香港大量供水，又能满足深圳市建设初期的城市供水。但随着深圳城市的迅速发展，城市需水量越来越多，已使深圳成为全国缺水的城市之一；加上广州的珠江河段的很多城市水厂取水处被不同程度地污染，使该地区城市群也出现了符合质量要求的淡水资源短缺的生态经济问题）。同样，当区域性城市群各城市所排放的污染物超过了区域生态系统的环境容量后，各城市的生态环境也会受相互污染之害，使区域生态系统的生态平衡受到危害。

2. 区域城市群生态环境的综合规划实际上是对城市群所在的区域生态系统的综合规划，它既包括区域中各城市生态系统在空间发展上的科学规划，又包括消除各城市在生态环境方面的负面作用及其他区域防灾规划等。

（1）对于区域内较密集的城市之间，要通过科学的区域生态系统规划，严格控制各城市市区沿连接方向继续扩大，避免各城市互相连接，保持各城市间有必要面积的绿色空间。由于区域性城市群的土地有限、区域的环境容量有限，区域内生态系统的环境和资源再生产受着负反馈机制的制约，但区域内各城市的经济再生产和人口再生产往往是呈正反馈的状态，所以，如果不从总体上控制区域经济再生产和人口再生产（包括城市人口的机械增长）的总规模，并且控制这两种再生产在本区域的空间布局，而任其继续沿主要交通线无限制地发展，则城市群之间的绿色空间就会越来越少，并有连成一片的危险，使城市群的生态环境质量日益恶化。如目前我国位于长江三角洲城市群的苏州、常州、无锡三市由于沿铁路线盲目发展，已有相互连接的趋势，加上三市郊区较多地发展了污染较重的乡镇企业，就使连贯三市的大运河和太湖水系受到严重污染；而这又反过来使这三个水乡城市的生态环境大大下降。解决这一问题的最好途径是通过区域城市群的生态环境规划和管理，对城市群各城市间发展实行必要的负反馈调控，明确规定和切实保护各城市间的必要绿色间隔（包括农田）的距离；在有条件的城市群中，要规划建设各城市间的必要面积的森林公园或自然保护区，以提高区域生态环境质量，不断满足市民日益增长的"返回大自然"的生态需求。

（2）要通过区域城市群的生态环境综合规划，不断消除各城市间在生态环境方面相互的负面作用，提高区域生态系统的防御自然灾害的能力。由于在区域性城市群已经初步形成的地区承受着比其他地区密集得多的物质流、能量流、信息流、人流和价值流的运行压力，这一方面能大大提高系统的综合功能和效益；但也会对区域生态环境带来严重损害。在某些区域性自然灾害发生时，所造成的生态经济损失要比其他地区也大得多。如1991年7月太湖流域的特大水灾就给长江三角洲城市群造成了巨大的生态和经济损害。这类问题也需要通过城市群的生态环境规划（如区域水灾防治和泄洪河道治理规划、区域水资源和水源地保护规划、区域主要排泄污水河道的污染治理规划等）来逐步加以解决。如1991年后，江苏省、上海市和浙江省按照太湖流域治理规划对太湖的几条泄洪河道分别进行了治理，就大大提高了该区域城市群抗御水灾的能力。

（二）城市群生态环境的综合管理

城市群生态环境的综合管理可包括对城市群所共用的水资源和水源地的保护管理、区域水环境保护的管理和大气环境保护的管理等。

1. 对区域性城市群所共用的水资源和水源地要采取各种行政的和法律的措施进行有效保护。目前，国内外的很多城市群，往往具有共处于同一个江河水系、使用共同水源地的特点。如我国的京津唐城市群共处于海、滦河流域；辽中南城市群共处于辽、浑河流域；珠江三角洲城市群共处于珠江流域；沪宁杭城市群共处于以太湖为中心的长江三角洲地区，等等。因此，只有对区域水资源利用和水源地保护有总体规划和严格管理，才能使水系的水资源不遭到污染和流失，并在区域内各城市间能尽量合理地分配。同时，要通过水资源管理，从总体上控制本区域各城市人口的数量增长和耗水工业的发展，特别要严格控制上游城市耗水和污水排放量大的企业的盲目增加，以保证下游城市有较充足并且符合质量要求的水源供应。在区域性城市群中还要控制郊区耗水农业的盲目发展，以使数量有限的水系总水量能较多地使用于经济效益较高的城市。

2. 对区域性城市群的水环境保护必须加强管理。这包括在所有共同水系的区域性城市群中都要合理地布局污水排放量大的工业企业，并对各城市向江河水系的污水排放量严格控制，防止上游城市污染江河而使下游城市受污染之害的问题发生。对于水量较大、自净能力较强的水系中的城市群，要善于利用河流的自净能力，注意通过城市群区域生态经济规划，把污水排放量大的工业企业安排在下游城市，在上游城市尽量少安排，使下游城市水经初级处理后能再利用江河的自净能力加以自净。另外，对各城市的污水在流进水系前必须抓好污水处理的管理。这就要求通过区域环境规划，有计划地建设并管理好各城市的一批污水处理厂，从根本上减少各城市流入其共同水系中的污染物质数量，改善水系生态环境质量。

3. 在各类区域性城市群中，要重视区域大气环境保护管理和造林绿化管理，减轻区域大气污染和酸雨危害。国内外的实践证明，区域性城市群地区往往是因大气污染严重而降酸雨闻名的地区。例如，我国沪宁杭城市群就是大气污染相互影响、大面积降酸雨的严重地区。而上海的大气污染在一定风向时就加重杭州地区的酸雨危害。这个问题的解决，归根结底还是要从根治各城市的大气污染，特别是减少各城市向大气中排放硫氧化物和氮氧化物的总量入手。由于我国城市大气污染主要是煤烟型，所以，只有加强各城市煤烟型大气污染治理的管理，并加强区域的造林绿化，才能逐渐减轻区域大气污染和酸雨危害。

第十五章 城市对外开放中的
生态经济管理

一 城市对外开放中必须实行生态经济综合管理

（一）城市对外开放中所产生的生态经济问题的特点及表现

当今世界是一个开放的世界，各国经济一体化的趋势日益加深。城市的对外开放由于要实现经济循环的外向化，这就不但使其城市经济同世界经济紧密地结合，而且也使城市生态环境同世界的生态环境结合。城市对外开放的过程是同吸引外资和建立外向型产业结构相联系的，而从 20 世纪 70 年代以来，发达国家逐步实现了由高耗资源和能源、高污染的传统工业向低耗资源和能源、低污染的高技术产业的过渡；与此相适应，发达国家在本国的生态环境走过了"先污染、后治理"的道路之后，都对本国工业企业和城市乡村制定了较严格的环境保护标准，这就必然对发展中国家城市的对外开放产生巨大影响，使其容易形成以下4 个方面的生态经济问题：

1. 随着国际分工的发展出现了多层次的梯度体系，发达国家和新兴工业化国家（地区）在集中发展新兴高科技产业（微电子产业、信息产业、生物工程等）的同时，都以发展外贸、出售产品等方式，把一些被称为"夕阳工业"的消耗资源多、污染严重的传统工业逐步转移到发展中国家的城市对外开放区域中，造成这些国家（地区）的城市环境污染加重。

2. 发达国家通过发展跨国公司的方式把一些污染较重的工业向发展中国家的对外开放城市中转移。如果我国一些城市在对外开放中缺乏环境保护意识和必要的环保要求，就容易引进一些污染严重的工业，同时在引进这类工业时，也容易使发达国家的跨国公司钻我国环保标准低的空子，降低其子公司的环境安全和环境保护设施的投资，搞所谓的"双重标准"，从而加重我国对外开放城市的资源消耗和环境污染。

3. 发达国家工业的高环境保护标准，使其国内很多产品的制造工艺不断改进，而容易将其要淘汰的制造工艺转移到发展中国家的对外开放城市，从而对其工业现代化造成环境障碍。目前，围绕着解决全球性的臭氧层破坏、温室效应和酸雨等生态环境问题，在联合国 1992 年环境与发展大会的推动下，迫使主要造成这些全球性环境问题的发达国家实行更严格的工业环保标准，使其大批旧工艺设备逐渐被淘汰。而发达国家一些公司正在千方百计地要把这些不符合长远环保要求的生产工艺转移到发展中国家。这是目前世界经贸领域的一个新动向，也成为我国城市在对外开放中新出现的生态经济问题的一个重要特点。

4. 由于发达国家在工业企业和城市乡村执行高环境保护标准，使这些国家的工业有害废物和垃圾处理正在成为越来越难以解决的问题。在这种情况下，发达国家极力想利用发展中国家的对外开放地区作为其垃圾及有害废弃物处理场，并相应地给处理者以较高的垃圾处理费。这已成为我国对外开放地区和城市很容易出现的生态经济问题。

（二）　加强城市对外开放的生态经济综合管理

1. 城市政府要在引进国外先进技术对老企业实行技术改造中加强生态经济综合管理。我国城市的多数老企业技术水准低，技术经济性能差，经济效益低，环境污染严重。这是造成很多城市生态与经济恶性循环的重要原因。只有通过引进国外先进技术对城市老企业实行技术改造，尽快淘汰那些耗能、耗水、耗资源高而产出效益较差、污染物排放量大的老设备；并对各种高耗能源和资源、高污染的工序实行计算机调控，才能使整个城市的工业建立在集约化程度较高、技术较先进、低耗高产低污染的新起点上，逐步实现整个城市工业的生态化，促进城市生态与经济实现良性循环。

另外，城市要在加强对外开放的生态经济管理的过程中，引进国外先进的环境保护、环境治理成套设备或技术，一方面发展城市综合利用各种废料资源的工业企业，使城市产生的各种废料尽量地再资源化；另一方面要逐步建成城市配套的污染防治和生态还原系统，如建立现代化污水处理厂等，以使城市的生态环境问题逐步得到治理。

2. 城市政府要在引进外资、建立"三资"企业过程中加强生态经济综合管理，坚持生态环境保护的较高标准，防止把严重污染城市生态环境的"三资"企业引进对外开放城市。为此，要重点抓好以下两个方面的工作：一是对外商独资企业，即属于跨国公司独自投资的企业，要在引进项目时在环境保护和环境安全上严格选择和把关，防止跨国公司把有明显的环境污染转移或有剧毒物泄漏可能的企业在我国对外开放城市中随意落户。如果经过选择同意某些有污染的企业落户（如同意国外某些跨国公司在我国建设水泥厂、化工厂等），也要在这类独资企业的布局上严加控制，防止建立在市内或城市近郊，并且要防止跨国公司在企业环境安全上实行同国内企业不同的"双重标准"。二是在以引进国外成套设备形式建立中外合资、合作企业的过程中，必须严把环境保护关，注意同时引进其配套的具有较高标准的环境保护设备和环境安全设施，以使建立的企业保持较高的环境保护水准。

3. 城市政府要对对外开放中突出的短缺自然资源加强生态经济综合管理。这主要是抓好城市的滨海（河）岸线资源、水资源、矿产资源和土地资源等开发利用的规划和管理。下面着重论述对滨（海河）岸线资源加强生态经济综合规划和管理问题。

国内著名的对外开放城市往往都具有优越的滨海（如香港、大连、青岛等）岸线或滨河（如上海、广州、天津等）岸线资源。这些岸线资源的合理规划、利用和管理，对城市能否在发展外向型经济中实现生态与经济良性循环有着重要意义。这是因为，各个对外开放城市都是由于所处地域有可以建设深水大港条件的滨海（河）岸线而逐渐发展起来的，没有这个基本条件，就很难发展成为大型港口城市和对外开放城市。但这类城市的滨海（河）岸线除了用来作为港口功能的区段之外，还可以有其他多种功能，如作为城市风景旅游的岸线、滨海（河）工业区岸线、滨海（河）疗养区岸段、滨海（河）商业金融区岸线、滨海仓库区岸线、滨海保税区岸线、滨海（河）自然保护区岸线、绿化区岸线，以及滨海城市垃圾、污水处理区岸段，等等。因此，只有通过城市总体规划搞好滨海（河）岸线资源开发利用的整体规划和科学管理，使其生态规划和经济规划有机结合、近期发展和长远利用有机结合，才能在保证深水滨海（河）岸线的港口、造船、仓储和工业利用功能得到充分发挥的同时，使必要数量的岸线成为对外开放有巨大促进作用的风景旅游、保税区建设、金融商业区建设、造林绿化区建设用岸线，以使城市有限的滨海（河）岸线产生最佳的生态经济综合效益。

二　城市对外开放中的旅游生态经济管理

（一）城市原有旅游资源开发利用的生态经济管理

我国有很多对外开放城市同时又是全国或各省（市、自治区）的重点风景旅游城市和历史文化名城。1992 年我国旅游外汇收入超过 5000 万美元的 13 个城市（北京、上海、广州、深圳、珠海、桂林、杭州、西安、厦门、大连、海口、南京、天津）中，多数属于这类城市。由于这类城市原有的旅游资源十分丰富，所以要加强城市对外开放中的旅游生态经济管理，首先要抓好城市原有旅游资源（包括人文旅游资源和自然旅游资源）合理开发利用的生态经济管理。

1. 对于山水景观俱佳的以自然景观为主、以人文景观为辅的旅游城市，要把发展旅游经济与保护山水景观生态系统相结合，搞好旅游生态经济综合管理。

（1）对于以名山景观为主、人文景观为辅的旅游城市（如泰安市、黄山市、武夷山市、峨眉山市等），要在开发名山景观资源发展旅游经济的同时，全面加强对名山自然景观、人文景观资源的保护工作，并健全旅游生态经济综合管理的体制。例如，泰安市是以泰山而著名的旅游热点城市。该市本着对泰山旅游资源开发和保护并举的原则，投入巨额资金，新开发了后石坞、桃花峪两个新景区，并管好用好新建的通向这两个新景区的两条观光索道。另外，还新开辟了玉泉寺、扫帚峪两条登山路线，使泰山形成了以岱顶为中心，向山前山后 6 个方向辐射的环游路线，让游客尽情饱览泰山特有的"旷、奥、幽、妙、秀"五大自然景观。一年一度的"泰山国际登山节"活动的开展，要把发展泰山的国际旅游业和泰安市的招商引资、对外开放工作紧密结合，使旅游和对外开放相互促进、相得益彰。为了保护泰山的景观资源，该市根据国务院批准的统一规划，集中人力、物力、财力，大规模地开展了泰山登山景区保护建设工作。从山脚下的岱庙到中天门、南天门直到玉皇顶，对40 多个景点进行保护建设，以泰山中路壮丽的自然景观为载体，恢复历史风貌、再现东岳古风。在加快泰城和岱顶的旅游宾馆等设施建设的同时，该市还成立了航空游乐公司，从国外购进直升机供游客从空中观看泰山。为加强泰山旅游的生态经济综合管理，该市把过去分属各部门领导的泰山林场、泰山文物管理局和泰山旅游管理局合并为综合的泰山风景名胜区管理委员会，大大提高了对这座被联合国教科文组织接纳为"世界自然遗产"的名山的旅游生态经济综合管理水平。

（2）对于以名湖、名江和黄金海岸为主，人文景观为辅的旅游城市（如桂林、杭州、秦皇岛等），要在开发名湖、名江和黄金海岸旅游资源大力发展旅游经济的同时，加强对名湖、名江和黄金海岸的水环境整治工作，加强其景观生态系统的生态经济综合管理。由于这类名湖（如杭州的西湖）、名江（如桂林的漓江）和黄金海岸（如北戴河海滨）一旦被污染，就完全失去了其景观和旅游资源的价值。所以，保护其景观生态系统的生态环境，是使这些城市的旅游经济和对外开放持续发展的源泉。只有把开发和保护城市的这类景观资源结合为一体，实行对旅游资源的生态经济综合管理，才有利于这类城市生态与经济的协调发展和良性循环。例如，杭州的西湖是吸引中外旅游者的重点风景名胜区。但在过去较长时间内，由于忽视旅游生态经济综合管理，致使西湖水质严重污染，使杭州旅游业一度出现了生态与经济不协调的问题。后来，杭州市加强了旅游生态经济综合管理，一方面严格控制西湖周围企事业单位向西湖排放污水和乱占西湖周围景点建建筑物的问题；另一方面修建了引钱塘江水入西湖、改善西湖水环境质量的工程；并对游船加强了环境管理。在此基础上，该市对西湖旅游资源进行了整体性开发，把西湖与历史、西湖与民俗、西湖与人物、西湖与文化、西湖与宗教、西湖与经贸、西湖与科技、西湖与建筑、西湖与外交紧密结合起来，在"新、奇、异、乐"上做文章，使杭州的国际和国内旅游业、对外经贸业得到了较快发展。

2. 对于各类以人文旅游资源为主、自然旅游资源为辅的历史文化名城，要把发展旅游经济和保护历史文化名城有机结合，加强旅游资源的生态经济综合管理。每一个历史文化名城都有历史遗留给该城市生态系统的构成"文化名城"的特殊人文景观群体。合理开发、利用和保护历史文化名城的这些人文景观群体，是加强这类城市的旅游生态经济管理的关键。

（1）要在加强旅游生态经济综合管理中合理保护和开发利用历史文化名城的人文资源群体，使其既保持历史文化名城特色，又利用这些资源大力发展国际和国内旅游业。由于人文旅游资源群体是构成某个历史文化名城存在与否的关键，也是吸引国内外游客的著名景点。所以既保护好这些人文旅游资源群体使其不受各种损害（包括经济建设损害、人为损害和环境损害等），又充分利用这些著名景点发展旅游业，就成为这类城市旅游生态经济综合管理的重要内容。例如，苏州市过去曾一度只重视利用个别古代著名园林来发展旅游业，致使出现了这些园林人满为患、旅游环境质量下降、其他人文资源未得到应有保护和修复等问题。进入 20 世纪 80 年代末 90 年代初，该市克服了这种片面性，加强了旅游生态经济综合管理，逐步树立了充分利用和保护历史文化名城的整个人文资源群体来发展旅游业的思想，逐步形成以园林旅游为尖顶、专项旅游做基身、度假区为基座的宝塔形新格局，不断恢复古迹原貌，扩大新园规模，借丰厚的人文资源和名胜古迹推出古巷、古镇、古塔、古桥、古寺等专项旅游活动，实现了旅游生态与经济的良性循环，使苏州成为具有国际水准的风景旅游城市，推动了苏州新加坡工业园和高新技术开发区招商引资工作的发展。

（2）要在加强旅游生态经济管理中，合理解决保护历史文化名城的文物古迹和实现城市现代化的矛盾。随着城市对外开放事业的深入发展，由外商投资成片改造历史文化名城的旧城区黄金地段，已成为城市招商引资的重要内容。因此，如何在这一过程中加强生态经济综合规划和管理，做到既使城市老区实现基础设备、产业结构、建筑艺术、生态环境的现代化，又合理地保护其人文旅游资源和名胜古迹，并使这二者相互协调，就成为城市对外开放中必须解决的生态经济管理的新问题。我国许多城市近年来的实践证明，要处理好这一新问题，城市的决策和管理系统就要对于其名城文化区内的地段，按其文物古迹的历史价值、科学价值的不同，合理地划分为保护级的文物古迹区段、保留级的环境史迹区段和重整级的传统环境区段等，并分情况采取不同等级的保护和改善性措施，制订必要的区域改造规划，使外商成片投资改造名城黄金地段的行为符合规划的要求。

（二）城市新旅游区建设的生态经济规划与管理

1. 要本着全面提高新建旅游区的景观价值、文化价值和商业（旅游）价值的原则加强对城市新旅游区建设的生态经济规划与管理。新建旅游景区能否成功，关键在于能否将其景观价值、文化价值和商业（旅游）价值实现较好的统一。所谓景观价值，是指新建旅游景区的自然生态风貌及人文景观的艺术水准的高低，以及使人文景观和自然生态风貌相协调的程度。所谓文化价值，是指新建人文景观的文化内涵的丰富程度和文化艺术价值的高低。所谓商业价值，是指新建旅游景区能否吸引国内外旅游者而扩大旅游市场的经济价值。新旅游区只有实现这三种价值的统一，才能作为当代人智慧的结晶而具有传世价值。如果只讲经济价值而不顾景观价值和文化价值，追求所谓急功近利，所建设的"新"景区就不可能有生命力，甚至成为"建设性破坏"。国内外的大量实践证明，要使一个城市新建的旅游区实现上述"三价值"的统一，必须在以下两个方面加强旅游生态经济规划和管理：

（1）在原有人文旅游资源很有特色的历史文化名城中，新建的人文旅游资源在内容规划上应是原有人文旅游资源文化内涵的拓展和延伸，并在建筑风格上同原有人文旅游资源相协调。例如，古都北京，在保护和开发利用原有名胜古迹发展国际和国内旅游业的基础上，也十分重视建设新的旅游景区，并努力使新建旅游景区在内容规划上拓展和延伸古都名胜古迹的丰富文化内涵；在城市布局上，不仅保留了原有的中轴线，而且将其向南延伸到市区边缘的南苑镇，同时建设了全长 40 多公里的东西长安街这一新轴线。两条轴线相交的天安门广场，经过两次扩建，由 18 公顷扩大到 40 公顷。整个广场整齐开阔，周围建起了人民大会堂等具有民族风格的雄伟建筑，形成了新老建筑相映增辉、协调统一的整体，成为国内外著名的旅游热点景区。与此同时，先后新建了陶然亭公园、紫竹院公园、什刹海风景区、大观园、老北京微缩景园、世界公园等新景区，并扩建了北京动物园。在正在建设的西客站中，又把西客站建设和金中都文化遗址莲花池的保护结合起来，把客运车场中轴线向东平移 150 米，完整保持了莲花池，建成后使西客站和经过系统生态整治的莲花池相映增辉，成为新的旅游热点。由于新老旅游热点大大提高了北京的旅游吸引力，使北京旅游业迅速发展。1993 年仅接待海外旅游者就达 202.75 万人次，旅游创汇达 12.497 亿美元，成为北京外向型经济发展的重要组成部分。

（2）对于原来旅游资源较少和新建的城市，要根据本城市政治、经济、人口、生态环境和文化的实际，有规划地建设有较高景观价值、文化价值和经济价值的人文或自然旅游景区，提高城市的知名度。在这方面，深圳市建设的集中华各民族民间艺术、民族风情于一园的大型游览区——中国民俗文化村和集中国名胜古迹于一体的大型缩微景区——锦绣中华，以及华侨城等其他人文旅游景观，就对该市发展面向港澳同胞和海外华侨的旅游业，提高城市吸引外资的知名度，起了重要促进作用。

2. 要本着在开发建设过程中充分体现人类与大自然和谐统一的原则，抓好引进外资建设国家级旅游度假区过程中的生态经济综合规划和管理。为了引进外资建设一批在国内外较有知名度的新旅游区，国务院于 1992 年 8 月作出了关于试办国家旅游度假区的决策，赋予了国家旅游度假区在开发建设和吸引利用外资方面的一系列优惠政策。1992 年 10 月，国务院又正式批准建立大连金石滩、青岛石老人、无锡太湖、苏州太湖、上海横沙岛、杭州之江、福建武夷山、福建湄州湾、广州南湖、昆明滇池、三亚亚龙湾、北海银滩 12 个国家级旅游度假区，以利于我国这些著名旅游城市引进外资开发以旅游度假为内容的新人文旅游资源。

要抓好这些国家级旅游度假区引资建设中的生态经济综合管理，最重要的是要制定一个充分体现人与自然和谐统一的旅游度假区建设总体规划；并使投资者的建设项目符合总体规划的要求。由于上述旅游度假区所处地域都有秀丽的山水风光和良好的自然生态风貌条件，所以旅游度假区建设总体规划的制定和执行必须符合生态经济原则，具体要求注意以下 4 个方面：一是要制定严格的自然生态环境保护规划，使人们在旅游度假区内能欣赏到迷人的山水风光、滨海（湖、江河）风景岸线；二是制定严格的大气、水、废渣和噪声防治措施和规划；三是制定旅游区点、线、面结合的园林建设规划；四是制定同自然生态风貌协调的旅游人文景观建设规划，等等。

三　城市经济技术开发区、高新技术开发区、保税区的生态经济管理

城市经济技术开发区、高新技术开发区和保税区的建设，是城市对外开放和发展外向型经济的窗口。因此，加强对经济技术开发区等的生态经济综合管理，是城市对外开放中的生态经济综合管理的最重要的内容之一。

（一）城市经济技术开发区、高新技术开发区、保税区生态经济系统的特点

随着对外开放事业的不断发展，我国从 80 年代起，在建立了深圳、珠海、汕头、厦门和海南省等经济特区的同时，又陆续建立了一批（主要是沿海、沿边和内陆的对外开放城市）经济技术开发区、高新技术开发区和保税区等。到 1994 年 5 月，全国建立了 5 个经济特区、32 个国家级经济技术开发区和 52 个国家级高新技术开发区。

城市经济技术开发区、高新技术开发区和保税区等是经政府审批建立的，要执行一系列吸引外资的优惠经济政策；而且它们在对外开放城市中一般都处于优越的经济地理位置和良好的生态环境之中，所以，在

这些地域内由其外向型的经济系统及人工形成的生态系统就组成了有特殊结构和功能的生态经济系统。它们既是整个城市生态经济系统的一部分，但由于又要实行特殊的经济政策和土地的特种利用，因而使之具有一般城市生态经济系统所难以具备的特点。

1. 它们的发展受国际国内两种资源（包括自然生态资源和社会经济资源）和两种市场的促进和制约。由于国家对经济技术开发区、高新技术开发区和保税区等都分别制定了优惠的经济政策，同时城市政府又努力为其吸引外资创造较优越的硬条件（基础设施条件）和软条件（提高政府办事效率等），这都十分有利于合理开发和利用国际国内两种资源和两种市场，使一些国家级和省级的区位条件、"硬"条件和"软"条件都较好的开发区在大量吸引外资中迅速得到发展。但同时，由于国际国内两种资源和两种市场的开发潜力都各有一定的限度，所以，它又从另一方面制约了我国城市开发区发展的数量和区域分布。如90 年代初的一段时间，我国一些城镇政府没有认识到开发区发展的这些生态经济制约因素，盲目地掀起了一股"开发区热"，使开发区搞得过多过滥，结果导致很多农田生态系统被这股"开发区热"所破坏，造成了巨大的生态经济损失。后来在中央和省两级政府加强宏观调控中，才纠正了这一问题。

2. 它们的运行过程中，物质流、能量流、信息流、人流和价值流比城市其他区域流量大、流速快、区域高度集中，并具有外向型等特点。由于国家对经济技术开发区实行优惠的经济政策，并且这些开发区往往处于城市中区位优势较明显的地域中，所以在其开发区建成并正常运转后，一般来说其单位空间和单位时间的物质流、能量流、信息流、人流和价值流要比城市的其他地域大得多。特别是保税区的物质流、能量流和价值流，经济技术开发区和高新技术开发区的信息流、人（人才）流和价值流（外资的投入和"三资"企业的产出）等，比起城市一般区域来说，都要大得多。上述诸生态经济系统这种流量大、流速快的物质流、能量流、信息流、人流和价值流的"流入"，分别来自国外投资者和国内及本城市其他区域的投资者；而经过此类生态经济系统内的各条工业食物链——投入产出链对输入的五种"流"的利用和加工后，又要变为新的物质流、能量流、信息流、人流和价值流输出到国际市场和国内市场。

（二）城市经济技术开发区、高新技术开发区和保税区的生态经济综合管理

主要包括对这些开发区的生态经济综合规划和建设管理，及引进外资中的生态经济管理等内容。

1. 结合对外开放城市的旧城改造，抓好经济技术开发区、高新技术开发区和保税区的生态经济综合规划、建设和管理。我国很多对外开放城市的经济技术开发区、高新技术开发区和保税区，一般都处于城市的新建市区（如天津、大连、青岛、苏州、杭州、福州、南通、营口、烟台等）。因此，抓好对这些开发区的生态经济综合规划、建设和管理，既对实现开发区内生态与经济的协调发展有重要意义，又对整个城市在新城建设和旧城改造的有机结合中实现生态经济良性循环有着巨大促进作用。

（1）要本着新建市区和旧城区系统配套、优势互补的原则，抓好各类开发区的生态经济综合规划和建设。选择老城区外区位较优越、生态环境和自然条件较好的近郊区或远郊区，通过规划和建设经济技术开发区、高新技术开发区和保税区等途径建设城市新区，并把这种新区建设同旧城区的改造相互结合、系统配套，这是近十多年来我国很多大中城市在对外开放过程中加强城市生态经济综合规划和管理的主要内容之一。很多城市因此而实现了新旧城区间生态与经济的良性循环。历史文化名城苏州在这方面就创造了成功的经验。该市把姑苏古城的改造同东西两翼的新城建设有机结合［在西部建设 60 平方公里的高新技术开发区，在东部建设 70 平方公里的中新（新加坡）合作开发的工业园区］，在对外开放中既加速了城市经济的现代化，又使苏州新旧市区的生态环境更加优美。其中正在按规划建设的高新技术开发区东临京杭大运河，西至狮子山，西南临太湖、北部是枫桥寒山寺和虎丘两个风景名胜区，已初步建成了既有现代繁华气派，又有典雅园林特色的崭新市区。全市的 10 个重点骨干企业有 6 个在此新区，老城高新技术企业有一半以上

到新区落了户。老城因此实行了退二（第二产业）进三（第三产业），以更优美的生态环境发展旅游业。新市区的景观和古城区的传统景观也实现了珠联璧合。

（2）把经济技术开发区、高新技术开发区、保税区等的基础设施规划建设同城市新区的整个基础设施规划建设融为一体，相互促进。通过不断完善各类开发区和城市整个新区的道路、通信、水、电、气、暖、环保等基础设施的配套建设和管理，促进对外开放城市整个城区各种生态经济社会资源的合理组合和优化配置。例如，大连市为建设现代化国际大都市，就把大孤山半岛作为新市区重点来规划和建设，并同老市区组成"组合式"城市发展模式。该市把经济开放的先导区——大连经济技术开发区、大连保税区、大连金石滩国家级旅游度假区都规划在新市区建设中，并配套建设了国际深水中转大港——大窑湾港。一条宽 100 米、长 17 公里的主干道将这些先导区连成一体，融工业开发、保税仓储、商贸旅游、港口转运为一体的环境优美的大连新区已初步建成。

2. 本着进口替代和出口替代相结合的原则，抓好经济技术开发区等招商引资过程中的生态经济综合管理。合理、科学地引导经济技术开发区、高新技术开发区、保税区和经济特区的外资投向，是优化城市产业结构、优化资源配置、建立城市符合生态与经济良性循环的外向型经济结构的关键。

（1）将进口替代和出口替代有机结合，是合理地引导外资投向，建立开发区高级化的外向型产业结构的基本原则。这是因为，对像我国这样的发展中国家来说，如果长期地靠出口本国的初级产品（农产品、矿产品及其初级加工品）来发展外向型经济，只能是一种输出其国内的生态资源，靠牺牲国内的环境质量来换取外汇收入的方式。要在发展外向型经济中实现生态与经济的良性循环，我国必须改变过去那种以初级产品出口为主体的局面，逐步用技术层次或加工程度较高的产品出口来替代初级产品出口，这就是所谓的"出口替代"。而要达到这种"出口替代"的程度，又必须要有一个"进口替代"的过程作为过渡。"进口替代"是靠引进外来先进技术，由本国生产原先必须进口的产品，达到节省外汇的目的。只要把"进口替代"和"出口替代"有机结合，就能进一步精化发展"进口替代"产品，而扩大发展"出口替代"产品，在此过程中实现其外向型经济结构的高级化。而各级开发区、特区就是以发展"进口替代"为先导，进而走向"出口替代"之路的最佳区域。

（2）按科学的招商规划公开招商是引导外资投向，鼓励外商向开发区兴办技术、资金密集型项目的有效管理方式。要在开发区实现"进口替代"和"出口替代"的有机结合，必须高度重视在开发区引进国内需要并有出口可能的技术密集型和资金密集型项目，使开发区引进上档次、上规模的工业项目和房地产项目等。在每一个开发区开发之初，牵线搭桥往往是主要的招商手段。但随着开发进程的加快，区内各项规划和设施的到位，各开发区就要逐步采取用确定规划，按规划公开招商的办法。这既能开阔视野，扩大项目选择的范围；又提高了开发区在海内外的知名度，最终是提高了引进项目的技术档次和规模水平，避免耗资源和耗能源多、污染重的粗加工项目引进开发区，保障开发区实现生态与经济的协调发展。

（3）坚持"规划定功能，项目定地块"，"四通到位，熟地出让"的国有土地使用权出让方针，抓好开发区土地使用权出让的生态经济综合管理。国内很多开发区的经验证明，只有根据开发区的总体规划和详细规划，分别按项目性质、进开发区先后、地量大小、投资规模、出资方式等给不同地块以不同的价格，才有利于鼓励投资客商合理竞争。另外，开发区管理委员会只有对出让的地块向投资者提出包括用地面积、用地性质、建设容积率、建筑密度、建筑层次限制、绿地覆盖率等控制指标，才有利于引导开发区土地的合理使用，力求使开发土地的价值率达到较高水平，并保证开发区的土地利用有利于实现生态与经济良性循环。

参考文献

1. 马传栋：《生态经济学》，山东人民出版社 1986 年版。
2. 马传栋：《城市生态经济学》，经济日报出版社 1989 年版。

3. 王克英、朱铁臻主编:《生态时代的城市抉择》,经济管理出版社 1991年版。

4. 马传栋:《论生态工业》,《经济研究》1991 年第 2 期。

5. 刘淑琪:《外向经济发展战略值得注意的几个问题》,《青岛大学学报》1992年第 2 期。

第五篇　农村生态经济管理

　　农村人口、资源、环境、产业、景观的特殊性，农村生态系统与经济系统的特殊性，决定了农村生态经济管理的特殊性。农业不仅是农村的基础生态系统和基础产业，而且是农村的主体生态系统和主体产业。农村以农业产业为主要特征，农村生态经济系统以农业生态经济系统为主要特征。因此，农村生态经济管理的基础或核心是农业生态经济管理。但在农村经济发展的过程中，许多农村地区已经出现了普遍的非农化进程，城市拥有的产业，几乎都已经在农村中萌生。因此，农村生态经济管理又面临着农村人口、工业、矿业、交通、建设及新兴的农村第三产业中发生的各种生态经济矛盾，这就增强了农村生态经济系统及其管理的复合性。农村生态经济管理的目标与任务，如果忽略了农业生态经济管理，就忽略了其特殊性；而如果忽略了农村非农产业的生态经济管理，就忽略了其复合性。以农业生态经济管理为主体，综合实施农村生态经济管理，逐步建立和完善可持续发展农业的综合管理体系，是农村生态经济管理的指导思想及其实施的基本出发点。

第十六章　农村生态经济管理的
目标与原则

　　农业作为农村经济的基础产业和主体产业，经历了从单一的总量目标到高产、优质、高效目标的发展过程，这无疑是农业发展的一次飞跃，也是农业和农村生态经济发展的一次飞跃。但是，从农村和农业的产业实践来看，"双高一优"目标决策的主题词是经济效益，它已成为农村和农业经济管理的首要目标。诚然，经济管理目标是农村生态经济管理目标的重要内容，但是，它不能替代农村生态经济管理目标的总体。农村生态经济管理目标的总体内容是实现农村生态经济系统的高效、协调与进化。

一　农村生态经济管理面临的挑战

（一）改革与发展使农村生态经济系统面临重大的历史转折与严峻挑战

　　改革推动农村发展，发展呼唤农村改革。建设农村社会主义市场经济体制已成为推动农村经济发展的巨大动力。但是，农村发展取得的重大经济成果并不能掩盖农村市场经济行为中单一经济效益驱动可能发生的某些生态经济消极后果，从生态经济效益和效果来审视与评价，农村生态经济系统正面临着新的冲击和挑战：

　　1. 农村人口增长的冲击

　　中国农村人口从 1949 年的 48402 万人增至 1978 年的 79014 万人和 1992 年的 84799 万人，两个时期的年平均递增率分别是 17‰和 5‰，扣除人口城市化因素，80 年代末及 90 年代初，农村人口自然增长率仍高居 12‰—16‰，农村自然生态资源的负荷不断加重。1992 年农村人口人均耕地面积已降至 1.69 亩，在复种面积不断提高的情况下，人均播种面积仍只有 2.64 亩。农村人口人均非农业产值已从 1980 年的 109.28 元增至 1992 年的 1922.38 元（当年价格），加上城市"三废"污染物向农村的排放，农村人口的环境污染负荷骤增。农村改革过程中，农村人口流动量显著增加，但迄今农村人口中剩余劳动力的问题仍然没有根本解决，这更加重了农村生态经济负担。

2. 庸俗的贪利行为的冲击

在长期计划经济运行过程中，淡化了人们的效益观念。尤其是对农村，强调社会效益，忽略经济效益，阻滞了农业经济的发展。现在，建设农村社会主义市场经济体制，使农业和农村经济开始转移到以提高经济效益为中心的轨道上来。但是，在计划经济向市场经济转变的过程中，常常会发生对现代市场经济本质的扭曲，自觉或不自觉地走传统市场经济发展那种牺牲资源和环境而单一追求经济快速增长的老路子，这就必然对农村生态经济系统产生极大的冲击。单一的经济利益驱动，使本来就十分脆弱的农村生态经济系统变得更加脆弱。

3. 短期决策行为的冲击

随着国民经济现代化的发展，农村与农业决策科学化也已经提上了历史日程。但是，真正实现科学决策还是十分艰巨的任务。直到目前，在农业和农村生产经营活动中急于求成、急功近利，只顾眼前、忽视长远的短视行为，还危害着农业和农村的改革与发展。它突出表现在决策者、管理者往往更多地着眼于行政责任，更多地对"任期"目标负责，因此，就滋长了短期决策行为。致富目标本来是对"贫穷社会主义"目标模式的否定，是社会主义市场经济正常的决策目标。但是，一旦为实用主义、贪利主义所曲解，就会促成短期片面的决策行为，就会对以近期利益与长期利益相统一为目标的生态经济管理产生重大的冲击。

4. 农村决策者、经营者素质滞后的冲击

生态经济管理是农村现代化的要求，也是当代管理科学的重大成果。它对农村、农业决策者和经营者提出了更高的素质要求。但是，在农村市场经济的起步阶段，人们往往更多地关心尽快发展经济，忽视农村经济社会与生态环境的全面优化与协调发展，使农村科技、教育、文化建设滞后，这就阻碍了农村决策者、经营者生态经济观念、生态经济觉悟的提高。

我国农村生态经济管理的基础本来就十分薄弱，大部分地区甚至尚没有建立。加上现行农村管理体制对生态经济管理的弱视和上述各方面的冲击，就使得我国农村生态经济管理的任务更加艰难与繁重。

（二）农村生态经济管理面临的两难决策

由于在农村发展中，存在着资源与环境的有限性和经济利益追求的时效性与无限性的矛盾，就使农村生态经济管理的两难具有多种表现：

1. 增长与极限的冲突

这是全球性的生态经济矛盾，在农村与农业生态经济系统中表现得更加突出。农业作为经济产业，要求最大限度地满足社会对农副产品的多样化、多层次需求，并保证在生产经营的实践过程中能够获得尽可能多的经济效益和收入。从这个意义上讲，人类社会对于农业增长的需求，包括实物增长需求与效益增长需求，总是无限的。而农业作为生物再生产产业，其扩大再生产的容量，必然受自然资源环境的限定和约束，即受生物再生产规律的约束，无论生物科学发展到什么阶段，它总是有限的。当前农村发展的实践已经表明，尤其是在人口密集地区、经济发达地区、生态恶化地区，农村的生态阈限已处于临界状态，各种生态灾害已经频频发出警戒信号。一些农村生态危机与经济困境并存，使农村生态经济管理首先陷入增长与极限的两难决策之中。

2. 生态目标与经济目标的冲突

生态经济理论为生态经济管理设计了一个理想目标，即生态效益与经济效益相统一的目标。但是，实践却常常故意捉弄人类，在当代社会、经济、科技条件下，生态效益与经济效益的矛盾往往是经常的。在农村发展的实践中，人们一方面常从生态学的美妙境界为农村描绘了各种回归大自然的田园式美好"生态蓝图"，但往往由于对农村经济的需求和目标的忽视，使蓝图变成对未来追求的幻影；另一方面人们又常常从传统经济学要求出发，对生态需求和效益严重忽视，由于无节制地掠夺和消耗大自然赐予农村的自然生态资源和环境，因而也难到达农村经济持续发展的彼岸，甚至带来严重的人为生态灾害。目前，尽管已经有更多的决策接受了生态效益与经济效益有机统一的生态经济效益观念，但是在实践中，往往由于资金的缺乏、科技手段的局限和迫于现实的经济社会问题等，生态目标与经济目标的冲突仍然是经常的。

3. 理想与现实的冲突

在农村发展中，同样普遍面临着建设与治理的矛盾。尽管人们已经批判了"先建设，后治理"的经济决策模式，但严酷的社会实践却仍然顽固地延伸着这一模式的历史轨迹。在现实中人们只能是或者以尽可能小的经济牺牲来换取最大的生态效益，或者以尽可能小的生态牺牲来换取最大的经济效益，具体的最佳选择要根据具体的目标要求来决策。但在实践中，这种兼顾两利的最佳决策选择也非易事，它仍然难以完全摆脱生态和经济两难决策的阴影。

4. 平衡与非平衡的冲突

许多持系统论及生态平衡观点的学者从平衡是系统稳定的基础条件这一命题出发，依据诸多生态失衡导致生态灾害、经济危困的客观事实，力主保持生态平衡是农村生态经济管理不可动摇的生态经济原则。而突变论、耗散结构理论的创导者及部分经济学家则首肯远离平衡的非平衡才是经济社会进化发展的动力，认为世界上没有任何一个永恒不变、绝对平衡的生态经济系统，向"平衡论"发出了挑战。近年来在生态经济的理论研究中，在生态经济平衡的相对性、动态性、生态经济平衡的进化，人类在自然生态平衡面前的主观能动性等方面已经取得了不少进展。但是，这一理论问题还在深入研究的过程中，生态经济理论与实践结合的矛盾还远未根本解决。

5. 生态价值观念与生态价值实现的冲突

在市场经济的实践中，由于对自然生态资源和环境要素参与农村经济过程的价值评估普遍不充分，甚至根本没有进行，因而屡屡导致重大的经济损失和决策失误，酿成农村发展的各种生态或经济惩罚。如黑龙江省伊春林区由于长期过度砍伐森林，导致森林资源濒临枯竭，80 年代以来出现了严重的生态经济恶性循环与生态经济困境，使经济发展濒临停滞，历史教训十分深刻。原因虽然是多方面的，但对森林生态资源与环境评价不充分是重要的原因之一。由于生态经济实践的不断启示，应该说，人们从观念上、理论上已经接受了生态价值的立论。但是，在农村生态经济管理的实践操作中，生态价值评估仍然是十分艰难的命题：一是迄今还没有一种简便科学的计算方法；二是已经计算出来的生态价值还难以被经济实践普遍接受。显然，农村生态经济管理能否从生态价值评估的操作困境中解脱出来，尚有一段比较遥远的路程要走。

（三）　生态经济管理与农村、农业现代化建设的战略决策

农村改革突破了传统狭隘、封闭的农村观与农业产业观，把中国农村与农业建设推上了现代化的历史进程。自然经济或小商品生产基础上的农村观、农业观正在被商品经济、市场经济基础上的现代农村观、农业观所取代。在这样的历史过程中，生态经济管理必然要承担起实现农村、农业现代化建设的重大战略决策任务。

农村经济管理决策的调整与转变，在很大程度上取决于人们对农业产业本质的认识：

1. 农业是基础产业

迄今，由于农业产业的某些特殊性，人们一直是首先把农业置于基础产业地位加以强调，并依此作出相应的管理决策。农业作为基础产业的主要依据是：第一，农业是唯一能转化与积累太阳能，并成为人类生存摄取能源的产业，是其他诸产业之源，具有产业不可替代的特性；第二，农业生产供给人类生存和发展的最基本的物质资料；第三，农业给其他产业正常运行提供最基本的物质条件。同时，由于中国的特殊国情，农产品供需平衡不仅是十分敏感的经济问题，也是十分敏感的政治、社会问题，这就更加深了农业的基础产业特征。因为在农产品总量供给不足或只能维持低水平供需平衡的状况下，维护社会安定往往成为农业产业的基本任务和目标。但是，人们长期以来，在农业产业决策上的偏颇，也就在于只强调它这方面的重要作用，而忽略了农业产业本质的其他特征及对应决策，因而模糊了农村、农业现代化的整体内容，从

而就延缓了农村、农业现代化的进程。

2. 农业是效益产业

农业作为农村经济的基础产业和主体产业，是人类社会各个历史阶段的共同特征。在商品经济和市场经济条件下，农业产业的经济本质与功能必然日益强化。现代农业不仅是国民经济体系中的基础产业，而且还应该是效益产业，是致富产业和直接创造国民生产总值或国民收入的经济支柱产业。简单认为农业是基础产业的观念局限了农业现代化的经济本质特征。

3. 农业是生态产业

农业作为自然再生产过程，在完成自身经济过程的同时，还完成着生物再生产及自然生态循环的过程。这就从另一个侧面体现了其本质特征，这使农业与其他产业相比更有自己的特色，农业无论作为传统产业或现代产业，都表现出了强烈的生物产业、生态产业特征。生态是农业发展的基础，农业不仅以自身的经济行为参与、影响、干扰社会综合生产力，而且还以自身的生态行为参与、影响、干扰社会综合生产力。农业作为生态产业的这一特征也必然要对农村、农业现代化进程产生深刻影响。

基础产业、效益产业、生态产业，共同构成完整的农业产业本质特征，它是农村、农业现代化决策的整体依据。尽管不同时期、不同国家或地区，农业的基础产业、效益产业、生态产业的本质特征所表现的结构强度有所不同，它们分别表现为相对的隐性或显性，决定着不同的管理决策重心，但是，农业产业的经济、社会、自然特征始终是一个整体，它们共同决定了实施生态经济管理是农村、农业现代化的重大管理决策任务。

二　农村生态经济管理的目标

我国农村经济的发展目标已经从单纯强调农村的经济效益目标，到同时强调农村发展的社会效益目标，即经济效益目标与社会效益目标并重，到最终实现经济、社会、生态效益相统一的生态经济整体管理目标，是农村经济管理发展的必然趋势。从这一历史必然性出发，农村生态经济管理的目标应该包括以下主要内容。

（一）农村生态经济系统的高效与集约

现阶段农村经济尤其是农业经济，从总体上来评价，仍然普遍处于低效、粗放的经济管理状态。劳动生产率普遍低于城市产业，也低于发达国家农村经济的效率。克服这种低效状态，是农村生态经济管理目标的基本内容。从投入产出的角度要求，农村生态经济系统的高效与集约要包括生物产出量的高效与集约、经济产出量的高效与集约和社会产出量的高效与集约。通过实行农村生态经济管理，不但要实现从单一高产量目标向同时兼顾高效和优质的目标转化，而且要实现从单纯经济社会效益目标向生态、经济、社会效益综合管理目标的转化。要在实现经济效率、社会效率目标增长的同时，同步提高生态效率。包括对提高自然资源产出率、资源持续生产力和提高资源质量等都要给予足够的重视。

1. 高效与集约的生态管理目标

包括直接的生态目标与间接的生态目标。直接的生态目标如：农副产品的洁净度、土地理化与微生物特性的改善、农田水质的净化、农田小气候要素的改善、农作物品种的优化、农田生物种群的优化等，它们形成良性的农业生态系统。间接的生态目标表现为抗灾能力增强，生态风险率下降，生态效率持续稳定增长等。

2. 高效与集约的经济管理目标

主要表现为围绕最优化边际效益取向的高投入集约决策选择。在农村经济体制改革深化与完善的过程中，建立有利于提高投资效率、有利于集约投资的机制；协调国家、集体、农户集约投资的合理结构；通过科技进步提高集约经营的持续有效性，实现农村农业经济的高效劳动生产率、土地产出率、投资效益率等。

3. 高效与集约的社会管理目标

主要表现为在生态与经济高效和集约基础上形成的社会效益的稳定与增益。例如，农副产品的商品率与商品总量，农副产品社会供给数量与质量的安全度，农村与农业创造的国民生产总值、国民收入总量及其份额，农村与农业提供的税、费、利贡献率等。很明显，农村生态经济管理的高效、集约目标，应该是生态、经济、社会效益高效、集约的统一，是"双高一优"农业发展目标基础上的升华与完善。

（二）农村生态经济系统的协调与和谐

自然生态系统在自然生态规律作用下，通过自身的生态循环过程及同外生态系统相互交流的生态循环来协调自己的运行。农村生态经济系统包含自然生态的运行过程，又在很大程度上受经济、社会需求的左右，即受生态和经济、社会规律的共同约束，形成各种各样畸轻畸重的生态经济结构。农村生态经济管理的目标就是要改变原始经营、掠夺式经营的管理模式，使农村生态环境与经济社会发展的矛盾对立尽可能转化为统一，从只开发、不保护；先开发、后治理；重开发、轻维护的传统管理模式中解脱出来。在农村发展的实践中，生态经济的协调与和谐包括以下内容。

1. 生态产业、行业结构与非生态产业、行业结构的协调与和谐

从生态经济观念来评价农村产业与行业，可以区分为生态型、非生态型、中间型三个类型的产业与行业。生态型产业、行业的经济开发与发展经常与实际发生的生态效益呈正相关，例如，林业建设越发展，在一般情况下产生同向的生态效果，生态经济经常处于协调、和谐状态。非生态型产业、行业则常常相反，在现代科学技术条件下，产业、行业开发与发展，常常伴随越来越严重的生态后果。例如，乡镇企业中的大多数造纸、电镀、印染行业就是如此，产业、行业发展与生态环境呈负相关。而农村产业、行业中的大多数则经常处于中间状态或不断动态变化的状态。在产业、行业开发、发展的过程中，管理决策适当，生态经济处于和谐状态，生态与经济的运行不会形成明显的相互之间的负变量消极关系。如果一旦管理决策失误，则随时可能发生负变量的消极关系，如过度地使用化肥、农药，掠夺性经营的耕作制度、捕捞手段等。生态经济矛盾的弱化与强化在很大程度上因管理决策的是与非而变化。在农村生态经济管理中，从生态经济原理出发，科学地选择不同类型产业、行业结构，选择有利于结构协调与和谐的管理决策，使非生态型产业、行业的结构比重降到最低点，使产业、行业结构经常处于良性或中

性状态是重要的农村生态经济管理目标。

2. 农业现代化科技措施与生态效果的协调与和谐

现代化已经成为发展中国家和地区农村发展追求的目标。但是，许多已经付诸实施推广的农村、农业现代化科技措施并非都能兼顾生态效益。这一方面是由于人们对短期经济效益的盲目追求，另一方面也有人类掌握科技手段水平局限性的原因。例如，化肥、农药是现代农业的重要科技手段，但至今还未能创造出能完全替代化肥、农药的实用新技术。尽管人们都熟知过量施用化肥、农药可能发生的严重的农田生态后果和产品生态后果，但化肥、农药的施用量仍在不断增加。因为人们懂得，在现实的科技水平条件下，立即停用化肥、农药会使农村、农业发展陷于什么样的境地。又如，现代农业日益离不开高效率的农业机械作业，但是，传统机械作业往往破坏了符合农业生物学原理的土壤结构，带来某些石油污染。此外，农村非农产业的发展也存在类似的生态经济矛盾，由城市向农村扩散而建立的乡镇企业往往是污染行业。农村与农业现代化进程经常处于生态选择与经济选择的十字路口。因此寻求现代化科技措施与生态效果的统一是农村生态经济管理的重要目标之一。

3. 高产与优质目标的协调与和谐

回顾世界各国或地区的农业发展史，由于农产品供给与需求关系的变化，也由于消费水平的变化，农业生产的高产目标与优质目标（包括生态方面的优质目标），经常发生相互矛盾，甚至发生两者之间的逆过程。天津小站稻曾是享誉中外的优质产品，在60年代之前，亩产300公斤就是好收成了；如今亩产500公斤已是十分普遍的事情，但米质却始终没有恢复到50年代水原、银坊等优质品种的水平。另外，诸如多穗高粱、鲁棉4号等农作物品种的品质表现，似乎都在证明同一个结论：优质与低产、次质与丰产是两对不同生态经济后果的孪生子。在畜牧业、水产业中，这一生态经济现象也经常发生，人工条件下饲养的肉牛、肉鸡、禽、蛋、鲢鱼、鳙鱼，单位产量不断提高，产品口味、质量却总不如天然条件下的产品。农村生态经济管理的目标之一，就在于通过管理，正确调控技术结构，从而实现生产总量与产品质量之间的协调与和谐。

4. 农村非农化进程与土地资源保护之间的协调与和谐

随着国民经济的发展，城市化进程的加快，农村非农化趋势不断加强，农村土地资源保护正面临着严重的挑战。新中国成立以来，农村耕地面积正以年平均 1400 万—1600 万亩的速度减少。90 年代，在开发区建设、房地产开发的浪潮冲击下，一些地区土地资源衰减甚至已经达到了宏观完全失控的境地。一些比较发达的农村地区，优美的农村生态景观也正在发生明显的变化，对农村、农业生态环境产生了十分不利的影响。农村生态经济管理的重要目标之一，就是要协调好农村非农化发展与农村土地资源保护之间的生态经济关系，实现两者的生态经济和谐发展。

5. 乡镇企业发展与农村生态环境之间的协调与和谐

现阶段，乡镇企业与农村生态环境之间的矛盾，几乎无处不在，尽管其表现形式和严重程度各有不同。如天津的大邱庄，苏、锡、常的一些乡、村，乡镇企业对生态环境的威胁早已敲响了警钟。冶金、采矿、化工、造纸、印染、电镀、石油、制革等都是乡镇企业中生态环境后果十分严重的行业。而且，由于多数农村地区的工业设备、工艺技术、行业管理、生态投入都相对落后，就更加重了这些行业的生态污染度。乡镇企业发展与农村生态环境维护之间的协调与和谐，必然也成为农村生态经济管理的重要目标。

（三）农村生态经济系统的持续与进化

农村农业经济的发展不仅是简单再生产过程，而且是不断扩大再生产的过程。就生态经济的观念和要求来看，既包括农村农业经济的扩大再生产，也包括生态环境的扩大再生产——即它的优化与再造。从这个意义来审视，农村生态经济系统的不断进化应该是农村生态经济管理中的高层次目标管理。

农村生态经济系统的进化包括经济系统的进化和生态系统的进化。经济系统的进化包括产业、行业、产品结构的进化，工艺技术与管理的进步，投入规模与经营规模的优化等。它带来经济效率与效果的明显提高，商品率与商品质量的增长和改善，市场流通顺畅，经济效益的持续增长等。它充分反映了农村经济现代化、市场化、效益化的发展过程。

生态系统的进化包括不可再生资源的合理利用与保护，可再生资源的扩容与优质，环境资源的优化，构建效率适度的多样化食物链，能量的高效转化，物质资源的高利用率、低废弃率，提高无公害绿色产品的比重，优先采用高效低毒、无毒的生物技术措施等。在农村经济发展的实践中，通过经济系统与生态系统的共同进化，实现生态目标与经济目标的统一，才是农村生态经济管理的积极目标，这也正是现代农村生态经济管理目标与单纯的农村经济管理目标和自然主义的农村生态管理目标的根本区别。

三　农村生态经济管理的原则

农村生态经济系统的特殊性及其管理目标决定了它的管理原则。生态经济管理原则同样应该是生态管理原则、经济管理原则与社会管理原则的统一，是这些单项管理原则的有机结合与升华。

（一）农村生态经济管理的整体性原则

整体性原则是农村生态经济管理的基本原则，它决定了农村进行综合生态经济管理的必然性。农村生态经济管理是农村宏观管理与微观管理的统一，是农村现代生态管理与现代经济管理的融合。农村生态经济管理反映上述各个领域管理的综合成果，充分实现生态、经济、社会目标的最佳组合。农村生态经济管理的整体性特征决定了农村生态经济管理各个方面的特征：

整体性原则决定了农村生态经济管理的理论依据必然是生态科学、经济科学、社会管理学的交叉与融合，必然是不断发展和丰富的生态经济科学。

整体性原则决定了农村生态经济管理的任务与目标必然是生态、经济、社会目标相互融合的整体，要尽最大可能地实现三个目标的统一，而不是它们的孤立与割裂。

整体性原则决定了农村生态经济管理的实践应该是现有生态管理、经济管理、社会管理实践的相互完善与促进，而不是相互之间的局限与抵制，更不应是对三项管理的简单否定。农村生态经济管理的有效性在很大程度上决定于能否把握三项管理的一致性。

整体性原则决定了农村生态经济管理的评价不是立足生态观念，对经济、社会管理效果作出一般的生态评价；也不是立足经济、社会观念，对生态管理效果作出一般的经济、社会评价，而是立足生态经济观念对农村生态经济管理的效果作出整体评价，为生态经济管理的整体决策提供操作依据。

整体性原则也决定了农村生态经济管理的考核指标，它不是生态、经济、社会管理三大指标体系的简单组合或叠加，而应该是在生态经济综合管理目标的基础上，形成具有自身特色的综合指标体系。

整体性原则是指导农村生态经济管理取得成效必须坚持的基本原则。它的作用反映在农村生态经济实践的各个重要方面，例如，它要求重视农村生态经济系统布局的整体性（例如，农村生态经济区划的整体性）、结构的整体性（例如，"食物链"结构各要素结构的整体性）、工艺或农艺过程的整体性（例如，各业产前、产中、产后工艺、农艺的整体性）、体制与运行机制的整体性（例如，市场机制及生态机制整体一致性）等。

（二）农村生态经济管理的要素互补原则

农村生态经济系统的整体性和各个子系统的特殊性是互补的。强调管理决策中的整体性，并不否定其中生态、经济、社会三个子系统的个性，即各自的特殊性，更不是对三个子系统管理和独立性的否定或取消。由于共性是个性的综合表现，个性寓于共性之中；整体性是个性的有机组合，是个性互补的充分体现，因此，互补原则是农村生态经济管理的一项重要原则。

在农村生态经济管理实践中之所以要强调互补原则，是因为在管理的实践中，经常遇到的是生态管理与经济管理相互排斥的现象。生态管理常常强调自身的发展要求而排斥经济管理，这就常常使生态管理陷入理想主义的管理模式而脱离农村生态经济运行实践，由于难以实施，常表现为生态的空想。而经济管理则常常易于强调管理的经济目标而排斥必要的生态管理，把生态管理的实施推向经济充分发展后的遥远未来，因而形成经济管理的生态短视和庸俗，而使经济管理发生长远目标的生态偏误。

在农村生态经济管理实践中之所以要强调互补原则，还因为符合生态经济原则的生态管理和经济社会管理决策，能够创造出"1＋1＞2"的管理效果。各个管理要素或环节的互补表现于长期与近期、综合与单一、平面的区域布局与立体的空间布局，以及诸产业、行业、工艺、产品等方面的互补，也包括生态、经济、社会管理操作的互补。充足的经济效益往往是提高生态效益的物质基础，而合理的生态效益又往往是经济效益高速增长的重要前提条件。生态、经济、社会管理的互补在于互补各方本身的有限性。例如，科学的"食物链"可以提高资源利用的经济效率，而不能完全取代经济的效益管理。合理的经济投入结构决策可以为生态管理提供一定的经济保证，改善生态管理状况，但不能完全取代生态的结构管理。因此，实施农村生态经济管理互补原则的关键在于变矛盾对立为矛盾统一和优势互补。

（三）农村生态经济管理的适度原则

农村生态经济管理是各子系统管理的统一，不仅强调了统一性，也确认了子系统之间的矛盾。处理各子系统之间的管理矛盾，重要的一点是必须坚持适度原则。因为生态、经济、社会管理，无论是哪一个子系统管理的极化与失度，都可能导致生态经济管理整体性的紊乱，这就可能远离整体性原则和互补原则。农村生态经济管理在一定意义上可以说是适度处理生态、经济、社会三个子系统相互关系的管理艺术，因此，实施适度原则不仅要通过管理实现农村生态经济布局适度、结构适度，而且还要十分重视规模适度。在实践中，布局适度与结构适度最终也要通过规模适度来实现。因为，没有规模适度，就抽掉了布局、结构的实践内容，也难以实现生态经济的规模效益。在管理中，设计科学、合理的生态经济链，也包含着各链接项的适度规模问题，规模决定各链接项之间的匹配及有效利用的传递。因此调控规模适度是生态经济管理实现适度原则的一个重要手段。

（四）农村生态经济管理程序的效率原则

管理总是通过一定程序来实现的，农村生态经济管理也不例外。合理管理程序的重心在于选择与实现最优化的程序效率。

在任何生态经济系统中，都同时存在着生态管理、经济管理、社会管理的单项管理程序。而从生态经济管理角度出发，各单项管理又总是要纳入生态经济总体管理程序中进行，单项管理程序只是生态经济整体管理程序的一个环节与侧面。只有实行它们最有效率的结合，才符合生态经济管理的要求。

在农村生态经济管理实践中，处于生态经济矛盾状态时，可能出现生态、经济、社会管理程序的冲突。生态经济总体管理的任务，不是简单否定某个子系统的管理程序，而是应该从效率的观念出发，判断并决定生态、经济、社会管理程序的效率组合。正确的生态经济管理决策，应该是生态、经济、社会管理程序的相互保障、保证，实现相互之间的管理增益，获得生态、经济、社会三大效率的有机统一与协同提高。

四　农村生态经济管理的内容与任务

（一）农村生态经济管理的内容和任务

不同地区农村和不同类型农村产业的生态经济管理各有自身的特殊性，其管理的任务与内容也会各有不同。但从一般性任务与内容来说，主要包括以下四个方面：

第一，农村资源与环境的生态经济管理。主要是农村资源与环境的勘察、评价、保护、再生等内容。它们往往可以通过农村生态经济区划来实施，在区划的基础上，实施资源与环境的生态经济管理。

第二，农村开发与建设的生态经济管理。这主要是生态经济运行过程中的管理。显然技术生态经济管理是其主要任务和内容。要通过技术管理来实现农村工艺、农艺过程的最佳生态经济效率和效果。现阶段，生态农业建设已经成为人们普遍接受的管理方式，并已经取得了相当卓著的效果。

第三，农村经营决策及操作的生态经济管理。包括农村制度、体制、法规的生态经济管理等内容。目前，在生态经济管理中，比较侧重于生产过程的决策管理，而相对忽视了经营过程的决策管理。其实，生态经济决策管理不仅包含生产领域的管理，而且也包括制度、体制、法规等的管理，这些管理对资源及环境、开发与建设的生态经济管理都有十分重要的管理决策作用。

第四，农村产品及其后果的生态经济管理。这是农村生态经济的成果管理，是产后的评价性管理，是技术生态经济管理与经营生态经济管理的综合。进行这方面的管理，可以为农村生态经济管理提供总体信息反馈，为改善与提高农村生态经济管理提供依据。

以上，从我国的实际出发，结合农村生态经济区划、生态农业建设、农村改革与体制建设和农村生态经济评价的实际要求，构成现阶段我国农村生态经济管理的主要内容（具体如图 16－1 所示）。随着农村生态经济系统的进化与发展，农村生态经济管理的内容将会更充实，新的生态经济管理任务也将不断提出。

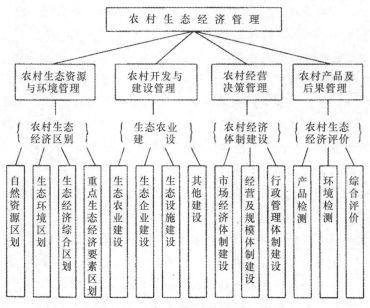

图 16－1　农村生态经济管理内容

（二）在农村改革中加强生态经济管理

农村经济改革已经使我国农村经济面貌发生了极其深刻的变化。传统落后的农村已经转向温饱型、小康型的农村经济。我国的农村改革是从经济问题入手的，改革的直接动力是尽快走出农村经济贫困的阴影。改革的目标首先集结在经济目标上是必然的。但是，在农村改革中，也往往因此而忽略了一些包括农村生态环境在内的非经济因素同经济改革的协调问题，使一些农村的生态环境没有在改革推动经济发展的同时，得到应有的改善，少数农村地区甚至出现了生态的恶化。因此，在农村改革中，强化决策中的生态经济观念，组织生态经济管理，是保证农村改革取得更大成果的管理任务。

1. 农村体制改革应与农村生态经济管理相一致

农村改革首先是农村经济体制改革。在体制改革中，传统的社会主义农村经济体制模式发生了深刻的变化。农村所有制虽仍然保持了以集体所有制为主要形式的公有制在所有制结构中的主体地位，但是，其形式和实际内容都有了很大的变化。经营权、使用权、占有权、转让权在不同程度上已经转移到农民家庭手中，农民家庭经营制、承包制、股份制、共有制等多样形式并存。在多数农村地区，不仅农民家庭经营成为农业的基本经营形式，私营、合伙经营、雇工经营等形式也有相当的发展。它增强了农业经营的微观决策因素，却相对地弱化了宏观决策强度。而以宏观管理为主要手段的农村生态管理必然相应减弱，亟待新的生态经济管理来协调。传统的计划经济体制已经开始全面转向市场经济体制，增强了农村经济的活力。但是，也往往在新的宏观管理体制不到位的情况下，虽然克服了主观计划管理的盲目性，却构成了农村生态管理的缺位、错位与不到位，亦需要生态经济管理来协调。集体经济的按劳分配形式已经转变为经营者自主分配的多种分配形式，使农村分配更加直接体现为个人经济利益关系，但同样也使农村的生态管理约束有所旁落。这些都说明，在农村体制改革中，必须十分注重注入生态经济因素。农村体制改革应建立同生态经济管理的协调关系。

2. 农村经济机制创新应与生态经济协调发展相一致

长期以来，农村经济的宏观管理主要依靠行政机制，用思想政治约束取代经济约束，使农村经济普遍缺少经济活力。通过农村改革，恢复与增强了经济动力机制，经济利益驱动成为农村改革成功的一个主要原因，新的经济机制在农村改革中取得了极大成果。但是，经济机制并非市场经济下的唯一机制。强化农村经济机制并不等于排斥农村管理的非经济机制。实践更需要的是经济动力机制与非经济动力机制的同步、协调与统一。农村生态经济管理既要十分重视运用经济机制来保证其实施，也要依靠各种行政机制来保证其实施。农村非经济机制的无节制淡化，不利于组织生态经济管理，从而不利于农村生态经济矛盾的解决。

3. 农村经营规模应同生态经济管理相适应

农村改革使农村经济中的农业经营规模普遍成为以农户为单位的小规模土地经营，这是对新中国成立以来盲目扩大农业经营规模消极后果的纠正，在多数农村地区基本上同现有农业生产力水平相适应。因此，以农户为单位的小经营规模将维持相当长一个时期，这是不言而喻的。但是，随着农村经济的发展，尤其在相对发达的农村地区，农业现代化手段不断加强，乡镇企业飞速发展。生态环境恶化与经济发展的不协调已成为十分普遍的问题。即使在纯农区，也往往由于过度开发而诱发资源与环境问题。过小的经营规模、过于分散的经营方式，十分不利于农村生态经济的宏观调控。因此适度调整农业经营规模，或者通过各种社会服务网络，使农村改革后的经营规模能够较好地适应农村生态经济管理的需要，是农村改革中应予重视的问题。

4. 在农村市场经济体制建设中，推动农村生态经济管理

建立农村市场经济体制是深化农村改革的核心任务。随着市场经济体制的建立，将更加繁荣农村经济，也进一步提高农村的生态需求和要求加强农村生态经济管理。而农村生态经济管理的改善，又将为农村经济、社会的持续发展提供保证。因此，从农村市场经济体制建设与农村生态经济管理的最终目标看，两者是完全统一的。但是，在市场经济体制建设的起步过程中，往往由于对市场经济的短见与误解，又常常会走入片面和盲目，陷入各种各样的市场经济误区之中。目前相当普遍的一

种误解是："市场经济就是挣钱决定一切"，"什么挣钱种什么"。市场
经济是效益经济，必须重视经济效益；但把效益仅仅局限在经济范围，
又把经济效益仅仅局限在经营者的收入方面，是对现代市场经济尤其是
社会主义市场经济的片面理解。这会导致市场经济体制建设同生态经济
管理之间的矛盾与对立，将现代市场经济发展引向新的生态经济困境或
危机。生态经济学的观点指明，培育市场经济与生态经济管理的一致
性，是在改革中推进生态经济管理的症结所在。需要注意的是：相当部
分生态资源与环境要素现阶段还不能直接进入市场，难以通过市场调节
手段来实施管理。因此加强生态资源与环境的管理，不但不能弱化宏观
管理的行政手段，而且更应有效地加强科学的行政管理措施。目前，许
多农村生态要素及其价值评估还没有十分科学的度量方法。因此在相当
长的时期内，在市场经济的初建阶段，"生态冷漠症"仍将是十分普遍
的现象，需要生态经济管理工作来诊治。其实，现实的种种市场行为并
不是同生态行为截然隔断的，当代的市场行为越来越多地渗透着种种生
态要素的参与。如绿色产品、洁净产品、无公害产品的兴起与流行，生
态产业的出现，生态工程日益被人们确认与实施等，都充分说明未来的
农村市场经济更需要生态经济管理来维护。而农村生态经济管理也只有
纳入市场经济体制中才能有效地实施。

此外，在农村改革中，还面对着许多亟待由生态经济管理协调解决
的问题。例如，改革强调农民拥有经营自主权，同时需要强调农民的生
态自觉性，应尽快提高农民的生态思想素质；改革使土地经营权长期承
包给农民，部分农村开始试行出售土地使用权，如果这意味着农民可以
违背自然生态规律，任意处置归自己经营的土地资源，又必然会引起严
重的土地生态后果等。显然，农村改革的深化与完善应该包括农村生态
经济管理的实施与完善，农村生态经济管理应该成为农村改革的内在重
要任务之一。

第十七章　农村生态经济布局与农村生态经济区划

农村生态经济管理的中心任务是实现农村生态过程与经济过程的有机统一。这就要求在科学、合理利用自然、经济、社会、科技、信息资源的基础上，因地制宜组织农村生态经济布局，根据布局与区划制订区域生态经济管理实施方案，分类指导，形成因地制宜的生态经济管理模式，创造不同地区的最佳生态经济效益。农村生态经济合理布局与区划为生态经济规划及生态经济管理提供区域差异的依据，对我国农村地区广阔领域实施生态经济管理有十分重要的现实意义。

一　中国农村生态经济区域布局特征及其规律性

一般的农村经济区域布局是包括农业区域经济布局在内的农村综合生产力配置与布局，主题是农村的经济过程。农村经济区域布局也要考虑农村生态环境因素，但这仅仅是作为影响农村经济区域布局的资源及环境条件来考虑的，农村经济是主体，生态环境是条件。农村生态经济区域布局则不同，生态过程与经济过程是区域布局统一的主题词，它突出了农村区域布局中自然生态、人工生态区域布局和经济区域布局是等位区域管理决策主体的内容。

广义的农村生态经济布局包括时间序列的布局，即发展阶段布局；空间范围的布局，即地区性的区域布局；生态经济要素的结构布局，它们综合构成农村生态经济布局的广义内涵。狭义的农村生态经济布局，仅包括空间的区域布局，即农村生态经济系统在一定区域范围内的地域空间分布及其组合。农村生态经济区划管理的任务通常主要是指安排好狭义的生态经济布局及其管理。

（一）中外古代朴素的农村生态经济布局思想

尽管生态经济学科是现代科学的成就，现代生态经济思想的形成还只是近几十年的事情。但是，朴素的生态经济思想在国内外关于农村、农业布局的思想中早已有不同程度的表述，简单了解古典的农业布局实践中包含的生态经济思想，对探讨当代农村生态经济布局决策和实施能够有所启迪。

在中国古代农书中，有相当丰富的农业布局思想内容。《尚书》中的《禹贡》篇，是古代农业布局思想的代表著作之一。全篇记述了冀、兖、青、徐、扬、荆、豫、梁、雍九州的地理位置、农田产量、田赋等级、交通运输等情况，还记述了各州的山川走向、土壤质地、适宜不同区域的草木种类、各地物候状况及相应的农特产品；还把九州的田地按照地力差异和反映当时各地土地利用状况的贡赋水平等各划分为三等九级。这表示当时已初步把生态资源、环境和经济、社会集于一体，反映了比较完整的古代农业布局思想，也表现了朴素生态经济布局思想的萌芽。战国末期吕不韦编撰的《吕氏春秋·士容》，提出农业要处理好天、地、人三者关系的思想，认为："夫稼，为之者，人也；生之者，地也；养之者，天也"，具体提出了北方干旱少雨地区应发展抗旱保墒农业等农业地域差异观。司马迁的《货殖列传》曾比较详细地记述了当时各地的农林牧业等经济社会状况及相应的区域自然条件特点，并根据区域发展不平衡状况，提出因地制宜、因势利导等发展农业的思想认识，这些都不同程度地表达了中国古老的区域农业经济思想。元代《王祯农书》原籍曾附有按地域、土壤所宜作物编绘的"农业地域图"，今虽已失传，但从文中仍可见"随地所在，悉知风土所别，种艺所宜，虽万里之遥，四海之广，举在目前"的图注描述，因地制宜的农业生态经济布局思想颇为可贵。清代乾隆时期的《授时通考》等一批农书，在反映中国古代农业布局思想的论述中，均可隐见诸多朴素的农业生态经济布局思想。

世界古典的经济学著作中，反映农村经济布局思想的典型著作是19 世纪 20 年代出版的德国经济学家屠能在《孤立国与农业和政治经济学的关系》一书中关于农业布局模型的描绘，即后人称之为"屠能圈"的农业环状布局思想。屠能在书中假想了一个与外界完全隔绝的社会经济区域单位，即所谓"孤立国"。他假设国内均是沃土平原，运输工具仅限于马车，平原区中心的城市是农民购买工业品与出售农产品的主要市场。他提出以城市为中心，由近及远，形成界限分明、内外衔接的若干环状农业分布地带。假设近城第一圈为自由式农业，第二圈为环城市林业绿带，第三圈为传统轮栽农业，第四圈为谷草轮作式农业，第五圈为三圃式农业，第六圈为畜牧业。屠能的布局模型带有明显的主观臆想性，同中国古代的农业布局思想不可比拟。但是，他毕竟提出了原始的农田区域级差思想、农业经济区位理论，强调了经济区位因地制宜布局农业的原则。虽然还缺乏生态环境因素的考虑，但在当时的条件下，仍不失为精彩的农业经济布局思想。

无论是国内或国外，一些思想家、经济学家关于农业布局的思想论述，由于时代的局限，还或多或少存在着各种片面性，很难构成完整的生态经济布局思想。但这毕竟反映了古代古典农业区域布局思想的成就，反映了稚嫩、片断的生态经济布局思想。尤其是中国古代的思想家关于农业区域布局的思想，迄今仍可以给当代农村生态经济布局以启迪。

（二）农村生态经济布局的基本类型及其特征

随着农村经济的发展，农村产业的综合化、非农化进程加快，农业现代化科技水平提高；尤其是农村交通运输通达，市场经济体制逐步形成，当代农村经济布局的类型已经远非古代农业布局思想或西方古典农业布局假设所能完全概括。农村经济的布局从简单的农业布局走向农村经济多元产业的综合布局，从简单的自然资源布局、农业生产布局发展到综合的生态经济布局，内容更加丰富，条件更加多元复合，决策更加复杂，区分类型的方法和标准也更加多样化。就中国农村的实践而言，大体经历了以下三个生态经济布局类型的演变过程：

1. 分散的、相对均匀的农村生态经济布局类型

马克思曾经这样描述过当时法国的小农经济状况：他们进行生产的地盘，即小块土地，不允许在耕作时进行任何分工，应用任何科学，因而也就没有任何多种多样的发展，每一个农户差不多都是自给自足的，都是直接生产自己的大部分消费品，因而他们取得的生活资料多半是靠与自然交换，而不是靠与社会交往。一小块土地，一个农民和一个家庭；旁边是另一小块土地，一个农民和一个家庭。一批这样的单位就形成一个村子；一批这样的村子就形成一个省。这样，法国国民的广大群众，便是由一些同数相加形成的，好像一袋马铃薯是由袋中的一个个马铃薯所集成的那样。马克思这一段十分形象的描述，已经使我们没有必要再以更多的文字来解释分散的、相对均匀的农村经济布局所包含的确切内容。数千年来，中国农村几乎一直是马克思描述的这种单一的农业结构布局。从井田制、均田制，一直到20世纪40年代，以自然经济、小农经济为特征的自给自足农业布局，一直以分散的均匀布局为基本类型。除去大区域布局受自然生态环境约束，表现一定的生态区域特征外，在局部的区域布局中，基本上不表现小区域的生态特征。20世纪50年代至70年代，以农户为单元的自给型农业布局先后转变为以农业生产合作社、人民公社为单元的自给型布局。每个经营单元的规模扩大了，但农业布局的基本格局并没有发生质的变化，仍然是千篇一律的分散型均匀布局，只是从以家庭为单位的自然经济布局转变为以公社、大队、生产队为单位的自然经济布局。而且，当时与集体耕作并存的还有自留地、口粮田、自留棉、自留油、自留饲料田等各种名目的农户家庭自营自给经济，更保留着以农户为单位的分散型均匀布局模式。进入20世纪80年代以来，随着农村商品经济的发展，在市场经济体制建设的过程中，我国农村经济布局开始发生较大的变化。但是，在多数农村经济发展比较滞后的地区，商品经济发展比较滞后的地区，原有的分散经营布局仍然占主要地位。只是在城市近郊及沿海经济开放地区，例如，在长江、珠江、闽江等三角洲的经济较发达地区，完全服从于自给自足的农村经济布局已经退居次要地位。

　　分散的均匀性农村经济布局主要还是农业布局，非农产业还没有充分发展。决定布局形式、内容及其特征的主要是经济、社会条件，自然生态环境要素尤其是在微观布局中，还处于从属地位。自然生态要素只是在亚热带、温带、温寒带大区布局中显示其特征，而在同一大区的各个区域层次中，则往往都是千篇一律的布局。在实践中，经济布局的决策特征常常掩盖了生态布局的决策特征。

　　2. 城市导向型环城市农村生态经济布局类型

　　随着城乡分离，城市区域经济的发展，城市作为农村产品的主要市场，一方面带动着周围农村经济的发展，另一方面也进一步吸引农村经济更加面向城市，因而就使以城市为导向的环城市农村生态经济布局特征越来越明显。但这时农村布局决策的经济因素更趋强化，而生态决策因素则日趋淡化。城市导向型的环城市农村布局与"屠能圈"的臆想有一定程度的类似，但又有本质上的区别。实际上，屠能臆想的"孤立国"，历史和现实都不曾存在。当代的环城市农村区域布局则是城市经济充分发展的历史必然。1992 年，中国的建制市已达到 517 个，除去西部地区城市分布相对稀疏外，全国绝大部分区域农村已经分别纳入不同城市的经济辐射圈。在东部沿海地区，由于城市密集，相邻城市对农村的辐射圈波影交叠，农村布局面对的往往已经不再是某个城市的经济社会影响，而是面向当地的城市群。它强化了多元的城市布局导向，更强化了农村布局的经济要素导向。农村布局从分散的均匀布局转向环城市布局，是历史的进步。但如果从生态经济管理的角度看，却淡化了生态管理的要素。因此，充分强调农村生态经济管理就有更为紧迫的实践意义。

　　3. 专业化商品生产基地型农村生态经济布局类型

　　随着城乡商品经济的发展，市场机制的作用几乎无所不在。在此基础上逐渐形成了一批专业化生产程度较高的农村商品生产基地，包括第一、第二次产业中的各种名特产品、外贸出口产品、无公害产品、工业原料产品、药用产品、专卖产品等各种专业化生产基地，从而形成了专业化商品生产基地型农村生态经济布局。它彻底突破了分散的均匀布局模式，同时也不再完全受本地区城市导向的约束，其布局更加充分地趋向生态资源环境及经济社会要素的共益性导向，趋向生态经济诸要素的综合发挥。它逐渐从生态要素淡化的布局模式中转移出来，进入了生态与经济要素并重的农村布局决策阶段，为实施农村生态经济区域管理提供了客观依据。

农村布局模式的演进与科学的生态经济区域管理模式的形成是同一的历史过程，它反映了农村经济管理的进步。但是，在实践中，这一过程并不是单一模式对其他模式的简单排斥，而是在相当长的时期内表现为多样模式的并存。这就更增强了农村生态经济区域管理的复杂性。

（三）农村生态经济布局的规律性

农村生态经济布局与一般经济布局相比较，其规律性的一个重要特点是突出了自然生态规律在区域化布局中的基础作用。一般的经济布局虽然也重视自然生态资源和环境对布局的影响和作用，但都是以经济为轴心，来研究开发利用自然资源和环境。强调适应自然资源和环境条件是为了实现经济目标；强调防止自然生态灾害是为了保障农村、农业经济的稳定发展等。然而，生态经济布局则是强调生态与经济并重的两元目标（或引申为生态、经济、社会并存的三元目标）。具体来看：第一，它不仅强调资源与环境的开发利用，同时也强调资源与环境的维护、优化、再生和效率。生态经济布局不仅强调调控生态要素，实现经济目标，同时也强调调控经济要素，实现生态目标。因此生态经济布局在整体上更加体现生态目标与经济目标的等位性（尽管在时间、空间的局部决策时，仍然会在生态目标和经济目标之间有所侧重）。第二，它着眼于多种因素的研究。生态经济布局不仅重视各种自然灾害因素对经济发展和布局的制约作用，而且也重视各种经济因素对自然灾害的诱发作用。因此，农村生态经济布局就更加多元、多因，其规律性的表现也更加复合化。人们讨论农村生态经济布局的单项规律，只是为了表述上的方便。在实践中，则很难只考虑单项规律的作用，而必须随时随地考虑多项规律性的复合效应。农村生态经济布局的形成在实践中受多种生态经济约束的影响。

1. 农村生态经济布局的资源约束

在农村产业中，尤其是生物产业——农业的布局，受生物资源、土地资源、气候资源的数量与质量约束，远远超出城市产业。即使农村的非农产业，由于我国城市化进展滞缓，不可能无节制地让农村人口过多流入城市，所形成的农村非农产业的广谱分散布局，也较大程度地受各种自然资源的约束。包括农村发展乡镇企业，逐步实现农村工业化的过程中，其产业布局在很大程度上也受自然资源分布规律的限制。例如，我国曾一度强调的"三就地"乡镇企业发展方针，在很大程度上就反映了自然资源约束的规律性。因此，农村生态经济布局相对城市生态经济布局而言，资源决定律有更加广阔的作用范围。由于资源的决定作用是多方面的，包括自然资源的种类、总量和平均占有水平、质量与品位、可开发度及地域分布等，因此必须兼顾自然资源的各种特征才能合理安排农村生态经济布局，才能更有效地实施农村生态经济管理。

2. 农村生态经济布局的环境约束

这突出表现在农业产业布局及与农业相关的产业、行业布局上。自然生态环境的区域差异，决定着农村、农业经济布局的差异，这是农村与城市、第一产业与第二、第三产业布局规律性的重要差别。现代化工业产业、多数第三产业的布局，很少受自然环境的决定。但农业则完全不同。尽管随着科学技术的进步，自然环境对农业布局的限制已经有了许多大的突破，但农业布局终究还不可能完全摆脱自然生态环境的制约。生态环境决定农村、农业经济布局的区位，也就决定了其系统结构与规模的效率、质量，决定了系统内产业、行业布局的调整与更迭。环境对农村生态经济布局的约束包括：气候、水、土壤、地貌等环境因素的区域类型，例如，气候带、土壤类型、地形地貌类别等，它们往往决定农村生态经济布局的基本格局。例如，热带与寒带，碱壤与红壤，山地与沼泽，就不可能出现类同的农业布局。环境因子的特征强度对农村生态经济布局也有重要的影响，如盐碱地的含盐量与 pH 值，自然灾害的强度等。此外，环境要素的变异度、稳定度，变化的常年值与偶然性，灾害因素的种类、强度、频率，环境处理的难易程度等，都对农村生态经济布局有不同程度的影响。因而只有充分认识和把握农村生态环境的上述种种变量，才能对农村生态经济布局调度自如，取得最佳的区域生态经济效益，而避免不必要的生态经济损失。

3. 农村生态经济布局的科技约束

在农村生态经济布局中，强调自然资源与环境的基本约束及其规律性是十分重要的。但是，现代科学技术进步的实践证明，对于自然资源与环境的认识、开发与利用，其保护与再生，以及对灾害性因素的控制，都可能随着科技手段与水平的进步而有所改善。因此，自然资源与环境对农村生态经济布局的影响，在实践中正在由完全的自然决定转向更大程度上由科技决定。例如，柑橘、橡胶栽培界线的北移，苹果栽培界线的南移，籼稻与粳稻栽培区的南北交叉等，都反映了科学技术对农业布局的重大影响。在农业生态经济区划和布局管理中，科技决定律的作用主要取决于科技对资源与环境的控制能力，决定于科技对生物适应性的控制能力。农村生态经济布局随着科学技术的不断进步将有越来越大的自由度。

4. 农村生态经济布局的市场约束

经济活动及其成果是农村生态经济布局管理的生态、经济双重目标的一个重要方面。而且在现实生活中，在不导致重大生态灾害后果的情况下，经济往往是首选的目标。因此，农村生态经济布局必然在很大程度上受经济规律的约束。经济规律和自然规律一样，它们的作用都是无情的。在市场经济体制条件下，市场对农村经济布局决策与管理起主导制约作用，违背市场规律，与市场行为逆向的经济布局必然会遭受市场规律的惩罚。当然，市场对农村生态经济布局的约束也要受资源律、环境律的影响；同时资源、环境对农村生态经济布局的约束，又要受市场律的影响，这又反映了农村生态经济布局的规律作用多元性的特点。

在现实生活中，影响农村生态经济科学布局的因素还有很多，例如，人的生态经济观念、文化素质等。因此现代的农村生态经济布局及其管理应该是包括现代经济、社会和生态的，也包括现代科技文化等在内的综合管理。明确了这一认识，才能掌握现代农村生态经济布局的规律性，充分运用多种有利的自然、经济条件，避免各种不利条件，尽量排除人为的干扰，做好农村生态经济区域布局管理工作。

二 农村生态经济区划

农村生态经济区划是农村生态经济管理和实现农村生态经济合理布局的重要手段和依据。农村生态经济区划不同于一般的农村自然资源与农业综合区划，它更加强调区划中自然生态与经济社会发展的等位目标，更加强调农业产业与非农产业的综合区划内容，因此更加强调生态与经济区域决策的整体性、统一性。

（一）农村生态经济区划是农村生态经济管理的基本手段和依据

农村生态经济的区域化管理具体着眼于区域生态经济系统之间的差异性和区域内生态经济系统的相似性。农村生态经济区划的实践意义就在于它可以在农村生态经济管理中，为不同区域的不同生态经济管理决策提供客观依据，和为同一区域的生态经济管理作出同一或相似的管理决策提供客观依据。

实施农村生态经济区划具有重要的意义。主要在于：

1. 为因地、因时、因生态经济系统制宜，充分有效地利用不同区域的生态经济优势提供科学依据

充分而有效地维护与合理开发利用不同地域的农村生态经济优势，实现生态、经济、社会效益的最佳组合，是农村生态经济管理的最基本任务和要求。我国全国及各省、区、市已经组织完成了农业综合区划。其内容虽然已经从不同角度考虑到了生态环境对农业发展的种种影响，但是从总体上说，还只是把生态环境作为农业区划的条件（分区及发展条件）来进行评价。农业综合区划十分明显地表现了农业区划与发展的经济主体性和生态环境作为条件的从属性，因而不可避免地存在着重经济、轻生态的局限性。其重心主要是充分利用和适度改变生态环境资源发展农业，而忽略了生态环境本身的目标，即忽略了生态与经济的兼益性。农村生态经济区划正是要克服与弥补农业综合区划中的生态不足，在此基础上制定出兼顾生态与经济目标，具有兼益性的农业区划来指导农村经济发展。

2. 为分区调整生态经济结构，取得最佳生态经济综合效益提供科学依据

农村生态经济系统的地域差异特征决定，合理的农村生态经济结构布局总是与本地区的地域特征相联系的。在实践中，能够取得生态经济综合效益的生态经济结构布局，都是符合本地区区域特征的结构布局类型，而那些尽管设计理论十分完美，但脱离区域条件的生态经济结构布局模式，却常常不能取得预期的理想生态经济效益。农村生态经济区划正是为正确解决这一问题而采取的重要举措。

3. 为分区采取生态经济技术措施和管理措施提供科学依据

与一般的农村技术和管理措施不同，农村生态经济管理既有产业的技术、管理措施与本地条件相适应的问题，又有生态技术、管理措施与本地条件相适应，并与产业技术、管理措施相适应的问题。同样的生态措施，在甲区域可能取得积极的生态经济效果，而在乙区域则可能获得完全相反的消极效果。农村生态经济区划为合理制定不同区域的生态措施提供不同的区域依据。

4. 为分区制定生态经济规划和实施计划提供科学依据

区划的任务在于提出宏观及区域发展的总战略及原则，而区划的实现要靠区域规划及区域实施计划来完成。区划为规划、计划提出任务的总体框架，又为规划、计划的制订与实施提供了依据。规划与计划则要接受区划的规范，以期统一总体与区域、长期与短期的发展目标，这是区划、规划、计划相互关系的一般规律和操作程序。农村生态经济管理同样要依从这一程序。农村生态经济区划不是最终目的，不是农村生态经济管理的终端，而是农村生态经济规划、计划的根据，是农村建设与发展的依据，规划与计划则是实施这一区划的手段。

（二）农村生态经济区划的体系与分级

农村生态经济系统是复合系统，农村生态经济区划必然也是复合的区划体系。农村区域划分的多层次性又决定了农村生态经济区划的多级性。农村生态经济区划体系总的来说，由单一的生态或经济要素区划，生态、经济、社会单相区划和生态经济综合区划共同组成。

1. 农村单一生态或经济要素区划

任何生态经济系统都是由若干生态要素、经济要素、社会要素构成的。各要素的总量、水平、分布是制定生态经济区划的基本依据。其中，尤其是反映区域特征的主要要素的分布状况，对于制定生态经济区划更是十分重要的依据。因此，调查、分析、判断各主要要素的区域分布状况和制定要素区划，是制定生态经济区划的前提与起步。例如，气候、水源、土壤、生物等资源是任何一个地区生态经济系统的生态要素，这些要素分布的区域状况是生态经济区划中区域划分的生态依据。而就某个地区来说，则有不同的主生态要素；不同气候带的生物资源分布，对这些地区的生态经济区域划分更有决定性意义。因此，组织农村生态经济区划，首先必须选择若干主生态要素，来判断要素区域分布的状况和制定生态要素区划，又如，一个地区的产业结构、规模、资金、市场、交通、科技水平状况等，是各个地区的经济要素，它们是制定生态经济区划的经济依据，而不同地区又有影响经济布局的不同经济要素。因此调查、分析、判断经济要素的区域分布状况和制定经济要素区划，同样是制定生态经济区划的前提与起步。再如，一个地区的文化观念、就业习俗、民族结构等都可能对本地区的生态经济状况产生各种积极或消极的影响。因此，对这些社会要素制定要素区划和进行分区评价，同样也是制订农村生态经济区划的重要依据。而这些单一的生态、经济、社会要素区划又构成农村生态经济区划的基础性区划内容。

2. 农村生态、经济、社会单相区划

生态经济学原理认为，任何生态经济系统都是由生态、经济、社会三个子系统组成的。在农村生态经济区划体系中，这三个子系统的区划实际就是整个农村生态经济区划的骨干组成部分。农村生态经济综合区划的科学性、适用性、有效性在很大程度上就取决于本地区生态区划、经济区划和社区区划的科学性、适用性和有效性。因此，生态区划、经济区划和社区区划又是在要素区划的基础上形成，并作为整个农村生态经济区划体系中的重要组成部分。

3. 农村生态经济综合区划

它是农村生态经济区划的总体成果，是上述要素区划、子系统区划诸成果的综合，也是最终体现与其他区划本质不同的最终成果。它反映了农村生态经济区划的主体内容，综合了要素区划及各子系统区划的主要特征，并提出了农村区划范围内的统一生态经济战略方针及分区战略方针，从而为进一步制订农村生态经济规划和计划提供了宏观依据。农村生态经济区划体系和主要分级情况如图 17 - 1 所示。

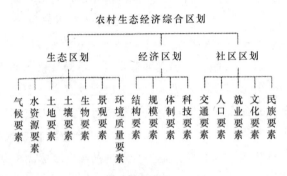

图 17 - 1　农村生态经济综合区划

　　农村生态经济区划与行政区划有十分紧密的联系。行政区域是多级区域，为了实施管理的方便，农村生态经济区划既要参照自然区划来划分，也要同行政区划相匹配。要参照多级的行政区划，实施多级的生态经济区划管理，即制定国家、省（自治区、直辖市）、地区、县级生态经济区划。其中，高一级区划指导和控制次一级区划；次一级区划是高一级区划的基础。如此制定的农村生态经济区划，既是多级的有机整体，又便于实施分级管理。

（三）　农村生态经济区域划分的原则

　　（1）同区域生态经济特征的相似性及不同区域生态经济特征的差异性。其中，主要是生态经济结构的相似性，包括自然生态资源与环境要素结构的相似性、经济要素结构的相似性及社会结构要素的相似性。因为只有结构相似的区域生态经济系统，才能采取一致的生态经济管理决策与对策；而对相异的生态经济系统，其管理决策和对策必须实行分类指导。离开同区的相似性、异区的差异性原则，只可能造成区域划分和区域决策与管理的模糊。由于生态经济系统比单一的生态系统、经济系统或社会系统更加复杂，不同区域空间的生态经济系统特征绝对类同几乎是不可能的。因此，相似性又只能是主指标、主标识、主结构的近似，而不是等同。这给生态经济区域划分带来了一定困难，即难以划分为区域特征截然不同的生态经济区域。因而在实践中，只有相似性才能给生态经济区域划分提供操作的可能性。而且要看到，在划区后，异质的区域之间也往往没有十分清晰的边界，而是相互交叉，它们之间还有着各种各样的生态经济联系。

（2）区内生态经济系统发展趋势及战略决策的相似性。即保持同区生态经济系统特征的相对稳定性及管理决策的持续性。农村生态经济系统特征的相似性不等于其发展趋势的相似性，例如，同是沿海地区，具有相似的生态地理条件，但由于开放程度不同，其发展趋势也会不同；同是亚热带地区，由于其面对的国际、国内市场不同，其发展趋势也不会相同。而不同的发展趋势就不可能实施相同的管理决策，也不可能容纳在同一区域之内。因此科学的生态经济分区，不论是哪一级，都必然要拥有共同的发展趋势和战略决策的稳定持续。

（3）保持行政区域适当的完整性。农村生态经济区划与自然生态区划性质不同，自然生态区划只是对自然生态形态及其内涵的分区，是对自然分区的客观描述。自然生态的区域特征与行政区域划分不可能完全相符。而且，自然生态区划的制订，相对于行政区划，也有更大的自由度，它不强调两者的一致性。但是，生态经济区划则不同。它的成果，无论是区域战略决策，还是具体的区域对策，都要提交各级行政管理机构来实施。因此，只有适当保持各级生态经济区域与各级行政区域的一致性，才更有利于区划的操作与实施。我国在过去已经进行的农村区划工作中，经济区划与社区区划已经同行政区划保持了较大的一致性。从实质上看，要求生态经济区域与行政区域的一致性，就是要求生态区域划分与经济、社会区域划分的一致性。

在实践中，由于自然生态的区域分布与行政区域的不一致性是十分经常的，按照行政区界划分生态经济区域，不可避免地会出现同区生态条件的异质性及异区生态条件的相似性。这就要求生态经济区域的划分有一定程度的灵活性。

（四）农村生态经济区划的指标选择

生态经济分析与评价的指标体系既是生态经济管理，又是生态经济区划进行数量评价的标志。迄今，生态经济指标体系的研究还欠成熟。从理论上讲，一般都强调指标体系的复合性，往往十分简单地把生态、经济、社会三个子系统的指标体系叠加在一起，因而使生态经济指标体系过于庞杂；而且由于缺乏生态经济指标自身的特色，操作显得十分烦琐。从农村生态经济管理的具体任务出发，农村生态经济区划指标，应该重在主指标的选择及生态经济综合指标的考核。

（1）重在选择主指标。就是要在庞杂的指标体系中，因地、因时、因系统制宜，确定少数能充分反映区域生态经济特征相似性与相异性的指标，排除不反映区域特征的指标，作为区域划分的依据。并要尽可能简化指标资料收集与计算的程序，使主指标体系简明、简易、准确、实用。

（2）探索生态经济的综合指标。是指在生态、经济、社会三个子系统指标体系的基础上，设计若干个综合反映生态经济特征的交叉性指标。例如，考核地域的生态经济效益，初步可以分别用生态效益、经济效益、社会效益指标从不同侧面来反映，例如，植被率、水土流失率、污染率、国民生产总值增长率、国民收入增长率、人口自然增长率、就业率等，然后进行综合性定性分析与评价。然而这些定量指标虽然有一定的关联度，但毕竟都是相互独立的生态、经济或社会指标。为了克服生态经济指标的单一性、片面性，应该尽可能采用生态、经济、社会交叉的复合指标来反映农村生态经济系统的整体特征。如用单位产值的污染物排放量，单位投入的污染物排放量，单位面积的生态负荷等指标的变动度，来反映生态经济区域的综合特征。这类复合指标比单项指标前进了一步。但是，用于农村生态经济区划时，由于不同地域生态经济要素的差别，因而不具备区域的可比性（如不同地域之间分别以空气污染、水质污染和固体废弃物污染为内容的单位产值或投入的污染率就因为其不同质而很难在区间比较）。为此，应该在农村生态经济区划过程中，进一步采用生态经济效益指数来弥补其不足。

生态经济效益指数是生态、经济、社会要素变动度的相关指标。

设：V＝生态经济指数；G＝经济要素变动度；E＝生态要素变动度；则 $V = \dfrac{E}{G}$。

例：某地区期初国民生产总值为1，期末增长17％，经济要素变动度 $G = 1.17$；

同期，期初某环境要素排放量为1，期末增长17％，生态要素变动度 $E = 1.17$；

所以生态经济指标 $V = \dfrac{E}{G} = \dfrac{1.17}{1.17}$。

据此，可作如下判断：区域生态经济要素变化处于同步状态，区域生态经济相对稳定。

如果 $V < 1$，表示经济要素增长快于生态消极因素增长，区域生态经济呈优化趋势。

如果 $V > 1$，表示生态消极因素增长快于经济因素增长，区域生态经济呈恶化趋势。

采用生态经济指数可以在不同区域特征的区域之间进行广泛的比较，具有广谱的可比性。它便于在农村生态经济区划过程中，进行生态经济的整体分析，因而更符合农村生态经济区划及管理的要求。在实践中，生态经济指数可以根据不同地区的区划需要，分别作出多样化的设计。

（五）农村生态经济区划的主要内容

不同地区、不同层次、不同级次的农村生态经济区划，其任务和内容各有不同。但是，就其一般任务而言，各种农村生态经济区划又有共同的内容，主要是：

（1）农村生态经济区划区域对象的范围及界别。

（2）农村生态经济系统的历史沿革。

（3）界内的自然资源及环境评价（地质、地貌、山系、海域、流域、土地、土壤、气候、水资源、生物、植被、各类自然保护区等)。

(4) 界内的经济资源及环境评价 (体制、机制、结构、规模、效益等)。

(5) 界内的社会资源及环境评价 (人口、劳动力、就业、交通等)。

(6) 界外自然生态、经济、社会资源环境评价。

(7) 区域生态经济建设主要模式及评价。

(8) 区域生态经济战略。

(9) 农村生态经济分区及生态经济模式分区选择。

(10) 区域生态经济建设对策建议。

在实践中,具体的农业生态经济区划要在此内容体系的基础上进行适当调整,并使之逐步完善。

第十八章　生态农业建设与农村生态经济管理

农村生态经济管理是综合管理，管理对象的特点决定了当代农村生态经济管理的内容和特征。在农村，农业生态经济系统的管理始终是整个农村生态经济管理的基础。即使在乡镇企业已经十分发达的农村地区，乡镇企业带来的农村生态环境问题已经十分突出时，也仍然没有改变农业生态经济系统在农村生态经济系统中的基础地位，因此，也没有改变农业生态经济管理在整个农村生态经济管理中的基础地位。生态农业是我国广大农民在实践中创造的农业生态经济管理方式，是农村生态经济管理中的基础性管理内容。

一　生态农业建设是农村生态经济管理的基本内容

农业是国民经济的基础产业，更是农村经济的基础产业。农业的产业特征决定了生态农业建设是农村生态经济管理的基本形式和基础性管理。

（一）生态农业与农业产业的基本特征

一个时期以来，农村经济改革突破了狭隘、封闭的农业产业观，在实践中，自然经济或小商品生产基础上的自给性农业已经被商品农业、市场农业所代替；单纯种植业的狭义农业已经被多种经营的广义农业所代替，对加快农业发展，繁荣农村经济发生了深刻的影响，人们对农业的认识已经有了很大改变。但是总的来说，人们对农业产业本质的认识，却仍然还停留在仅仅从社会经济上把农业视为国民经济的基础产业这样一个传统观念上。农业作为第一次产业的产业特征，决定了其在国民经济和农村经济生产力体系中的基础地位，这是毋庸置疑的。但是，农业产业本质的复合特征却往往因为人们单纯强调农业的基础产业地位而被淡化。实践证明，在农村生态经济管理中，应该同时强调由于农业的社会功能所形成的基础产业特征、由农业的经济功能所形成的效益产业特征和由农业的自然生态功能所形成的生态产业特征，即强调由它们共同构成的复合性产业特征，用这一观念来指导农村生态经济管理。具体来看，农业产业有以下三方面的功能：

1. 农业产业的社会功能。它是由农业产业的基本特点决定的。农业是唯一能固定、转化太阳能为生物能的产业。它能向人类提供基本生活资料，并向第二、三次产业提供物质资料。它的这一社会功能决定了它在社会产业结构中的基础产业的地位。据此，在农村生态经济管理及生态农业建设中，必须强调农业的社会功能和社会效益。

2. 农业产业的经济功能。农业同其他产业一样，尤其在商品经济条件下，必然要以经济效益为产业的主要目标。农业不仅是国民经济或农村经济中的基础产业，而且更应该是经济产业、致富产业，是创造国民生产总值、国民收入、国民财富的重要经济支柱产业。因此在农村生态经济管理及生态农业建设中，必须重视农业的经济功能和经济效益。

3. 农业产业的自然生态功能。这是因为农业在完成自身经济过程的同时，也完成着生物再生产及自然生态循环的自然过程。反之，也可以表述为农业只有在完成自然再生产的过程中才能完成其经济再生产过程。这一点也正是农业产业与其他产业的基本区别。农业所具有的生态产业这一重要特征，使之必然参与、影响和形成农村生态经济系统的综合生产力。因此在农村生态经济管理和生态农业建设中，应该同时充分认识和发挥农业的生态功能和生态效益，使之在此基础上确立农业的良性生态经济循环。这是一项十分突出的任务，也是生态农业建设区别于其他农业建设的重要标志。

深刻认识农业产业本质特征的复合性构成及其表现，对于作为农村生态经济管理重要内容的生态农业建设与管理具有十分重要的理论和实践意义。进行生态农业建设不仅要强调农业的基础地位、经济地位，更要强调其生态地位；不仅要强调经济效益、社会效益，更要着重强调其生态效益及它与经济效益、社会效益之间的协调。因此，生态农业是充分体现农业产业本质特征的最佳形态。据此，进行生态农业建设要求人们确立生态经济的整体效益观念，在生态、经济、社会三个效益统一的基础上，实现高产、优质、高效和持续发展的目标。

我们提出在生态农业建设，三个效益的统一中，基础是生态效益，这并不意味着生态农业建设对自然的屈从与盲从。进行生态农业建设要在遵循生态经济规律的前提下，作出三个效益最佳结合的优化选择。对于生态农业建设实践中三个效益的不同组合可作如下解析：

设：N = 生态目标或生态效益；E = 经济目标或经济效益；S = 社会目标或社会效益；"＋"表示进化，"－"表示退化。则可以构成以下组合：

①N^+、E^+、S^+；②N^-、E^-、S^-；③N^+、E^-、S^-；④N^-、E^+、S^-；⑤N^+、E^+、S^-；⑥N^-、E^-、S^+；⑦N^+、E^-、S^+；⑧N^-、E^+、S^+。

其中，①是全优生态农业建设模式，是理想的生态农业决策管理目标。②是全劣生态农业建设模式，是生态农业建设的全面失误。在生态农业建设的实践中，这两种情况都有可能发生，但是，更经常的则是③至⑧各种中间型模式或目标的选择，这也是生态农业建设实际设计和操作过程的核心。

对于③至⑧各项中间型生态农业模式或目标，可以作如下决策分类：

1. 社会目标优先决策。即⑥、⑦、⑧三项组合。在农产品社会总量供给不足或低水平供需平衡条件下，为保证社会基本需求供给的主目标，生态农业建设不能不在生态目标、经济目标方面作出可容许的让步，来充分保证社会功能的实现。其中⑦、⑧组合优于⑥组合。

2. 经济目标优先决策。即④、⑤、⑧三项组合。这往往是商品生产发展期间，在市场经济规律驱使条件下，为取得最大市场经济效益而采纳的组合形式。这是市场经济行为的充分反映。但它往往易于导致生态农业建设中生态目标与社会目标的让步。其中⑤、⑧组合优于④组合。

3. 生态目标优先决策。即③、⑤、⑦三项组合。在两类情况下，生态农业建设实行生态目标优先决策：一种情况是在农村、农业生态恶化，严重威胁农村经济、社会的生存与发展，生态农业建设被迫作出经济目标的局部让步，来加快实现农业、农村生态经济系统的生态优化目标，为实现生态、经济、社会目标的统一创造生态条件。另一种情况是当农村、农业发展及其现代化进程已经进入生态需求的高级阶段时，实行生态优先的生态农业建设模式。

必须强调的是，生态农业建设的操作不管采取哪一类型目标组合，生态目标的让步总是有限的。它客观上有一个十分严格的最低阈限，超越农业生态经济系统可能承受的这个最低阈限，就将导致生态农业系统的崩解。这种情况就是生态农业建设操作的失误与失败。

（二）　生态农业是农业现代化的标志

农村现代化包含农村各个产业的现代化，农业现代化是农村产业现代化的基本内容和基础。农业现代化包含农业生产手段和科技手段的现代化、管理现代化，最终实现效率和水平的现代化。世界和我国农业现代化的发展实践都证明，生态农业是农业现代化的重要标志。

世界各国或地区的农业现代化大体孕育于 19 世纪的第一次科技革命浪潮中，在 20 世纪 50 至 60 年代以前陆续完成。它大体可以分为三种类型：一是美国、加拿大、澳大利亚、苏联等国家或地区。它们地广人稀，工业发达，劳动力相对不足，大都从农业机械化起步，偏重于农业机械技术的现代化。二是日本、荷兰等一些国家。它们人多地少，人均占有农业自然资源相对贫乏，突出生物技术现代化，以求充分提高土地生产率、生物生产率。三是法国等一些西欧国家。它们人口较少、资源也少，工业技术实力雄厚，实行机械技术与生物技术并重的农业现代化道路。但无论是哪一种农业现代化类型，在相当长时期内，都表现为高投入、高能耗、高效率的集约型农业现代化过程。大量的机械作业、石油消耗和不顾生态环境等使这些不同类型的农业现代化都背上了一个共同的历史包袱——农业生态恶化的严重后果。资源衰竭，环境污染，不断出现农业生态退化的恶性事件，同当代农业现代化的目标极不相称。于是，各国纷纷加强了农业生态建设，生态目标已成为农业现代化新时期的共同目标与衡量标志。

中国农业现代化的条件、特点和进程都与西方发达国家不同。在70年代末之前，农业现代化进程十分迟缓。农业进步主要靠传统农业技术的改良和推广。虽然也推动了农业的进展，但距离世界农业现代化的标准还十分遥远。进入80年代以后，农村改革全面推动并加快了农业现代化的节奏。农机、农药、化肥等现代农业工程、机械、化学等手段迅速普及，但随之而来的也是世界农业进步所面临的共同问题——农业生态问题。中国农业现代化起步虽然较晚，在经历了水利化、机械化、化学化、电气化的初步过程后，如同西方经历了"石油农业"时期后一样，也对农业生态建设提出了新的更高的要求。

生态农业的产生是时代的要求。而生态农业由于在实践中能够把生态过程与经济过程的矛盾统一起来，就把农业的发展推向了新的科技水平和管理水平，从而就使农业发展达到了一个新高度。当前对实质为生态农业的农业生产形式有多种名称。但无论是叫作"持续农业"、"无公害农业"，还是叫作"有机农业"、"复合农业"等，其合理性无非都寓于生态农业所蕴含的生态与经济协调发展的农业现代化生产形式的理论与实践中。

（三）在生态农业建设中推进农村生态经济管理

在生态时代的历史潮流中，农村现代化以农业现代化为前提。生态农业是农业现代化的基本标志，也必然是农村现代化的基本标志。当代以生态农业为特征的农业现代化的内涵与任务已经同18世纪农业现代化初始阶段的内涵与任务完全不同，并且有着本质的区别。21世纪农业现代化的重心已经从非生态措施转向生态措施，从非生态决策转向生态决策，即从盲目地追求经济效益转向生态经济的良性循环，这就使得农村生态经济管理上有大量的新的工作要做。这些工作的内容是生态农业建设的内容，也是农村和农业生态经济管理的内容。

　　回顾农业的发展，它已经历了两个历史过程：在自然经济条件下，主要是自然驱动的过程。人类由于自身拥有的管理手段的局限性，农业生产主要受自然规律的约束，表现为对自然屈从的过程；在商品经济条件下，主要受经济利益的驱动。人类由于自身管理手段的发展，进行农业生产主要表现为对自然的违抗，但又进入盲目屈从于经济的过程。在这两个历史过程中，都在不同的侧面上表现了农业管理工作中的生态经济盲目性。农业发展的历史实践证明了农业和农村经济的过程都是在利用、改造和重建农业和农村生态经济系统，它必然要受生态经济规律的制约。在生态时代条件下，我国农村生态经济管理的基本任务和内容就是要自觉地服从和运用生态经济规律，推动建立和发展农业和农村的良性生态经济循环，促进农业和农村现代化，实现农业和农村经济的高速健康发展。在具体操作上，要把生态农业建设与农村、农业生态经济管理统一起来，把生态农业建设作为农村生态经济管理的基本内容，并通过加强农村生态经济管理促进生态农业建设的实现；要寓建设于管理，和寓管理于建设，在实践中走出一条具有中国特色的农村生态经济管理道路来。

二　生态农业的基本类型

（一）生态农业的基本类型

　　生态农业建设在我国农村已经有了迅速的发展。生态县、生态村等尽管还处在探索阶段，尚不完全成熟，但毕竟已经积累了经验，取得了引人注目的生态经济效果。由于我国农村资源、环境条件千差万别，在生态农业建设起步过程中，就已经涌现形成了各种生态农业的类型。在实施农村生态经济管理中，对生态农业的主要类型进行归纳和分组评价，对推动它的快速和健康发展有重要意义。

　　由于生态农业建设与管理的目标、客体、环境等的不同，可以对之进行如下分类：

　　1. 生态农业的区域类型。按自然区域可划分为山地、丘陵、平原、湖区、湿地、沙漠、滩涂、江河、近海等生态农业类型。按经济区域可划分为发达地区、欠发达地区生态农业类型；开放地区、封闭地区生态农业类型；或城市近郊、远郊、纯农区生态农业类型等。按行政区域范围可以划分为省级、地区、县级、乡镇、村级生态农业建设类型。并且可以依次作多级次的区域生态农业建设类型划分。

2. 生态农业的阶段类型。生态农业建设的初级阶段，往往结构比较简单，食物链较短，是一种比较低级的生态农业形式。其特点是生态经济技术要素单一、产品单一，物质流动、能量转换及其利用效率均处于低水平状态。随着生态农业建设的进化，结构趋向复杂，形成了生物长链与高效链，当代的农业科学技术逐步汇总融入。生态农业的形式也逐步升级。从总体发展过程来看，形成了不同阶段生态农业的各种类型。如初级生态农业、准现代化生态农业、现代化生态农业、未来生态农业等。

3. 生态农业的结构类型。生态农业系统一般都是复合结构。但是可以根据其结构主体的状况来进行分类。如按农业生产部门的结合状况分为以农田种植业为主，或以林业、畜牧业、水产业为主，与各种兼业组合成的各种生态农业类型；按不同的主产品与兼营产品的组合状况划分为粮食作物为主，或经济作物、林果作物为主的各种生态农业类型；或按结构的复合程度划分为简单结构、复合结构的生态农业类型等。例如，黑龙江省拜泉县实行综合型的生态农业建设，划分为坡水田林路综合型、粮牧企经营综合型、林草畜粮综合型、畜禽渔稻综合型等生态农业类型。内蒙古磴口县则实施以林为主，治理沙漠的生态农业建设等。

4. 生态农业的功能类型。生态农业功能是复合功能，包括营养功能（自养、异养、互养）、免疫功能（病、虫及各种自然灾害）、环境功能（防风、截流及形成农田小气候）等。它可以通过各种生态功能实现资源、物流、能流、价值流的节约、集约、多层次利用，实现生态功能的最大功效。例如：河北省迁安县实行经济林、紫穗槐、葛藤组合的立体绿肥生态农业类型；黑龙江省拜泉县恢复黑土的生态农业类型，山西省右玉县以防护林为主体的生态农业类型；山西省西山地区水土保持生态农业类型等，它们或是单功能，或是复合功能；或是高效、中效、低效等。这些不同类型适合各自不同的具体条件，都获得较好的生态经济效益。

由于生态农业的复杂性，使其类型的变化十分繁复。人们可以根据生态农业建设的具体目标，选择不同标志来组织各种类型的划分。但分类不是目的，而是加强和便于管理生态农业的手段，也是研究、评价生态农业效果的手段。手段要服从目标，在生态经济管理中不应该搞无目标的烦琐分类。

（二）生态农业基本类型的选择

选择生态农业类型的目的是提高生态农业的综合效益和有效性。类型的选择实际上是对农村生态经济管理进行科学决策的过程。为此，其选择要注意以下各个主要环节：

1. 生态农业结构主体的选择。复合性是生态农业类型的普遍特征。但是，具体到指定地域的生态农业类型，又有各自的特殊性，它构成地域生态农业的区域特征。生态农业系统的结构主体是其区域特征的主要标志，因此生态农业类型的选择首先就是系统结构主体的选择。系统的结构主体可以是一元的，也可以是多元的。一般的选择标准是应同本地区的主体产业、行业、项目、产品相一致。在没有特殊的自然、经济、社会制约动因情况下，这是必然遵循的一个原则。例如，水田地区，水稻是必然的结构主体；城郊地区，副食品生产项目是必然的结构主体；热带地区，必然保持热带农业生物作为结构主体等。盲目移位会造成严重生态经济后果。

2. 生态农业系统结构与功能组合的选择。确定生态农业的结构主体后，要制定其所依据的生态经济系统结构和功能组合的整体设计方案。例如，由各环节组成的生态链、物流、能流的生态经济通道，地区的产业、行业、产品系统等。要求功能协调，循环畅通，高效低耗，优质优化，实现结构与功能的整体匹配。

3. 生态农业系统结构的要素替代。生态农业类型初步确定后，要进一步论证生态农业类型决策的科学性。从生态农业结构的动态性出发，分析生态农业中各要素和环节的可替代性，使所形成的生态农业结构具有弹性和对突变因素的承载能力，其状况决定生态农业类型的活力和应变能力。在此基础上，逐步安排提高生态农业类型的级次，不断完善生态农业类型与模式的具体设计。

4. 生态农业类型的转换。生态经济始终是动态的过程。地区的自然、经济、社会环境也在不断发生变异。因此，生态农业类型的选择与决策也不是固定不变的。在实际工作中，类型的内部结构产生相应的异变，或重组新的类型，这都是地区生态农业类型进化、升华的过程。生态农业类型的转化由简单到复杂，从低效到高效，逐步完善，发挥最大的生态经济功能，这正是生态农业建设管理的目标。

三 生态县是生态农业建设发展的新阶段

一切生态农业建设都是在一定地域范围内进行的，也总是要同一定的农业区域界限相联系。生态农业的发展也要依靠一定的行政组织来推动。因此，生态农业建设发展到一定阶段，由于建设与管理的需要，必然形成不同的区域规模。我国的生态农业建设是由生态农田开始起步的，逐步出现了生态农户，又出现了生态农业村，以至生态农业乡。近年来又出现了一些生态农业县（简称生态县），这是我国生态农业建设和管理上的一个重要突破。它说明我国生态农业建设已经发展到了一个新的阶段。据统计，截至 1992 年年底，全国生态县已逾百个。从分散、小规模的生态农业建设到以一个县为范围的集中、大规模的生态农业建设，使生态农业的内涵、结构、规范都发生了重大的变化。使生态农业建设的发展产生了一个飞跃。生态农业建设以县级作为基本组织管理单位，拥有较大的生态、经济和社会空间。它具有种类和品种相对更为齐全的多种自然资源，具有更大的经济实力、科学技术和人才，也更便于利用各种社会条件来满足社会的各种需要。同时我国的县级行政区域又处在宏观生态经济管理与微观生态经济管理的交界点，便于承上启下总结和推广实行生态农业的经验；而且它也正处在城市生态经济系统与农村生态经济系统的接合部，便于运用城、乡两个方面的优势和有利条件来推动本地区的生态农业建设。因此，它在整个全国的生态农业建设和管理中具有十分重要的地位。目前我国一些地区，以县作为基本区域单元发展和管理生态农业已经积累了不少比较成熟的经验。预计，进入21 世纪后的一个时期，在我国将会出现一个建设生态农业县的高潮，普及和加强生态县的管理也将成为我国农村生态经济管理发展的一个大趋势。我们应该为此及早做好准备。对于普及和加强生态县的建设和管理，最基本的，应该做好以下几方面的工作。

（一）生态县建设的规划管理

因地制宜，全面规划，统筹协调，合理布局是生态县建设的首项管理任务。多年来，北京市郊区农村、河北省沽源县、山西省河曲县等都在生态县规划管理工作中积累了丰富的经验，取得了管理的实效。主要包括资源调查与评价，决策目标选择，选型布局，技术路线及实施方案等。规划管理的主要程序和内容是：

1. 生态经济资源调查与评价。这是生态县建设规划的基础性工作。调查的质量、评价的准确性是规划管理质量的重要保证。生态县建设规划要强调生态资源与经济资源的综合性及其耦合性。一般的资源信息可以充分利用各类调查成果。已有成果的，不必组织重复调查，应把调查的重心放在生态资源与经济资源的相关性和生态经济矛盾历史和现状的调查上。对每一项调查成果，都要进行生态经济综合评价。要分析其生态经济后果，综合权衡生态经济得失，提供规划参考。因此，从一定意义来看，生态县规划的资源调查应该是在一般资源调查基础上的延续与深化。

规划的资源调查内容主要包括：

（1）自然资源要素与环境调查，并对气候、水源、土地土壤、生物等自然生态要素进行经济后果分析，评价自然生态后果与经济后果的冲突与统一。

（2）经济资源要素与环境调查，并对体制、市场、资金、技术、规模、效率、效益等经济要素进行生态后果分析，评价经济后果与自然生态后果的冲突与统一。

（3）社会资源要素与环境调查，并对人口、就业、交通、服务、文化、社会保障等社会要素进行社会条件、社会稳定度、消费心理等方面的生态经济后果进行分析与评价。

（4）此外，还应组织农业耕作制度，传统的生物链，农业增长的潜力等方面的调查分析，供制定规划方案参考。

2. 生态县建设规划目标的选择。生态县建设的目标选择主要包括分区目标、阶段目标、结构目标的选择等。在此基础上，确定生态县的总体规划目标以及目标重心。

（1）分区目标选择。生态县规划属于区域规划，有明显的地域特征。规划目标受地域条件的约束，要因地制宜，根据当地的具体条件选择确定。例如，北京市大兴县根据本县沙、瘦、旱、涝、碱的农业生态特征，确定建设生态县的四大目标：治理障碍性生态因素，克服沙、瘦、旱、涝、碱；推广生物技术，开展农村能源建设；调整农业结构，形成生态与生产的良性循环；控制和治理生态环境污染。上海市崇明县在历史上曾经是水洁风清，地平土沃，竹翠树绿，物产繁盛的地方。但是近年来在经济发展过程中，生态环境发生了变化，带来了生态经济的后果。据此确定其生态县建设的目标是：运用生物工程绿化海岛；利用废弃物开发沼气新能源；综合利用，形成生物链，促使生态良性循环；保护鸟类，促进大自然生态平衡。天津市宝坻县在生态县建设中，则确定因地制宜，扬长避短，以建设区域性粮食、蔬菜、果品、奶畜、三辣（大葱、大蒜、天鹰椒）及渔苇生产基地为目标，构思生态县建设规划。这些生态县建设典型都提供了分区目标决策的经验。

（2）阶段目标选择。在实际工作中，根据总体目标，确定（与修正）阶段目标，对于生态县建设目标的实现，有重要的实践意义。只有分解总体目标，制定阶段目标，才能进一步完善生态县建设的详细规划。例如，山西省吕梁地区在制定了大跨度、变通型的生态县建设总体规划后，又确定了西部沿黄区、西部黄土丘陵沟壑区、吕梁山地区、东部丘陵区、平原区、矿区等区域范围内各生态县建设的模式。在此基础上，又进一步确定了各生态县建设战略推进的阶段目标。它们坚持循序渐进、稳步发展、先示范后推广的原则，提出了划分为三个十年的近、中、远期具体目标。其中近期十年，抓好概念开发，技术培训，规划设计等基础性工作。选点试验，进行生态农业骨干项目建设，初步建成一批贸工农生态经济县模式；中期十年，重点建设高层次生态农业、培育高级示范模型，将生态县建设导入稳定良性运行轨道，使生态经济效率有较大幅度提高；远期十年，把生态县建设提高到更高层次，基本控制水土流失，县域生态经济系统步入持续良性循环轨道。要做到生态经济结构完善合理，普遍展示青山绿水、富庶文明的生态县的新景象。

（3）结构目标选择。规划合理的生态经济结构是生态县建设目标的重要内容。合理的生态经济结构设计是生态县规划中的核心任务，它可以使生态县规划具有明确的可操作性。在实际工作中，各地生态县建设无一例外地都把结构目标选择作为生态县规划的重要内容。例如，云南省禄丰县在制定生态县规划中，明确提出：调整产业结构，发挥资源优势，促进生态、经济、社会效益增长。它们坚持通盘考虑，统筹规划，全面安排，调整了粮、蔗、猪、林、果和食用菌的生产结构，取得了生态县建设的初步成果。目前在规划调整生态县的生态经济结构目标中，普遍的情况是都强调了综合治理、综合开发、综合发展的规划原则，但对于专业化的结构内容则相对有所忽视，这是生态县建设规划结构目标选择中值得注意的一个问题。

（4）确定生态县建设重点规划项目。这是关系生态县规划建设效果和确保规划实施具有可操作性的重要规划内容。就一些生态县的实际情况看，它们分别有所侧重，如突出重点规划建设水利、治沙等水土生态工程；新型食物链等生物生态工程；沼气开发等能源生态工程；新技术、新工艺、新产品等科技生态工程；新体制、新制度等经济软件生态工程等。准确选定重点生态工程项目对提高生态县建设规划的可操作性，保证实现规划的预期目标有十分重要的意义。

3. 制定生态县规划方案。生态县建设规划的编制纲要和具体做法因县而异。一般来说大体包括如下内容：

（1）总体规划。内容包括：①规划依据。即县域内外的自然生态环境资源及经济社会发展条件的现状和发展趋势记述、分析、评价：如地形、地貌、土地、土壤、气候、水源、生物、矿产、灾害、人口、劳力、就业、资金、科技、教育、基础设施、交通、产业结构、规模、效益、市场条件等，并对之进行综合评价。②规划指导思想。即生态县建设的总体思路及发展方向。要明确生态县建设的决策主线，如山水田林路综合治理、农林牧渔全面发展、多类型生物共处、多层次资源配置、多级功能协调、专业化方向等。要形成生态经济良性循环等指导思想。并要明确生态位开发重点，如进行生态带开发、土地资源开发、水域开发、立体开发、废弃物资源开发、生态产品系列开发等。③规划目标。要详细制定生态县建设的定性、定量总体目标及系列相关目标。如人口控制、耕地保护、林木覆盖率、沼气入户率、水土流失控制、水源保护、污染控制、生态庭院建设等指标及相应的经济社会发展指标。④规划布局。包括县境内的生态经济总体布局及生态经济系统类型布局、食物链类型布局、生态经济工程布局等，并分析境内布局与境外布局的相关性。⑤规划重点。一般包括人口生态规划、生态农业规划、生态林业规划、生态工程规划、资源保护与环境治理规划、非农产业生态措施规划、生态企业规划、生态庭院规划等。⑥规划对策。就生态县建设的重大问题提出实现生态县建设的关键性对策。如生态经济意识的培育、建立生态经济示范区、结构调控对策、新科技对策、资金筹措对策、生态经济法规建设对策等。

（2）专项规划。在生态县建设规划中，除去总体规划外，还应就反映生态经济系统特征、结构主体，主要生态工程建设等方面的重点问题，制定专项规划。例如人口、基础设施、绿地、环境污染、重要资源开发利用等专项规划。它们既是实施总体规划的保证，又是总体规划的延伸。

（3）专题研究。就规划方案中遇到的重大问题确立专题，组织力量深入研究，提出研究报告为完善规划、制定实现规划的重大措施提供依据。例如，生态县建设发展战略，生态县资源环境变迁及趋势分析，生态县建设生态容量或经济容量分析等。通过调查研究，充分论证，提出建议，作为生态县建设规划的附件。

4. 履行规划审议程序。在实践中，许多县级生态经济总体规划，经过同级人民代表大会常务委员会审议通过后，立法实施。因此，生态县建设规划除去履行技术审议，组织专家评审外，还应该把行政审议和立法程序作为必需的程序，以保护规划的有效实施。

（二）生态县建设的组织管理

主要包括日常行政管理、法制管理和纪检管理等。生态县建设的组织管理，一般在报请同级人代会或人民政府批准后，由同级政府职能部门监督实施，或成立县生态建设办公室（或指挥部），或由相关部门承担实施和管理的各项具体任务。为了使管理工作有法可依，一些县还制定了有关法规。例如，河北省迁安县人民政府制定的《迁安县农业生态环境管理暂行规定》，湖北省京山县人民政府制定的《京山县农业生态环境管理暂行规定》，山东省五莲县人民政府制定的《五莲县农业环境管理暂行规定（试行）》等，都为生态县建设管理法规化提供了经验。

目前一些生态县的管理规定主要包括以下内容：

（1）总则。明确管理范围、任务、职责、负责部门等。

（2）管理。规定管理内容、审批程序、任务与要求、责任承担等。

（3）奖惩。规定违反生态县建设法规的经济与非经济奖惩条款、奖惩等级及量罚依据、标准等。同时规定执法人员的职责、权利和纪律。

（4）附则。相关的其他规定。

（三）生态县建设的技术管理

生态县建设技术管理的综合性表现为技术管理的广谱性。它涉及自然科学、管理科学、工程科学等各方面学科领域；涉及各单项技术管理的相关性，各项技术要互相紧密连接；涉及各单项技术管理的互补性，如太阳能的总供给量是限定的，但是生物对太阳能的转化率可以通过各种技术措施在一定范围内调节互补。在实践中，一种技术措施的实施，经常会干扰或影响一系列其他技术措施的效果，因此选择不同的生态农业类型必须建立与之相适应的技术管理体系。在实际生活中，改变实施一项新的耕作制度，甚至需要整体修订生态县的原有技术规范。一般来说，生态县建设技术管理的内容主要包括：

1. 系统技术的决策管理。包含技术决策系统的整体适用性、先进性、标准化的各项主要原则等，目的是从整体上调控生态县建设的技术进步。

2. 关键技术的管理。在生态县建设中，各生态经济要素在系统内具有不同的生态经济位，相应地要求有各种技术作保障，其中决定生态县技术导向和取向的技术是关键技术。例如，能源型生态县建设中，沼气技术常常是关键技术；多种经营型生态县建设中，生物链技术是关键技术，等等。关键技术管理是生态县建设技术管理的重心。

3. 技术先进性的管理。生态县建设需要采用一定量的高新技术，但又要充分考虑技术的适用性原则。因为，不一定是技术越先进，生态经济效果越领先。我国农村技术层次参差不齐，多数农村地区一般技术水平层次尚偏低，亟待普及与提高新技术，技术先进性管理的任务十分繁重。技术先进性管理的任务包括：单项技术先进性的选择、分析、评价及技术先进度的相关分析。单项先进技术实施的必备条件等。一切先进技术的实施都受科技人员素质、计量手段、化验手段等方面条件的约束。生态县技术先进性管理往往又是各项技术相关性的协调管理，通过管理保证各项技术措施的最大科技生产率。

4. 技术标准化的管理。标准化管理是当代科技管理的重要手段，在生态县建设的科技管理中也不例外。标准化管理不仅可以提高各项科技措施的有效性，还有益于各项技术之间的相互匹配，从而可以提高科技投入的生态经济效率。在生态县建设中，一般要采用同级技术系列，避免技术先进选择的盲目性，引起技术手段、资金等的浪费。

此外，生态县建设评价也是生态县管理的重要内容。通过各种监测手段，对生态县建设的实践过程进行阶段或总体评价，总结经验，可以为进一步实施和修订生态县建设规划，制定新时期的新规划提供各种依据。

参考文献

1.《中国统计年鉴（1993）》，中国统计出版社 1993 年版。

2. 农业部政策体改法规司等编：《中国生态农业的崛起》，河北科技出版社 1993 年版。

3. 边疆主编：《中国生态农业的理论与实践》，北京改革出版社 1993 年版。

4. 傅政德等：《环境与发展》，天津科技翻译出版公司 1993 年版。

第六篇　国外生态经济管理

　　西方发达国家工业化的实现和现代化的发展过程，是传统市场经济到现代市场经济的发展过程。在这个发展过程中，如何解决现代市场经济中的环境保护和生态建设问题，把生态经济管理纳入现代市场经济运行的轨道，已经积累了有益的经验。我国发展社会主义市场经济、建立现代市场经济体制，应该学习和加以借鉴。本篇从几个主要方面比较介绍西方发达国家实行生态经济管理的理论与实践，对建立和加强我国的生态经济管理将有重要的意义。

第十九章 生态经济管理的资本理论

一 生态资源的稀缺性及经济标志

(一) 稀缺性的含义

稀缺性的概念在经济理论中有至关重要的作用。有些西方经济学家认为这个概念是给经济学下个恰当定义时所必不可少的。瓦尔拉斯（Walras）在给社会财富下定义时说："所谓社会财富，我指的是所有稀缺的东西，物质的或非物质的。也就是说，它一方面对我们有用，另一方面它可以供给我们使用的数量却是有限的。"他解释说，"有用"是指"能满足我们的某种需要"。"数量有限"，则意味着，有一些东西"存在的数量之多使我们每一个人都感到随手可取，可以完全满足个人的需要"，如空气、水等，这些东西当任何时候任何人都能随心所欲地获取时，称不上是社会财富。而只有当它们稀有时，才被认为是社会财富的一部分。

由此，可以给稀缺性下一个定义：任何一种价格大于零的使用价值，在一个经济周期内（即由生产经流通到消费的过程），由于其价格或生产的边际成本不断上升所带来的供求矛盾现象，对于生态经济学来讲，其研究的生态经济系统要素都可能是稀缺的，包括空气、水、阳光这些非劳动创造的使用价值。当由于环境污染使空气、水等受到污染时，人们为了呼吸新鲜空气而不得不去旅游以享受洁净的水、空气时，其旅游费用就是洁净的空气、水的影子价格或机会成本。因此，环境质量变得越来越昂贵，从而就成为稀缺性的资源。

（二）　生态资源稀缺的经济标志

新古典经济学认为，自然资源与经济增长之间的关系不是像马尔萨斯和李嘉图所想象的那样，由报酬递减这一规律所反映，它们之间的关系是可以变化的。资源的稀缺性趋势由资源枯竭所增加的开采成本与技术变化所导致的开采成本之间的相对力量所决定，即资源枯竭所增加的开采成本大于技术变化所减少的开采成本时，资源的稀缺性增加；反之，则相反。由此看来，报酬递减规律只是检验这两种驱动力之间关系的一种经济假设。Barnett 和 Morse 通过对美国 1870—1937 年的农业、矿业、林业与渔业部门的劳力与资本成本和实际价格趋势进行分析，发现除了森林资源外，没有找到证据说明稀缺性增加。这说明了由于技术进步导致一些资源的开采成本并没有随着资源的逐渐减少而增加，从而其稀缺性没有增加。

根据新古典经济学模型，避免资源稀缺性增加的方法在于市场机制。这是因为，一种资源的稀缺性增加，价格上升，最终导致资源开发成本上升或付给资源所有者的租金上升。价格上升刺激一系列扩大资源数量的机制：增加新储量的开发，对资源进行循环利用，选择替代性资源，提高资源转化为商品与服务的效率，更重要的是促进资源开采、开发、加工和转化成商品与服务的技术革新。因此，资源的实际价格或资本—劳力开采成本是反映生态资源稀缺程度的适宜的指示器，即生态资源的实际价格越大或资本—劳力开采成本越高，就说明这种资源的稀缺性程度越高。

从国外有关论述资源稀缺性的文献中，我们可以将生态资源稀缺的经济标志概括为以下四点。一是某资源的平均开采成本越来越高，即在一个时间序列中不断上升；二是这种成本变动又导致价格的不断上涨；三是成本价格变动必须是真实的，即扣除通货膨胀因素后的真实成本和价格；四是边际开发费不断上升。如果不具备上述四点，即使某种资源的现存量逐渐下降，在经济上也被认为是无限的。这种情况一般发生在低价格控制的条件下，这对于生态系统的动态平衡无疑是致命的。因此，资源稀缺性理论对保护生态资源、更新生态资源、改革价格体制有着重要的意义。

（三）稀缺性原理在生态资源优化配置中的应用

由稀缺性的概念可知，资源的稀缺并不仅仅是资源数量的短缺。短缺意味着某种资源的数量不足，而稀缺却和价格、成本、利率等经济要素相联系，它所反映的是资源开采的成本——价格比大于或等于1。

在一套完整的所有权体系中，价格在企业经济中起着协调的作用。价格首先刺激生产，这是因为个人收入的大小取决于价格和售出商品的数量和服务的数量。价格还起着在消费者之间分配商品和服务的作用，因为对每一个消费者来说，他在所有商品和服务方面的开销都不能超过他的预算。由于所有商品和服务的价格都是由供给和需求的条件决定的，因此，价格的变动就成了反映资源稀缺性和需求变动的信息系统，它刺激着生产者和消费者在新的情况面前作出调整。当某种资源的价格上涨时，就说明这种资源的稀缺性程度加剧，因而将鼓励人们多生产和少消费这种资源；同时也鼓励人们多生产和使用替代品，从而缓和这种资源的紧张状况，甚至对那些储备十分有限的可耗尽资源，价格机制也能纠正短缺问题，抑制消费、鼓励勘探和发现新的资源和保护资源，鼓励对这种资源进行循环利用和使用替代品。

二 生态资源的资本化管理

由于经济增长与生态资源供给的矛盾日益加剧，生态资源的稀缺性已逐渐为人们所重视。如何在实现经济稳定增长中，合理开发与利用生态资源，促进经济增长与生态资源保护的协调发展已成为摆在人们面前的最紧迫的问题。

（一）资本的含义

在西方经济学里，资本是一种稀缺性的生产性资源，是人们从事生产活动的投入要素之一，它具有在将来生产更多商品或提供更多效用的能力。从类型上讲，资本一般分为三种形式：物质资本、人力资本和金融资本。所谓“物质资本”是指长期存在的生产性物质形式，如机器、设备、厂房、农作物、牲畜等。物质资本是投资过程的结果，它代表着本期的生产能力，并同其他互补性生产要素结合代表未来时期的生产能力。

对于自然资源和资本，在经典经济理论中（如亚当·斯密、李嘉图、马尔萨斯所陈述的观点），自然资源最显著的任务是产出的最终约束，是造成劳力和资本边际报酬递减的原因。认为"永恒不灭的土壤"与其他生产要素的显著区别，在于它可以无代价地进行生产，而且总数量是固定的，不能增加。

近代的生产、收益分配和增长理论则假定不存在固定的和不可增加的生产要素。据此，可供农业或其他生产形式使用的土地面积可以增加，只要花费一些成本扩大交通运输、开垦、灌溉、施肥、改良土壤就行了。因此，土地是资本的另一种形式，在经济增长上不是一个有效的限制（但是，在一些人口稠密的国家，可供使用的土地面积则是农业产出上的一个有效限制；而且地球作为一个整体，自然资源也是一种不可能再增加的绝对限制，以现在的人口增长速度，这一限制可能很快即可达到）。他们认为把自然资源作为特殊的资本形式来处理，并讨论它们的特征和使用，是重要的而且是正确的（M. 厄普顿）。

现代一些经济学家则认为，从人类需求的观点来看，资源存储量只不过是既可消费又可保存的资本的一种特殊形式。当然生物资源区别于传统资本的存储：即其增长的机理不同，生物资源增长是自然性的，而传统资本只有通过人类的劳动才会增加（C. W. 克拉克）。也有人认为，环境也是一种资本，并且有必要保护环境资本的整体性使其不受破坏。为此就要对环境资本的使用采取折旧措施，收取补偿费用，并将环境资本纳入国民经济核算体系中（Salah El Serafy，1991）。

从以上的论述可见，要拓展人们对传统资本的概念，要把生态资源作为一种生态资本来加以管理，重新构造国民经济核算体系，使国民经济核算指标真正反映社会物质财富的增长水平，同时要求当代人为后代人节省资源以获得代际均衡，促进经济的持续发展。

（二）利息和贴现率及在生态资源管理中的应用

古典的利息理论认为，利息是使资本的供给与需求相等的那种价

格。当一笔给定的现金 P 按复合利息投资时，其值按指数增长，其将来值 $= P \ (1 + i)^n$

引入 $S = \ln \ (1 + i)$ (19 – 1)

作为利息的瞬时年率，对于在 $t \geqslant 0$ 的任意时刻的将来值，可得到更一般的公式：

将来值 $= P \cdot e^{\delta t}$ (19 – 2)

将来付款额的贴现值简单说就是现在付款额的复合利息的反过程。这样，从现在起，经过 t 年后付款 P 的现值为：

现值 $= P \cdot e^{-\delta t}$ (19 – 3)

在这种情况，习惯上把 δ 称为贴现率。在资源经济学中，贴现率也可以定义为放弃预先决定的当前消费来保证将来消费的报酬。在不存在市场失效的理想经济中，贴现率等于利息率或资本投资的报酬。西方经济界在对项目进行分析时，通常利用贴现作为项目分析的连接点。由于这种特性，使不同时点的收益与成本能够进行比较和权重。

利用贴现方法需要具备两个前提条件：第一，包括在贴现运算中的变量（如资源成本、项目产出的效益），必须使用统一的单位；第二，接受这样的假设：即我们现在估价的单位收益和成本比将来要高，这称为消费的时间偏好。

在资源管理中，常常用到贴现方法。贴现率的高低直接影响资源管理的效果。高的贴现率不利于生长缓慢资源的长期管理，不利于保护长期环境资本（如生物多样性），也不利于那些改进环境状况的工程项目的投资。但是，对环境成本和效益运用低的（或零）贴现率也不正确。零贴现率依然是贴现率——它意味着现在或将来的消费或成本之间没有差别。事实上，即使考虑到达到环境目标的问题，用这种方式使用低的或零贴现率也会导致严重的资源浪费。例如，这种贴现率的使用使得人们更乐于新建那些偿还期长的资本密集性的项目。

在经济分析中运用多大的贴现率才算合适？一般来说，要考虑以下几个条件：

（1）在任何单一经济分析中只使用一种贴现率。

（2）使用的贴现率不反映通货膨胀。

（3）理论上讲，贴现率可为正、零或负，但忽视贴现的概念（即采用零贴现率）并不总是会带来现阶段和将来消费交替的问题（时间偏好）。

对贴现率的选择，西方经济学界一直存在着争论。阿兰·兰德尔经过分析后认为，社会贴现率应该确定为等于高效率的实际贴现率 r。在资本市场的费用为零的理想经济中，社会贴现率应该确定为：

$$MEI = MTP = r$$

式中，MEI 为投资边际效率，MTP 为边际时间偏好率。不幸的是，资本市场极少是完美的，经营费用也绝不会是零。因而，如何选择社会贴现率的数值仍然存在着争论。为此，兰德尔提出了几点看法：

第一，社会贴现率应当反映 MEI。如果通货膨胀率和法人所得税加以调整的话，银行的优惠放款利率是 MEI 的合理指标。

第二，由于公共投资项目是有风险的，因而银行优惠放款利率中含有的风险贴水对于公共投资也是应该有的。

第三，只要公共投资的未来收入流量按照现价估价，社会贴现率就应该是实际利息率 r，而不是名义利息率。

第四，在法人所得税接近 50% 的地方，从事低风险投资的公司必须赚得大约两倍于优惠贷款利率的收入，这说明在美国，私人行业的 MEI 实际上大约为 6%。

因此，兰德尔认为应该选用大约 6% 的社会贴现率对公共投资进行评价。

（三）投资的利息及资本的净生产率

1. 资本的时间偏好和边际生产率

怎样的经济力决定利率，是经济学家们密切关注的问题。现在扼要介绍新古典利息理论在此问题上的看法。

假定在经济上个人的投资决定归于一条投资资金的供给曲线（见图 19 - 1），这条曲线确立了投资者在每一利率 i 所希望得到的资金总数。存在一个最小利率 i_0，当低于这个利率时不再投资。对于 $i > i_0$ 假定供给为利润的增函数，则利率 i_0 可当作反映社会的基本时间偏好率。

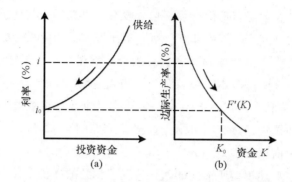

图 19 - 1　利息的新古典主义理论

根据定义，投资是资本财产 K 的一个增量。令 $F(K)$ 为资本的净生产率，即从资本量 K 获得的利润。图 19 - 1（b）中的曲线表示资本的边际生产率 $F'(K)$，它是 K 的减函数。此时，$F'(K)$ 是资本占有者能够提供支付边际投资的最大利率。这样在市场上对投资资金供求的暂时平衡要求：

$$F'(K) = i_0 \qquad\qquad (19 - 4)$$

而现在当利率 i 超过 i_0 时，投资资金的供给是正值。因此，资本水平增加，边际生产率相应减少，此过程持续到 $K = K_0$ 时为止。这时，投资停止，资本停止增长。

这样在平衡状态下我们得到等式：

利率 = 资本的边际生产率

　　　= 社会时间偏好率

这里的平衡通常称为双重平衡，即投资资金的市场平衡与经济增长平衡。由此亦可以看出，实际利率的确定取决于两个重要因素，即资本的稀缺程度和资本的边际生产率。

2. 资本的机会成本

资本的利率和资本的边际生产率之间的相互关系在资本理论中占有很重要的地位。$F'(K) = i_0$ 这个公式既适合于公共投资决策，也适用于私人的投资决策。

假定某企业期望扩大它的资本。采用什么标准来评判这一行为是否值得？首先，企业经营部门必须确信，没有可供选择的其他投资机会能够提供更大的利润率。即除非 $F'(K)$ 等于资本的边际机会成本，即最大可能选择的投资机会的利润率，否则资本增量 ΔK 是不能被采用的。其次，企业应该坚持资本投资利润"适当"，即要求 $F'(K) \geq i$，此时 i 大体上是经济利率。如果 $F'(K) > i$，那么企业还可继续投资，因为此时企业追加投资仍然有利可图，直至 $F'(K) = i$ 时为止。这样在企业水平上的平衡也要求 $F'(K) = i_0$。

总之，在上述模型所描述的理想情况下和总的平衡条件下，实际利率等于资本的边际生产率，等于资本的边际机会成本，等于社会的时间偏好率。当然，在现实经济中，还有许多因素会影响这种平衡。如资本市场的不完善、纳税产生的偏好效果、风险和不可靠性对投资的影响、安全保险市场的不合适等。

（四）资本理论在资源管理中的应用

生态资源的保护决策实际上就是把消费从当前时期移到以后时期，因此和储蓄决策类似；开采某种生态资源的决策就是把消费从以后时期向当前时期转移，因而类似于借贷决策；为了生产的目的开发某种生态资源，并且在使用中维持它的生产能力的决策，类似于资本的投资决策。因此，投资理论的逻辑能够直接应用于生态资源的管理。当然，生态资源的类型不同，其管理决策也不一样。本节主要介绍可耗尽资源与生物资源的资本转化管理决策。

1. 可耗尽资源的管理

假定在任何对人类有意义的时间范围内，资源质量保持不变，资源数量也不增加，而且其减少量正好等于人类开采的数量，这种资源就称为可耗尽资源。

一种可耗尽矿藏的所有者面临的决策问题是，他希望开采资源的净收入流量现值 V_0 最大化。这里

$$V_0 = (P_0 - C_0) + \frac{P_1 - C_1}{1 + r} + \frac{P_2 - C_2}{(1 + r)^2} + \cdots\cdots + \frac{P_T - C_T}{(1 + r)^T} \qquad (19 - 5)$$

式中，P_T 为时期 T 开采的资源的价格；C_T 为时期 T 开采资源的单

位成本；T 为耗尽状态发生的时期。

在这一公式中，$P_T - C_T$ 等于 R_T，也就是时期 T 的单位矿区使用费。

资源所有者通过开采和出售这种资源，把财富转变为当前的收入，他的决策问题类似于任何其他的投资决策问题，其决策的关键因素是利息率 r。r 影响着他决定资源的开采量及其时间分配。

根据分析，最大化 V_0 的结果是：

$$R_0 = \frac{R_1}{1+r} = \frac{R_2}{(1+r)^2} = \cdots\cdots = \frac{R_T}{(1+r)^T} \qquad (19-6)$$

这就是说，每一时期的单位矿区使用费的现值必须相等。否则，资源所有者可以把开采从一个时期改到另一个时期，用这种方法来增加他的矿藏的现值。只有在 R_T，以 r 的速率增长，或者说 R_T 的现值在各个时期保持不变的情况下，在每一时期才会开采某一数量的矿藏。

私人所有的可耗尽资源开采的最优条件是一个纯粹的效率条件。在这一条件中，市场利息率起着决定性的作用。这样就产生了两个问题：①市场利息率 r 是不是社会贴现率的一个合理的估计数；②社会贴现率对动态效率和公平这二者是否都有所反映，或者说只反映了相对较短的时间范围内的效率。

资源开采的高效率条件使得市场利息率 r 成为决定性的因素，而它是由当代人决定的。因此，高效率条件使当代人在确立一种决定为子孙后代"节省"多少开采性资源的标准方面起着一种专横的作用。因而没有理由相信，资源开采的高效率条件能够用来判断各代人之间的公平。

当然，有很多理由怀疑，私人市场是否能给出一个对社会来说最优的资源开采率。在可耗尽资源的储量实际上被垄断或卡特尔化的地方（如石油输出国组织），市场决定的资源开采率可能偏低。在资源开采产生帕累托相关外部不经济性的地方（如露天煤矿），市场决定的资源开采率就可能偏高。最后，私人资源所有者还面临着一些风险和不确定性因素。技术的不确定性使资源所有者无法确定未来的资源需求和未来的开采成本；有关产权的不确定性，资源价值的不确定性等因素都会影响私人资源所有者的决策。

在市场决定的资源开采率不是最优的情况下，政府可以通过一些政治制度来调节。如对可耗尽资源蕴藏量征收地产税，地产税数额越大，开采率增加得越快。另外，政府也可以征收开采税。开采税使资源所有者的单位开采成本 C_r 增加，在其他情况不变的条件下，它将使当前的资源开采率降低。开采税倾向于减少资源开采率，开采税越高，开采率减少得越多。某些政府设立了开采津贴，这实际上是一种负开采税。开采津贴的作用是增加开采率。

2. 可再生资源的管理

生物资源有不断再生产自身的能力，因而有别于可耗尽资源。对生物资源的管理要比对开采性资源管理复杂得多。它们一般都利用流动资源（例如阳光）和储存资源（例如水和土壤养分），此外，它们也能利用开采性的可耗尽资源。例如，用矿物制造的肥料和使用化石燃料的栽培方法可增加生物资源的产量。

在生物资源管理问题的经济分析中，财产权问题是至关重要的。在财产权没有减弱的情况下，例如，私人土地上生产的谷物、林产品和牲畜，生物资源可以被管理得很好。但是，如果生物资源的专有财产权不能确定，例如，海洋渔场的情况，生物资源则必然得不到有效的管理。对这种开放式的资源，根据 $\dfrac{\mathrm{d}x}{\mathrm{d}t} = F(x) - E(x)$，若保证 $\dfrac{\mathrm{d}x}{\mathrm{d}t} \geq 0$，则只有使 $E(x) \leq F(x)$，即通过控制收获率 $E(x)$，才能对这种生物资源的长期生产率达到某种程度的控制。

下面将生物资源分为经营性生物资源与非经营性生物资源两类来论述其相应的管理办法。

（1）经营性生物资源的管理。现假定有一片新栽树林，这些树林从经济学的观点来看，现存的树林就像是增长着的资本的一种特殊形式，树林的所有者希望决定林木采伐的最优时间 t^*。树木的商品价值 $V = V(t)$ 依赖于树木的年龄 t。当 $t < t^*$ 时，树木没有商品价值；当 $t > t^*$ 时，其采伐价值迅速增大。最后树木趋于生物学成熟，生长停止，不再增加，最终树木会衰老和死亡。

假定土地所有者只要求使目前这片树林的现值最大，他希望选择一

个采伐时间 t^*，使得 W_0 最大化。这样，

$$W_0 = \frac{P_t - C_t}{(1 + r)^t} - K_0 = V_0 - K_0 \qquad (19-7)$$

式中 P_t 为时刻 t 的木材销售价值；C_t 为时刻 t 的采伐成本；K_0 为购买这片土地的初始投资；V_0 为采伐的树木的现值。

这一决策问题的解可用图 19-2 表示。标有 $P_t - C_t$ 的曲线代表时期 t 的（未贴现的）销售价值减去采伐成本。曲线 K_t^r 与纵轴交于 K_0 点，它表示这些树木以利率 r 计算复利的初始购买成本。通过点 K_0 的虚线代表以利率为零计算复利的这些林地的初始购买成本。与纵轴相交于 $\bar{V}_0$ 的虚线代表利率为 r 时采伐树木的最大现值。利率为 r 时的最优采伐期是 t_r^*，而利率为零时，则为 t_0^*。只有在 $r = 0$ 时，土地所有者才选择在 $P_t - C_t$ 最大时采伐树木。当 $r > 0$ 时，采伐将在（未贴现的）$P_t - C_t$ 到达最大之前的某个时刻发生。

假设，树木所有主寻求 W_0 最大化，这时

$$W_0 = \frac{P_t - C_t}{(1 + r)^t} - k_0 + K_0 \qquad (19-8)$$

式中，k_0 为种植树木的成本；K_0 为体现在林地中的资本在时期 0 的现值。

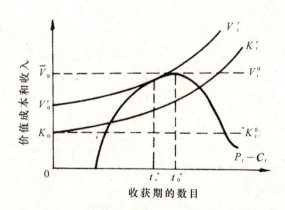

图 19-2　经营性生物资源的最优收获期

显然，树木所有者在经营时必然要考虑这些生长着的树木利用土地的机会成本。因此，他的兴趣不仅在于已有树木的现值最大化，而且在于他的土地改种其他作物的现值最大化。这时，他面临的问题是确定土地上树木的最优轮作。

首先假定 $K_0 = 0$，即意味着未贴现的 $P_t - C_t$ 完全按利率 r 增长，这时轮作期的最优长度正好等于 t_r^*，即前面所述问题中的最优采伐时间。

不过，仔细考察图 19 - 2，可知有一个时期 $P_t - C_t$ 曲线的增大率大于利息率 r，在 $P_t - C_t$ 曲线比 V_t^* 曲线陡的任何时候都会出现这种情况。这时 $K_0 > 0$，于是最优轮作期 $t^{**} < t_r^*$。因此，土地所有者会选择一个无限的轮作序列，其中每一采伐期 t_t^{**} 均小于这种可能性不存在时的采伐期 t_r^*。

（2）非经营性生物资源的管理。对于非专有性资源，如海洋渔场的管理，不可能像林地上的树木一样由私人经营。对于这种开放式资源，只有收获率是可以控制的。

例如，在渔业管理模型中，用 $F(x)$ 表示某一鱼群（或其他生物资源）的自然增长率，用 $h(t)$ 表示收获率，则有：

$$dx/dt = F(x) - h(t), \quad t \geqslant 0 \qquad (19-9)$$

收获率 $h(t)$ 假定由两个量确定：当前的种群 $X = X(t)$ 和收获努力量 $E = E(t)$，即

$$h = Q(E, X) \qquad (19-10)$$

函数 $Q(E, X)$ 反映"生产因素" E 和 X 与生产率 $h(t)$ 之间的关系，称为给定资源产业的生产函数。

为了经济目的，把 $Q(E, X)$ 假设写为

$$Q(E, X) = aE^\alpha X^\beta \qquad (19-11)$$

其中 a、α 和 β 是正的常数。现在我们令一个任意不减函数 $G(x)$ 代替函数 aX^β，且令 $\alpha = 1$，则

$$h(t) = Q(E, X) = G(x) \cdot E \qquad (19-12)$$

这样选择的原因主要是为了数学上的方便。

现在假定所收获的资源的价格 P 为一个固定的常数，再进一步假定单位努力量成本 C 也是一个常数，则使用了一个努力量 $E \cdot E\Delta t$ 所产

生的纯收入为：

$$P\Delta t = R\ (X,\ E)\ \Delta T = (Ph - CE)\ \Delta t$$
$$= [PQ\ (x)\ -c]\ E\Delta t$$
$$= [P - C\ (x)]\ h\Delta t \qquad (19-13)$$

其中，$C\ (x)\ =\dfrac{c}{G\ (x)}$

因此，单位收获量（$h\Delta t = 1$）成本为 $CE\Delta t =\dfrac{C}{G\ (x)}h\Delta t = C\ (x)$ $h\Delta t = C\ (x)$。

由此可知，$C\ (x)$ 等于种群水平为 x 时的单位收获量成本。因为 $G\ (x)$ 是不减的，所以单位收获量成本是 x 的不增函数。

现在假定独家所有者的目标是从资源开发中得到已贴现的总收入达到最大值。如果 $\delta > 0$ 表示（连续的）贴现率常数，这个目标可以表示为：

$$PV = \int_0^\infty e^{-\delta t} R\ (X,\ E)\ \mathrm{d}t = \int_0^\infty e^{-\delta t}\ \{P - C\ [x\ (t)]\}\ h\ (t)\ \mathrm{d}t$$
$$(19-14)$$

其中 PV 是现值。那么，根据假定，独家所有者企图利用式（19-14）达到尽可能大时的收获率 $h = h\ (t)$。

将 $h\ (t)\ = F\ (x)\ -x$ 代入式（19-14），得到：

$$PV = \int_0^\infty e^{-\delta t}\ [P - C\ (X)]\ [F\ (x)\ -x]\ \mathrm{d}t \qquad (19-15)$$

这个积分形式取 $\int \varphi\ (t,\ x,\ x)\ \mathrm{d}t$

因此，可以应用求最大值得经典欧拉（$Enler$）必要条件：$\dfrac{\partial \varphi}{\partial x} =\dfrac{\mathrm{d}}{\mathrm{d}t}\dfrac{\partial \varphi}{\partial x}$

解式（19-15），经简化得到：

$$-C'\ (x)\ F\ (x)\ + [P - C\ (x)]\ F'\ (x)\ =\delta\ [P - C\ (x)]$$

或

$$F'\ (x)\ -\dfrac{C'\ (x)\ F\ (x)}{P - C\ (x)} =\delta \qquad (19-16)$$

注意式（19-16）对种群 x 来说是一个隐式。现在我们假定式（19-16）有唯一解 $x = x^*$，称为最优平衡种群水平。已知初始种群

$x_{(0)}$，则最优收获策略可以简单叙述如下：采用收获率 h^*（t），驱使种群水平 $x = x$（t）尽可能快地趋于 x^*。如果 h_{max} 记为最大容许收获率，则有：

$$h^*（t）= \begin{cases} h_{max} & \text{当 } x > x^* \\ F（x^*） & \text{当 } x = x^* \\ 0 & \text{当 } x < x^* \end{cases}$$

相应的最优种群水平 $x = x$（t）如图 19-3 所示。如果 $x_{(0)}$，在 A 点，则最大收获率使 x 减少至 x^*；如果 $x_{(0)}$，在 B 点，则捕鱼业停止（$h = 0$）直到 x 增加至 x^* 为止。

现在考察式（19-16）与式（19-4）给出的边际生产率规律之间的相似性。当收获成本不依赖于种群水平［即当 C'（x）$= 0$］时，两个公式变为同一。在渔业模型中，自然增长率 F（x）代表鱼群的生产率，式（19-4）中的 F（x）代表资本的生产率。因此，相对于给定的贴现率 δ，使长远收益的现值最大便导出标准边际生产率 F'（x^*）$= \delta$。

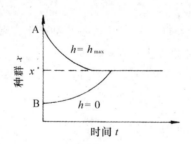

图 19-3　最优种群 $x = x$（t）

当初始种群水平 x_0 不同于 x^* 时，最优策略是尽快地投资（当 $x_0 < x^*$）或不投资（$x_0 > x^*$），其中投资现在意味着建立起股本（鱼）。假如，当 $x_0 < x^*$ 时，资金值（鱼群）正在以大于机会成本率 δ 的速度增长，这样是一种"优越的资金"，肯定应当保留和扩大。反之，当 $x_0 > x^*$ 时，资金应该处理（当然不是全部，而是 $x_0 - x^*$ 部分）。

（3）生物资源：私人和社会最优条件的矛盾。在经营性生物资源的情况下，对于这个问题的可能答案与可耗尽资源的情况差不多。如果市场利息率和社会贴现率相去甚远，私人和社会最优条件是不同的。如果市场利息高于社会贴现率，与社会最优条件相比，私人最优条件会产生过早采获以及在维持这一资源的生产能力方面投资不足的结果。经营性生物资源的独占所有权会限制用这种资源生产当前的商品和服务数量。资源所有权的不确定和无保障会引起过早采获和维持生产能力方面的投资不足。如果存在与资源的生产或采获有关，或者与利用它作为生产过程的投入的用途有关的帕累托相关外部不经济性的话，那么私人最优的资源产品和舒适的数量将超过社会最优的数量。

公共机构可以通过巧妙地应用开采税和污染排放税来控制经营性生物资源的开采率。

在非经营性生物资源的情况下，所有上面所说的各种私人和社会最优条件之间的差异都是可能的。此外，还将产生一般是因为没有专有权而引起的过度开发和保护不足，除非采获率能被有效地控制在社会最优比例上。采获率还可以通过公共机构利用对采获中所使用的投入加以控制，或更好一些，利用设立可转让的资源出售市场份额来实现。可转让的市场份额可以让个别的厂商去自行选择高效率的投入组合，同时为更有效率的厂商提供进入该行业或扩大其产量的途径。被迫退出该行业或缩减其产量的低效率厂商，可以通过出售不再需要的市场份额，得到一笔资本收入而获得部分补偿。

第二十章 生态经济管理的供求理论

一 生态经济供给与需求的概念

（一）生态资源供给

1. 生态资源供给的内涵

生态资源是一个自然实体，存在于自然界之中。它不可能主动向经济系统供给什么，而是经济系统在人类意志的支配下主动去获取生态资源。在生产过程中，由于经济过程对生态资源的需求，总要规划、预测从生态系统中输出生态资源的数量，对于生态系统而言这是输出生态资源的过程。因此生态资源的内涵是指生态资源满足人类生产过程中需求的潜力，它包括物质和能量的现存量和更新量。

2. 生态资源供给的源泉

经济系统存在和发展的基础是生态系统输出的物质和能量。而生态系统供给的动力源泉是太阳能。一方面，绿色植物以太阳能为能量，通过光合作用，将无机物转化为有机物，将太阳能转化为化学潜能，生产出数以千计的农产品，供给经济系统，并成为其发展的动力；另一方面，生态系统在地质年代产生的生物机体，在地壳中最终转化为能源，并矿化储存起来，成为当今世界的能源基础。虽然生态系统还存在着地热、水能、风能，但迄今为止，太阳能及其转化储存物，仍是经济系统的主要能量源泉。

3. 生态供给阈

生态系统供给经济系统的生态资源不是无穷无尽的，当人类经济需求超过生态系统供给能力的时候，就会出现生态失调现象，生态系统正常供给能力就会受到破坏，反过来影响经济系统，乃至整个生态经济系统的稳定。此时，人们隐隐感到生态资源供给极限的存在，这就是生态资源供给阈值。它是指维持生态系统动态平衡所需要的系统各成分的量的规定性。在这个"阈值"内开发生态资源，能维持生态经济的持续发展。

在人工合理参与下，生态供给阈是可以扩大的，可以由一个低的阈值上升到某一合理的阈值，以挖掘生态资源内在的潜力。如采用先进的育种手段，缩短某种生物的生长期，或提高植物的光合效率。值得一提的是，扩大生态供给阈，并不能消除阈值，只是在新的技术条件下产生新的生态供给阈值。同时，不同的生态要素，其阈值也不相同。如森林的自然年增量就是采伐木材的阈值；牧草的更新力就是每年增加多少牲畜的阈值；一座城市每年通过自然过程所能补充地下水的数量，就是人们抽取地下水的阈值。

以上，不管生态要素的具体阈值差别多么大，其共性是：物质或能量的现存量、新增量、消耗量之间相互协调的关系，构成了生态资源供给的全部内涵。

（二）生态资源的经济需求

1. 生态资源经济需求的内涵

生态资源的经济需求是指为满足人口增长和生活质量提高对生态系统物质和能量的潜在和现实的需求量。这个需求量是由人口和生活物质提高发出需求信息，社会宏观调控机构做出规划量，通过生产过程的运行把经济系统的实际消耗量信息传递给物质和能量的生产部门（能源、矿产部门），来开发生态系统物质、能量。规划量为潜在需求量，实际开发量为现实需求量。从理论上讲，规划量等于实际开发量。但在现实经济发展中，由于经济、政策等原因，两者往往存在着一个差额（用 D_1 表示）。当 $D_1 > 0$ 时，经济规划需求量大于实际获取量，即没有满足经济需求；若 $D_1 < 0$ 时，实际获取量大于经济规划需求量，供过于求造成资源浪费现象。

2. 生态经济宏观需求序

由微观需求位构成的宏观需求机制是按一定序列实施其功能的，并且这种序列在每一个需求层次上都是网络结构。这些需求网络最终构成生态经济系统的需求空间，这个需求空间中流动着的物流、能流是需求的物质内容。这些物质由一个需求位到另一个需求位，由一个需求层次或网络到另一个需求层次或网络，形成一种内在的永无休止的推动力，迫使人类不断驱使这个加速器，向生态系统索取日益增多的物质和能量；并在技术不断进步的条件下，经济迅速增长，满足更高水平上的消费需求。这个不断发出驱动力的消费需求主体空间，就是宏观需求序的基本形式。

（三）生态经济供给与需求

为满足经济系统三个需求网络（物质资料需求网络、精神产品需求网络、生态需求网络）对生态系统物质、能量的需求，人类需运用各种技术手段探明生态系统物质、能量的现存量（包括不可更新资源的储量）、更新量，在现有技术或经济条件下，可以开发的物质、能量的现存量，可更新量，构成生态供给量。由人口和生活质量的增加和提高所产生的需求是经济需求量。生态供给量与经济需求量之间的矛盾运动关系是生态经济供求。其中既包括适应的一面，也包括不适应的一面，从而构成生态经济供求矛盾运动。

二　生态经济供求曲线

（一）生态供给曲线

生态系统赋予经济系统的生态资源量，随着人口增加，技术发展日益减少，这条向下倾斜的生态供给曲线是不以人的意志为转移的。根据生态资源特点，生态供给曲线描述为如图 20 - 1 所示的三种形态。

x 代表时间，y 代表总现存量。

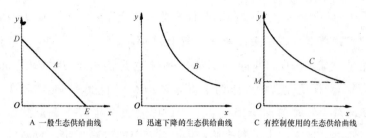

A　一般生态供给曲线　　　B　迅速下降的生态供给曲线　　　C　有控制使用的生态供给曲线

图 20 - 1　生态供给曲线的三种形态

图 20 - 1 说明，总现存量随着开采量的增加而减少。其中，图 A 说明某种矿物已全部探明其储量，ΔDOE 的面积代表其全部潜在生态供给量。图 B 说明，某种资源如石油，随着时间的推移，开采量日益增加，导致自然界石油储存量迅速下降。图 C 说明，某种资源开采控制在生态阈值 M 之上。

（二）生态经济供求曲线

经济系统在一定时间内，总要开发相应数量的某种矿物，这就是经济需求量。与生态供给曲线相对应，经济需求曲线是一条向上倾斜的曲线，是时间的增函数。经济需求曲线与生态供给曲线相交，如图20 - 2 所示。

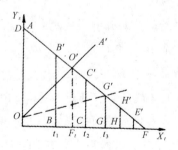

图 20 - 2　生态经济供求曲线

图中 OA' 为经济需求曲线，与供给曲线相交于 O'，$\Delta DOO'$ 为 O 后期间某种矿物需求量或现实开采量，图中的 $B't_1$、$C't_2$… 为每个期间新探明的储量。如 $O—t_1$，期间探明的矿物储量为多边形 $DOBB'$ 的面积，$t_1—t_2$ 期，新探明储量的增量为多边形 $B'BCC'$ 的面积，等等。由于后期探明新增量一般较前期更困难些，所以随着逐渐接近于全部储量被探明，新增储量越来越少。需求曲线 OA' 会逐渐向横轴靠拢，这意味着某种矿物会逐渐用完。

如果考虑到开发成本问题，可能发生经济学上的开发过度现象，此时 OA' 与 DE 相交于某点，例如 G 点，若此点沿 DE 往下移会导致成本与价格之比大于 1 的情况出现。所以 G' 点是生态供给力相对枯竭的临界点。除非技术进步引起开发成本下降或寻找替代资源；否则，商业性开发不会继续下去。

（三）生态经济供求阈与替代曲线

生态（经济）资源供给阈值制约着经济需求的无限膨胀，存在着生态经济供求阈（见图 20 - 3）。物质能量的供给与需求曲线相交于 A 点，OS_1 为生态供给量，OP_1 为经济需求量。多边形 OP_1AS_1 的面积为特定时期的生态经济供求阈。随着经济的发展，对资源需求量及生态实际供给量（或环境容量）须不断扩展至 P_2、P_3… 及 S_2、S_3… 或以一种、二种资源替代稀缺的资源，使其相对扩大至 P_2、P_3 和 S_2、S_3。可见，经济需求量是以生态供给阈为基础的。从图中可以分析，不能在一种资源上扩大供求阈，例如在 B 点和 C 点上。在 B 点上，虽然生态供给阈扩大了，但以压缩经济需求至 OP_0 为代价；在 C 点上是以资源的枯竭为代价而满足经济需求至 OP_4。只有通过 A' 和 A'' 的生态经济供求曲线是由于采取先进的技术和替代资源而提高生态经济供求阈，既满足了经济需求，又使生态供给空间和边界扩大，并且不影响资源的自我更新能力。

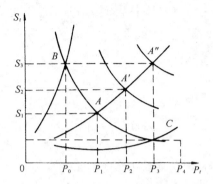

图 20 - 3　生态经济供求阈

三　生态经济供求弹性理论

（一）生态经济供给弹性

1. 生态供给的三个基本数量关系

对于一个具体的现实的生态系统来讲，其物质、能量的供给能力取决于三个基本量的关系，即：

S——物质、能量的现存量；ΔS_t——在一定增长率（R）下的新增量；$-\Delta S_t$——在一定输出率（r）下的减少量。三者的关系可用系统动力学模型表示（见图 20 - 4）。

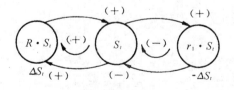

图 20 - 4　生态供给动力机制

现存量 S_t 与新增量 ΔS_t 构成正反馈环。新增量使现存量不断扩大，而现存量的扩大又使一定增长率系统下的新增绝对量扩大。现存量与流失量 $-\Delta S_t$ 构成负反馈环。在这里，"流失量"包括任何一种自然和社会因素引起的现存量减少。

2. 生态供给弹性

生态供给弹性可定义为：

$$E_n = \frac{\Delta S_t}{-\Delta S_t} = \frac{S_t R_n}{S_t r_n} = \frac{R_n}{r_n}$$

式中，R_n 为某资源的增长率；r_n 为某资源的输出率。

当 $E_n > 1$ 时，即 $\frac{R_n}{r_n} > 1$，表明：由于新增量大于流失量，使得现存量不断增加。这时生态供给力增强，生态供给弹性增大，生态阈值就是 $S_t (R_n - r_n) > 0$ 这一部分。

当 $E_n = 1$ 时，即 $\frac{R_n}{r_n} = 1$，分两种情况讨论：

第一，如果流失量包括经济系统获取的部分，那么此时现存量不变，$S_t (R - r)$ 全部输入到经济系统。

第二，如果流失量不包括输入到经济系统的部分，完全是自然流失，从而抵消了新增量，那么就根本没有供给弹性，供给能力为零。

当 $0 \leqslant E_n < 1$ 时，生态系统不仅没有供给能力，现存量还不断减少。这时的流失量不管是由自然流失引起的还是由经济开发引起的，都已超过新增量，引起了生态系统的失衡。

（二）生态经济需求弹性

1. 经济系统三要素的关系

经济系统持续发展取决于三个要素的关系，即：

P_t——经济增长；$R_e P_t$——在生态资源输入率为 R_e 时的输入量；$r_e P_t$——在人口增长、消费水平提高条件下的社会需求。三者的关系用系统动力学简单模型表示（见图 20 – 5）。

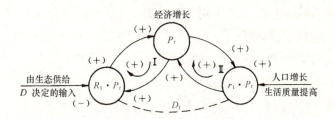

图 20 – 5 经济系统基本反馈环境式

经济增长与生态资源输入构成正反馈环。该环说明了经济增长需要更多的生态资源，生态资源的不断输入促进经济增长目标的实现。经济增长与社会需求构成正反馈环，表明由于消费需求的不断增长，促使经济增长率不断上升，上升的结果进一步满足社会经济的需求。

2. 生态经济系统需求弹性

生态经济系统需求弹性可定义为：

$$E_e = R_e P_t / r_e P_t$$

式中，$R_e P_t$ 为生态资源输入量，$r_e P_t$ 为经济系统需求增量

当 $E_e > 1$ 时，说明需求弹性很大，生态资源输入量在控制生态阈值条件下，既维持生态平衡，又满足经济系统的需求，促进经济增长。

当 $E_e = 1$ 时，生态经济系统需求弹性为 1。经济系统需求增量刚好等于生态资源输入量，经济需求弹性很小。

当 $0 \leqslant E_e < 1$ 时，需求弹性为零。其原因有：第一，某种生态资源难以开发，不能满足经济系统的需求；第二，某种生态资源易于开发，但价值高，资源供给远远不能满足经济系统的需求，导致资源供给紧缺，如石油、煤炭等资源。

（三）生态经济供求弹性

1. 生态经济使用价值量的供求弹性。

生态经济供求弹性（以下称生态经济弹性）定义为：

$$E = \frac{\Delta S_t}{S_t} / \frac{\Delta P_t}{P_t}$$

式中，E 为生态经济弹性系数；ΔS_t 为生态资源单位时间的增长量；S_t 为前期现存总量；ΔP_t 为经济需求增长量；P_t 为前期需求量。由于 $\Delta S_t / S_t$ 实际为某种资源的更新率，记为 R，同理 $\Delta P_t / P_t$ 为经济需求增长率，记为 r。则上式改写为：$E = R/r$。

当 $E = 1$ 时，生态资源新增量恰好被经济需求消耗掉，生态资源增长率适应经济需求的增长率。

当 $0 < E < 1$ 时，可看作是缺乏弹性的生态资源供给力，实际上已开始出现生态滞后现象。

当 $E > 1$ 时，是有弹性的生态与经济的供给与需求，即任何高于经济需求的生态资源的增长（$r > R$）都会给生态系统与经济的稳定发展带来很大潜力。

当 $E = 0$ 时，是无弹性的生态资源供给力，因为此时 $r = 0$，即资源增长率为零，消费的是资源的多年积累量，生态系统已完全失去供给潜力。

生态经济弹性要说明的是生态资源对经济需求的供给能力，它是指某种生态资源的新增量的大小，即对经济需求量的满足程度，而不是指该资源的现存量对经济需求量的满足程度。因为某项生态资源即使在增长率为零的情况下，其现存量也可能很大，而年经济需求量相对极小，在资源不增长的情况下，也能使用若干年。

2. 一个生态经济弹性分析的例子

假设我国森林蓄积量为 35 亿立方米（现存量），每年需砍伐 2.5 亿立方米，即使增长率为零，也可用 14 年。如果这样衡量供给力，当然看不出森林的生态危机（至少近几年是这样）。然而，如果用森林年新增量与年需求量比，就会感到这种危机迫在眉睫。因为，即使森林以 0.5% 自然高蓄积量增长，那么年增量为 $35 \times 0.5\%$（$S \cdot r$）$= 0.175$（亿立方米）。而经济需求为每年 2 亿—3 亿立方米。假定对木材的经济需求增长率为 5%（实际高于此数），则生态经济弹性 E 为 0.5% / 5% $= 0.1$，弹性极小，近乎枯竭。从本题看，蓄积新增量为 0.175 亿立方米，年需求量为 3 亿立方米，每年使现存量减少 2.825 亿立方米。因此，不用 14 年时间森林的可伐量就会消失。表面看来，这与前述森林蓄积量增长为 0 时的情况是矛盾的。为了解除这个错觉，生态经济弹性定义可修正为：$E = R/r = \dfrac{R}{r} \cdot \dfrac{\Delta S_t}{\Delta P_t}$，其含义不变，即 $E > 1$ 为有弹性，$E = 1$ 为弹性等于 1，$0 < E < 1$ 为缺乏弹性，$E = 0$ 为完全无弹性。弹性越大供给能力越大，弹性越小供给能力越小，弹性为零，供给能力则消失。按此式计算，我国森林资源生态供给弹性为 0.058，已接近于零。

总之，生态经济供求弹性最基本的意义在于：为了协调生态平衡和经济发展，应在保持一个相当大的资源现存量的前提下发展经济，确定技术对策，寻求替代资源，并决策生态经济战略。

四　生态经济均衡理论与管理

（一）生态经济均衡

1. 概念

生态经济均衡是指生态系统及其物质、能量供给与经济系统对这些物质、能量需求之间的协调状态。一般来讲，生态供给量与经济需求量相抵或略有剩余，以形成非平衡的生态供给与经济需求之间的稳定状态。

2. 生态经济均衡评价参照系

评价这一稳定状态的参照值是生态经济弹性系数，这一弹性系数为 $E = D/D_1$（D 为生态供给力，D_1 为经济需求力）。

当 $E > 1$，即 $D/D_1 > 1$ 时，即弹性大于 1；当 $E = 1$，即 $D/D_1 = 1$ 时，弹性为 1；$0 < E < 1$ 时，弹性较小，当 $E < 0$ 时，弹性为负。

有关生态供给力 D 值与经济需求力 D_1 值的相互关系，共有 9 种组合，具体分析如下：

（1）$D < 0$ 时的生态经济均衡状态。$D < 0$，意味着生态系统失衡，此时无论 D_1 取何值（> 0，$= 0$ 或 < 0）与 D 组合，均未达到生态经济平衡状态。在生态经济均衡中，生态平衡是基础，$D < 0$ 表明经济发展以消耗资源的"本金"为基础，故未达到稳定状态。

（2）$D = 0$ 时的生态经济均衡状态。当 $D = 0$ 时，D_1 有三种情况，

即 $D_1 = 0$，$D_1 > 0$ 和 $D_1 < 0$。当 $D_1 = 0$ 时，D/D_1 在数学上没有意义。但如将 $D_1 = r_1 \cdot P/R_1 \cdot S_t = 0$ 代入，表明生态系统资源新增量为零，现存量不变，经济系统正好满足了对资源的需求，既无不足，又无剩余，达到了暂时的输入与输出相抵状态下的生态经济平衡。当 $D_1 > 0$ 时，没有达到生态经济平衡状态，此时生态系统的资源新增量为零，但为经济系统输入的资源尚未满足人口增长和生活质量提高对资源的需求量。简言之，生态供给力达到极限，而经济需求又大于生态供给，是典型的生态经济失调状态。

当 $D_1 < 0$ 时，$D/D_1 = 0$，经济系统未能有效利用输入的生态资源，是浪费型的生态经济平衡。

（3）$D > 0$ 时的生态经济均衡状态。当 $D > 0$ 时，如果 $D_1 < D$，$D_1 = D$，则能不同程度地实现生态经济平衡状态。但当 $D_1 < 0$ 时，经济系统内有某种程度的资源浪费现象，是浪费型的生态经济平衡状态。如果 $D_1 > D$，经济系统对资源需求过旺，超过了生态供给力，打破了生态经济均衡。

生态经济平衡的内涵为生态系统物质、能量对于经济系统的供求平衡。当 $E > 1$ 时即达到生态经济平衡状态；当 $E = 1$ 时为其临界状态；$E < 1$ 时为生态经济失衡状态。

（二）帕累托最优在生态经济管理中的应用

1. 概念

帕累托最优是由意大利经济学家和社会学家帕累托（Pareto）在 20 世纪初所著的《政治经济学讲义》和《政治经济学教程》中提出的，其含义是指：对于某种经济的资源配置，如果不存在其他生产上可行的配置，可以使该经济中的所有人至少和他们在初始时情况一样良好而不变坏，而且至少有一个人的情况比初始时更好，那么这个资源配置就是最优的。具体来讲，帕累托最优是指这样一种状况：即在一个社会组织中，既不能使某个人境况变坏，又不能使另一个人的境况变好的这种状态。根据这个标准，任何社会行动只要至少能使一个人得益，而又不使其他任何人的境况变坏，即社会福利增加符合帕累托最优性，就应该采取这项行动。

就一个经济系统而言，帕累托最优是指当一个完全竞争的经济实现了价格与产量的一般均衡，没有一个经济实体能使自己的境况变好，而不使其他某个经济实体的境况变坏，这个经济体系就实现了一个帕累托最佳状态，即在经济上实现了一个有效益的资源配置。

就一个生态经济系统而言，帕累托最优是指生态资源供给量与经济需求达到均衡状况，一方面促进经济系统持续地发展，另一方面对生态系统不产生坏的影响，实现了生态要素、经济要素最有效率的配置。

2. 帕累托最优的三个边际条件

在完全竞争的市场经济条件下，要实现一般经济均衡和帕累托最佳状态，需要满足以下三个边际条件：

1）有效率地分配生产出的商品于两个消费者之间（交换均衡）；

2）有效率地配置生产要素于厂商之间（生产均衡）；

3）有效率地配置资源于商品生产者与消费者之间（生产与交换的均衡或有效率的产量组合）。

如有一经济社会由两个消费者 M 和 N、两种生产因素 K 和 L 和两种产品 X 和 Y 组成。设 MRS_{XY} 代表消费者对 X 和 Y 的边际交换率，$MRTS_{KL}$ 代表生产技术上 K 和 L 的技术交换率；$MRPT_{XY}$ 代表生产者对 X 和 Y 的边际替换率，那么，帕累托最优的条件是：

（1）交换均衡条件：$MRS_{XY^A} = MRS_{X^BY}$；（2）生产均衡条件：$MRTS_{KL^x} = MRTS_{K^yL}$；（3）生产与交换的均衡条件：$MRPT_{XY} = MRS_{X^AY} = MRS_{X^BY}$。

第二十一章 生态资源的外在性理论及管理策略

人类在利用自然资源的同时也导致了一系列资源与环境问题。其产生的一个重要原因是存在外在性。在市场经济中，人们追求个人利益最大化，要求尽可能地使私人边际成本 MPC < 社会边际成本 MSC，此时资源的配置就达不到 $P = MSC = MPC$ 的帕累托最优条件，价格作为资源有效配置的机制就会失灵。这一问题既是市场机制自身造成的，又是市场机制自身不能解决的。这种价格机制失灵或市场失效（Market failure）是由外在性导致的，它会使资源得不到最优利用，并产生有害的环境影响，如污染等。许多西方经济学家认为，外在性的存在，是对某些资源的利用和某些物品的生产进行管理的理论基础。

一 外在性理论概述

（一）外在性的概念与特征

外在性（Externality）又称外部性，或外部效应、外在因素、外性差等。简单地说，它是一种成本（或效益）的外溢现象，即某种商品的生产者或消费者自身并不承担生产或消费这种商品所产生的有害或有益的副作用。

用形式化的语言说：当经济行为人的效用函数不仅依赖于他自己可以控制的变量，而且也依赖于某些不受市场交换影响的、他自己所不能控制的变量时，则对他而言，外在性就产生了。用公式表达就是：

$$U_j^* = U_j \ (X_{ij}, \ X_{2j}, \ \cdots, \ X_{nj}, \ X_{mk}) \ j \neq k$$

其中 X_{ij}（$i=1$，2，$\cdots$，n）是经济行为人 j 的各项经济活动水平；X_{mk} 是经济行为人 k 的某一项经济活动水平；U_j 是 j 的效用或福利水平。

在此公式中，j 的福利除受他自己的 X_{ij} 的影响外，还受他所不能控制的 X_{mk} 的影响，这种情形就是存在外在性。也就是对于 k 而言，他的 $MPC < MSC$，因为是将一部分成本转嫁给 j，而 k 并不承受他自己这种经济活动的影响。

这样，外在性的存在就推翻了福利经济学的竞争性均衡都是帕累托有效的第一定理，从而导致生产过多或生产不足，市场机制失效。

一般而言，外在性具有以下五个特征：

①外在性独立于市场机制之外。这是最重要的特征。外在性的影响不属于买卖关系范畴，它仅指那些不为之支付费用的收益或损害。

②外在性产生于决策范围之外，而具有伴随性。它是伴随着生产或消费而产生的某种副作用，而不是本原性或预谋性影响。

③外在性与受到损害（或收益）者之间具有某种关联性。这种关联性是指外在性的影响对于受影响者必然具有某种正或负的福利意义。

④外在性具有强制性。一旦外在性产生，所产生的影响会通过关联性强制地作用于受影响者，受影响者无法回避。如大气污染。

⑤外在性不可能完全消除。这主要是受信息不完备性的制约。

（二）外在性的类型

正确地区分外在性的类型特征，有助于在生态环境与资源利用管理中，选择相宜的内在化办法。广义的外在性包括技术外在性和金钱外在性；静态外在性与动态外在性。狭义的外在性多指技术外在性，或静态外在性。更狭义的外在性仅指负的外在性。

金钱外在性（Pecuniary Externalities）是一种与价格变动相关的效应，通过价格体系而起作用，不会导致市场失效。如一个新企业进某一地区发展，而致使该地区土地租金上涨，从而迫使其他企业随之增加地租支出，所出现的这种负效果就是金钱外在性。

动态外在性更多的是指一种相互依赖性，即产业增长产生的劳动分工的扩大，使专门从事新活动的厂商出现，其中，一部分厂商专门为其他厂商开发资本设备或为之服务等。如技术革新及转让中所普遍存在的外在性就是一种动态外在性问题。目前，动态外在性更多地为联系效应所代替，主要在为不发达国家或地区制订发展计划中有一些应用。

相对于动态外在性和金钱外在性而言，静态的和技术的外在性是一般外在性理论的主要内容，与生态环境和资源管理的关系也更密切。

一般地说，静态外在性是指在静态均衡框架内进行分析的外在性。技术外在性则具有较普遍的意义，它是指某种消费活动或生产活动对消费者的消费集的间接影响。在这里，所谓间接性是指这种影响所涉及的不是进行这一经济活动的厂商，而是别的厂商，并且这种影响不通过价格系统起作用。因此，技术外在性一般被认为是环境经济学，以及制定生态环境与管理政策的重要理论依据。

按照受影响的范围分，技术外在性可分为消费的外在性和生产的外在性。根据影响的效果分，技术外在性可分为正的或负的外在性。这样便有四种较常见的外在性：正的或负的生产外在性；正的或负的消费外在性。在实践中，生态环境与资源问题一般都表现为负的生产外在性或负的消费外在性。因此，在实践中，对于负的外在性不仅研究得比较普遍，而且在生态环境与资源管理中也具有重要的现实意义。

（三）外在性的干预和内在化

工业化以来，由于外在性的作用，人类经济活动所引起的环境影响和资源问题是普遍存在的。而且通过对外在性作用的考察，人们已认识到自由放任主义（Laissez Faire）不能导致资源有效地配置，并会对环境造成损害。因此，必须针对这种缺陷，进行有效的干预。

最佳的干预是由政府进行的。因为政府是公共选择的结果，代表着全体公众的福利，也具有进行干预的便利条件。如果涉及的受影响团体（affected Parties）数目很少或不是特别多时，外在性问题的解决可以不需要政府干预，可以由私人或社区集体的行动加以解决；但如果外在性影响的范围特别广泛，甚至带有全球性质，那么有效的干预就需要国家之间乃至全球的合作。

将外在性问题内在化，必须建立在以下一些原则的基础上。

第一，必须承认环境也是经济活动的一部分，环境也具有稀缺性的性质，资源和环境都具有价值。

第二，有效的干预要建立在费用一效益分析基础上，尽可能使交易费用较低。

第三，次优原则。这是因为外在性是不可能被完全消除的。因此，所谓帕累托最优只是一种理想状态，难以真正达到。

在这些原则下，外在性内在化办法主要有税收和补助办法，市场办法，法规和产权办法以及教育、规划等。

二 税收一补助办法

（一）税收一补助办法的基本原理

用外在性理论分析，环境污染的产生和资源的过度利用，最主要的原因是外在性的存在使得市场失效，环境污染者或资源过度使用者的边际私人损害（MPD）低于边际社会损害（MSD）。因此，在没有干预的情况下，环境污染者或资源过度使用者在自利行为的驱使下，会不断地污染环境或无节制地使用资源，从而导致所谓外在不经济性问题的产生，如图 21 – 1 所示。

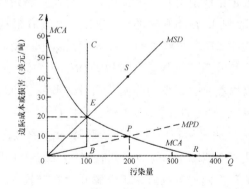

图 21 – 1 外在不经济性及内在化

图 21 – 1 中，*MCA* 为减少污染的边际成本曲线，*MPD* 是污染造成

的边际私人损害曲线，MSD 是污染造成的边际社会损害曲线，BEC 表示政府规定的污染标准。

对这种外在性问题，庇古提出了修正税即税收—补助办法进行内在化，使得 $MPC = MSC$ 或 $MPD = MSD$。

图 21 –1Z 点，排污量 $Q_Z = 0$，此时控制排污费用昂贵（$MCA_Z = 4\$60$）；而在 R 点处，排污量 $Q_R = 350$ 吨为最大，此时排污者没有减少排污，$MCA_R = 0$，这时减少排污量将是很便宜的。这时在自利行为的驱使下，排污者不会选择 Z 点或 R 点处的排污量，因为在 Z 点排污者付出的 MCA 过高（$MCA_Z > MPD_Z$），而在 R 点又有 $MPD_R > MCA_R$。所以排污者会选择 P 点处的排污量（$Q_P = 200$ 吨），此时 $MPD_P = MCA_P$，对他是最有利的（$MPD_P = \$10 < MSD_S = \$40$）。也就是说，排污者此时向社会转嫁了（$40 – 10$）$\times 200 = \$6000$ 的污染损害。

而在 E 点，虽然 $MCA_E = MSD_E$，对社会最有利，但对于污染者而言，则有 $MCA_E > MPD_B$，其所失大于所得。污染者不会忍受（$20 – 10$）$\times$（$200 – 100$）$= 1000$ 美元的额外减污成本负担。在没有干预的情况下，污染者会保持在 P 点处的排污量，而不会自动选择 E 点处的排污量。此时，市场机制就失灵了。

要使污染者选择 E 点处的排污量，就需要干预。于是，庇古提出通过两种办法可以使污染者选择在 E 点处进行排污：一是直接比例于所产生的污染数量由政府向污染者征税；二是计算出最佳污染量的标准水平（即当 MCA 与 MSD 相等时的污染量），由政府根据减污量达到此标准水平（即图中 $BEC = 100$ 吨的排放量）而给予行动者的一方或受损害的一方以相应的补助。这样，就可以使 $MCA = MSD = MPD'$，从而使外在不经济得以内在化，污染的控制达到最佳水平，市场机制的有效配置资源的作用得以恢复。在图 21 – 1 中，当向排放者征收了 10 美元/吨（共计 1000 美元）的排污税，或给予了同样标准的减污补助后，排污者会将污染量从 200 吨减至 100 吨，此时 MPD 曲线的形状会变为 OBEC 形状。这种修正税法同样可以应用于资源利用的有效管理中。

（二）税收—补助法的基本评价

这种庇古税收法的特点就是利用政府的权力进行干预，使得外在不经济性作为负价格制度化，从而使市场失灵得以纠正。这是目前通行的"污染者付费原则"的理论依据，也是各国应用得最普遍的控污措施。与税收相比，补助可以视为一种额外利润，更为排污者或资源过度使用者所喜欢。但如果没有较强的补助使用约束，补助法的效果会比税收法差，甚至产生负影响。以上，税收—补助法作为一种有效的间接控制或激励办法，其最大的优点是能激励环境污染者或过度使用资源者采用成本不断降低的减污技术或节制使用资源，阻止污染者把生产费用（污染成本）外溢给其他人。

税收—补助法的缺陷主要表现在：

第一，精确的税率或补助率的确定，要求知道一切可行的产量水平上的边际外在成本和边际外在效益，这样才能确定出可作为规定税率或补助率的最优产量，但在现实中，精确地确定这一边际外在成本（或效益）几乎是不可能的，因而只能取其次优。

第二，征税或补助在实践中并不能保证因外在性影响而受到损害的人得到补偿。也不能保证因此受益而赚钱的将其"意外之财"退交"国库"。从理论上说，最优税率（或补助率）是以边际外在成本（或效益）为依据而确定的（效益实际上可以理解为负成本，反之亦然）。因此，除非边际外在成本（或效益）为一常数，否则，征税的收入（或补助额）就不能精确地弥补所发生的全部外在成本。这就是外在性的不可能完全消除性，也决定了税收—补助法只能在次优原则下使用。

第三，征税—补助法追求的是使个人最优解与社会最优解相一致，并没有考虑收入效应，这就使得最优的税率（或补助率）的确定实际上并不是最优的。

以上，由于税收—补助法所固有的这些局限性，决定了这种办法只能在次优原则下使用，不可能精确。但由于它的原理简单，操作比较容易，也比较有效，因此，在各国的生态环境与资源管理中运用得比较普遍，特别是对私人产权资源而言效果较好。在实际中，税收法比补助法运用得更多、更普遍。

三 市场办法

由于外在性是一种非市场性影响，会妨碍市场机制的有效作用，造成市场失效（Market Failure）或市场缺位（Missing Market），因此，如果使环境的质量作为一种稀缺资源，作为市场商品可以进行交易，那么供求规律会起作用，价格会使资源达到最优分配，市场失效或市场缺位就会被纠正。这时，生态环境就会得到有效的保护，资源会得到有效的利用。由于这种办法是要弥补市场的功能缺陷，故称作市场解决办法，一般可分为政府的市场办法和科斯的市场办法。

（一）政府的市场办法——污染权的转让

这种办法是由戴尔斯（J. Dales）在科斯定理引入产权理论和价格机制的基础上，结合政府的作用而提出的。其核心内容是政府建立起污染权可以转让的市场。

戴尔斯认为，外在性的存在导致市场失效，造成了环境污染的发生。单独依靠政府干预，或单独依靠市场机制，都难以收到令人满意的效果。只有将两者结合起来，才能发挥政府干预弥补市场缺陷的作用，克服外在性，而把污染控制在令人满意的水平上。在这里，环境的质量是一种商品，政府是该商品的所有者。政府作为环境的所有者，可以在专家的帮助下，制定合理的污染标准，并据此将污染量分割成一些标准单位，构成所谓的法定限额——污染权；然后，政府可以在市场公开出售这种污染权，所出售的每一单位权利允许购买者排放所规定的一单位污染物数量；或者，政府将一定数量的污染权按比例分配给所有相关的厂商，并允许这种污染权归厂商所有，可以在各厂商之间自由转让，政府不做任何干预或限制，而是放手让市场机制来对这种转让进行供求之间的调控配置。与此同时，政府除了允许污染权在污染者之间自由交易外，还允许在污染者和受害者或团体之间自由交换。这样，政府通过污染权的出售和分配，就构造出一个可自由转让污染权的市场。在这个市场中，生态环境质量就具有了稀缺性，必然受市场机制的支配。在供求规律和价格的调控作用下，污染物的排放将被控制在最佳水平上。此时，外在不经济性可以被有效地消除，市场失效或市场失位将被克服。

污染权理论的缺陷和受到的主要批评是缺乏公正性和具有片面性。因为从初始权利而言，无论是排污者或受害者都应享有洁净环境的权利。所以，受害者不应为防止污染而另外付费来购买这种权利。

同样的分析可以应用于资源特别是不可更新资源或濒临衰竭（指严重过度利用）的可更新资源的保护性利用中，只是此时应将污染权改称为可转让的资源使用权。这种管理办法在实践中应用也较多。如智利新渔业法中所规定的"单独可转让定额"，对每一种类的鱼的捕捞都作了限制，这对于在放开捕捞情况下渔业资源的过度利用的缺陷会有好的效果。

（二）科斯的市场办法——私人谈判

在 60 年代以前，经济理论界基本上是因袭庇古的传统，认为在处理外在性问题中应引入政府干预，由政府采取课税或补助的办法来处理外在不经济性影响。科斯（R. Coase）提出的科斯定理打破了这一传统。他认为，如果受外在性影响各方之间的自愿协商（Bargaining）是没有成本的，那么无论初始产权怎么配置，各当事方所考虑的外在性社会成本和市场机制作用下资源配置的外在性社会成本是一致的。换句话说，如果存在定义明确的财产权，而且交易费用为零时，就可以不考虑初始产权如何在各当事方之间的配置，这就是科斯定理的含义。也就是说，在这种情况下，各有关方之间的自愿协商（又称私人谈判），无须经政府干预，就可以导致资源配置有效率的结果。

科斯定理表明：如果污染者所造成的外在性效果大于对社会来说的最优水平，那么受损害的一方就可能采取"贿赂"或"威胁"的办法，诱使污染者减少排污；或者是当因外在性影响而使生产不足时，则污染者可能"贿赂"受害者，使之愿意接受更多的污染，污染者可以增加生产（意味着排污增加）。这样在没有外来干预的情况下，污染者和受害者可以通过这种交易费用较低（甚至为零）的自愿协商而达到对环境质量供求的均衡。显然，环境质量在这里是一种商品，污染物的数量在某种程度上可以视作双方对环境质量供求的标志。由于这种外在不经济性的处理办法首先是由科斯发现并证明的,因此又称为科斯的市场办法。

这种办法之所以有效,是因为,如果不采取这种私人谈判的方法,而采取其他办法,如法律诉讼来解决这种外在不经济性影响,那么污染者和受害者之间达成协议的交易费用显然要比两者进行自愿协商要高得多,这对双方都是不利的。而这种办法同样可使资源配置达到有效率的结果。

在科斯看来,自庇古以来之所以没人能提出足以解决外在性的办法,一个重要原因是人们通常错误地将生产要素看作是实物,而没有把生产要素(包括环境的质量)视为权利,由于认识上的这种局限性,所以在对策上也难有突破。如排放污染作为一种权利,其成本就是对生态环境质量所造成的污染损害。因此,在一个产权定义明确的体系中,市场交易的实质就是权利交易的过程。与采取法律程序以及其他政府干预手段相比,自愿协商的权利交易由于交易费用低,对当事双方都有利。这显然是市场机制作用的结果。因此,科斯的这种办法实质是一种市场办法。

但科斯定理成立的假设条件一是私人谈判的费用(交易成本)要很低,一般为零;二是产权必须是充分明确的,而不管初始产权是如何配置的;三是外在性影响涉及的当事方数目比较少,一般只有两个当事人:损害方和被损害方。但在实践中完全满足这些条件是比较困难的:第一,受自利行为的影响,污染者在私人谈判中往往不急于达成协议,而是设置一些障碍,从而使交易费用不等于零,甚至较高。第二,任何外在性影响,特别是环境污染,所涉及的当事方不只是两个,数目往往很多,甚至是全球性的,科斯的这种办法就很难有成效。第三,现实中的产权定义也不是充分明确的。一般来说,存在三种产权模式:私人产权、共同或集体产权、纯粹的公共产权。因此,科斯的办法仅适用于私人产权这种模式。由上可见,科斯的市场办法也是有局限的,不过其积极意义也是明显的。这就是在良好的环境意识、健全的社会法规体系和充分明确的产权制度下,生态环境或资源使用上某些涉及影响范围较小的外在不经济性问题，可以通过私人之间的谈判协商解决，而无须政府事必躬亲进行干预。

四　法规和制度办法

（一）直接管理——法规办法

对外在性行为征收庇古税是一种典型的政府间接控制办法。与此相对应，另一种典型的政府干预是政府直接控制办法，即由政府实施某种形式的直接管理，对外在不经济性加以控制或限制。由于这种直接管制主要是由政府颁布法规、标准等为主要内容，故又称为法规办法。主要有三个方面的基本形式：一是颁布禁令。宣布某种活动为非法，明确地禁止生产或消费，如禁止某些产品生产或污染物排放等。二是制定一些规定规则，强制执行。如强令安装汽车尾气净化器那样的消除污染的特殊设备等。三是规定一些限额或标准，强制执行，并且不允许转让。如禁渔期、噪声标准等。

在完善有效率的法制社会，直接管制不会同其他手段（如污染税）相冲突。相反，它能成为一种有效的补充，有时甚至更为可取。如与污染税相比较，税收的效果决定于污染的价格弹性，若这一价格弹性较低，那么相应污染水平下的污染税率可能高到无法接受，此时改用直接管制的办法会更适当和有效。特别是当形成的污染物十分有害，在现有技术水平下又难以控制时，如农作物中施用 DDT 杀虫剂，其不可降解性所形成的危害几乎是永恒的，就必须使用禁令的方式禁止其生产和使用。

实施法规办法必须符合费用—效益分析原则，即只有当所得效益大于所花费用，或是外在性损害大于既得收益时，才值得应用法规办法（同时要考虑现有的技术水平）。如美国环保者通过比较从环境改善中所得效益与获得这些效益所需成本，来分析汽油中铅含量从 1.1 克/加仑减为 0.1 克/加仑的费用和对环境改善的影响，结果表明，其效益要比所花费的成本高得多。据此，美国从 1985 年起采用了更严格的限定含铅量的标准，强制执行。

在解决生态环境与资源管理中的外在不经济性问题中，直接管制的法规办法有两点优势：一是它不受各种利益集团压力的影响，法律面前人人平等；二是它可以通过法律程序过程得到恰当的阐述和执行。因此它具有公平性和强制性。但这种办法也不是就能很好地解决各种不同类型的外在性问题（如价格弹性较高的外在性问题），并且缺乏有力的刺激和激励，如促使污染者做得比条例规定的更好一点，哪怕是再好一点点，这是法规办法的局限所在。

（二）制度办法——科斯的产权办法

与科斯的市场办法不同的是，科斯的产权办法侧重点在于明确初始产权的配置。科斯定理表明，如果产权定义明确，并且交易费用为零时，那么资源初始产权的配置就无关紧要。换句话说，如果说资源的初始产权如何对于外在性问题的解决至关重要，那么，这要么是因为产权没有定义清楚，要么是交易费用不是为零而是很高，或者是两者兼而有之。一般而言，一旦产权不能定义清楚，那么外在性问题解决的交易费用就会很高。因此，对于一个有效率的环境与资源管理体制而言，产权能否定义清楚是至关重要的。只有产权定义清楚了，产权才能够充分明确，才能构成交易费用为零的必要条件，这样科斯定理也才能够成立。由于这种产权的定义或安排是属于制度方面的问题，因此，从这个角度处理外在性问题的办法被称为科斯的制度（或产权）办法。

具体地说，解决环境与资源管理中的外在性问题，以环境污染为例，存在两种办法：一是污染者付给受害者一笔补偿，污染越重，补偿越多；二是受害者付给污染者一笔费用，使他减少排污量。但是，由污染者付钱给受害者；或者是由受害者付钱给污染者，这取决于产权制度的安排。即如果受害者拥有免受污染损害的权利，那么污染者就必须向受害者购买这种权利，使他们愿意承受污染者的污染。反之，如果污染者拥有排污权，那么受害者就必须向污染者购买这种权利，以使污染者停止排污。显然，这种污染权的不同制度安排，会导致不同的交易行为和结果。在产权制度安排中，谁应该付出补偿，谁应该得到补偿，一般的标准是取决于谁是在权利规定中处于不利地位的一方。对于环境污染而言，最初的权利是清洁的环境，因此，产权制度安排的结果是污染者必须付费。

这种产权制度办法，最适于私人产权制度中外在性问题的解决。对于纯粹公共产权资源和共有产权资源利用中的外在性问题的解决缺乏足够的效力，因为这两种产权制度或多或少地存在产权定义模糊性的问题。因此，这两种制度下的资源与环境外在性问题宜采取其他办法加以解决，如行政管理等。

五　规划及其他管理办法

（一）规划办法

这种办法认为，外在性不仅仅是市场数量不充分的市场经济的一个问题，而且也是经济行为者非协调性的问题。抑制两个或多个经济行为者之间的外在性的一个方法是将它们合为一体。如果整个经济一体化，所有外在性将会内在化。并且，适应于这种外在性的规划程序已被开发利用。如造成污染的钢厂和受害的渔场之间外在性问题的解决，如果采用渔场合并到钢厂中去的办法，那么，钢厂的自利行为必然会经过必要的经济规划得以解决。

规划办法的一个重要内容是生态规划。包括单项规划和综合规划，一般是按生态学原理，对某地区的社会、经济、技术和生态环境进行全面的综合规划，以便充分有效地和科学地利用各种资源条件，改善生态环境管理，减少和消除外在性问题。

生态规划早期比较成熟的理论是区位理论（J. H. V. Thünen，1826）。随着生产的进一步发展和工业的集中，使得城市迅速发展和扩张，并出现了一系列的社会、经济和环境问题，于是，在 20 世纪初出现了生态规划最早的雏形——城市规划。60 年代以后，生态规划思想逐步成熟起来，出现了国际生物学规划（IBP）。70 年代，社会学、经济学和生态学研究更加融合，生态环境的生态规划研究更加深入，如费希尔（A. C. Fisher）建立的"自然环境开发与保护模型"，国际人与生物圈（MAB）的建立等。80 年代又推出"国际地圈与生物圈规划（IG-

BP)"等。比较著名的生态规划模型主要有法兰克福城市生态规划灵敏度模型,墨西哥谷地生态规划等。

　　生态规划的另一种重要形式是自然栖息地保护区规划。这种规划的实质是用规划这种形式,借助法律等其他有效工具,来制止人类活动对自然生态系统的破坏。如美国的湿地保护规划,斯里兰卡的野生生物保护区规划等。实践已经证明,在人类还没有完全掌握有关生物及生态系统等方面的信息之前,建立起一个专门的保护区域,使其置于某种形式的公有制之下,是一种对自然栖息地的最有效保护,可以有效地避免外在性问题的产生,为人类的持续发展保留下一份珍贵的资源遗产。特别是当能将国家所有权和集体共同管理有机地结合起来时,这种保护效果尤其显著。

(二) 自然资源和环境核算——新国民账户体系

　　世界现行的两种宏观核算体系即国民账户体系(SNA)和物质产品平衡表体系(MPS)的共同缺陷是没有包括或没有完全包括自然资源和环境部分,特别是缺乏其价值量核算。这说明,经济活动和自然环境之间不断相互影响的事实并没有在这种核算体系中得到反映,也就是说,传统的经济核算理论忽略了这一事实。因此,在这种理论指导之下的经济行为是导致外在性问题产生的一个重要原因。

　　西方国家现行的 SNA 的主要缺陷表现在两个方面:一是当环境破坏发生时,像 GNP 之类的总量指标不能测算这种破坏对经济造成的损害。某种形式的资本,如固定资产的折旧已经考虑了,但环境的折旧,包括不可更新资源的耗竭,并没有计入 GNP 中。因此,GNP 中应该减去这部分环境破坏的代价。二是忽视了自然资源提供的一些服务性价值。像环境"吸纳"废弃物和作为投入物"源泉"这两种作用,如森林的净化作用和固水作用。森林的这些内在价值在 SNA 中是没有反映出来的。MPS 的缺陷更明显。这里不作多论。

　　由于 SNA 不能精确地反映环境恶化和自然资源消耗的状况,因此一些新方法已被开发利用。它们首先是将环境资源分类,然后计算环境资源的价值,再将这种计算结果纳入 SNA 中,形成一种新的 SNA。

OECD 国家如挪威和法国最早开始这方面的研究。OECD 于 80 年代初编写了《环境统计资料编制纲要》，并由联合国于 1983 年予以正式公布。1991 年，联合国完成了《环境经济综合核算的 SNA 框架》，开始在全球推广。

对自然资源和环境的核算，不同国家有不同的目标。德国、荷兰和美国等主要用投入产出估计用于减少污染的开支，以试图更精确地测算目前在 SNA 中测算有误的对环境破坏与保护的反应程度；印度尼西亚、哥斯达黎加和瑞典等国用收入、净收入等常规方法试图对自然资源的衰竭作出明确的计算；挪威等国使用实物测算方法，联合国在墨西哥、巴布亚新几内亚等国开发 SNA 卫星账户，运用经济净福利（NEW）等指标，明确地判断综合经济活动和利用自然资源和环境之间的各种联系，以改善供生态环境与资源管理使用的信息。这种对传统经济理论固有的缺陷所进行的修正，有利于克服外在性负面作用，改善生态环境和资源的管理。

（三）　资助研究和加强教育

从某种角度看，无知是造成环境危害和寻求解决办法中产生严重障碍的一个重要原因。因此，西方学者提出了进行社会准则的教育是解决外在性的一种有效办法。良心效应的存在，对解决外在性问题发挥着一定作用。包括以下两种情况：（1）当外在性产生者给他人福利带来不利影响，并且未给予补偿时，良心效应会推动降低其自身的福利水平；（2）由于良心效应的反面存在，庇古税实际上可能反而会使之心安理得地提高产生外在性活动的水平。这就使产权关系明确化显得非常重要。

良心效应的存在是进行社会准则教育的基本前提，而"黄金律"教育是这种教育的具体内容。用经济学语言说，"黄金律"就是要产生外在经济性，不要产生外在不经济性。由于人们的行为是互相影响的，因此，通过"黄金律"教育，按这种社会准则行事，有助于避免各种外在性问题的产生。同时，通过这种"黄金律"教育，使得环境与资源保护知识得以普及，加强公众的良心效应，也促使公众更加关心环境的方式行事。

　　与加强教育密不可分的是要资助研究与开发工作，其目的是改善环境与资源管理的信息，以便更有效地制止和消除外在不经济性的产生与累积。其中，首先是资助建立独立的环境监测系统，加强生态环境监测，避免各利益团体的干扰，提供高质量的环境数据资料。这方面已有成功的例子，如泰国的发展研究院，联合国环境规划署管理的全球环境监测系统。其次是为研究与发展提供资金。主要目的是促进开发出污染较少的产品和生产技术，减轻外在性危害的程度。如当今世界持续了 100 年以上的农业新型实验。这些都是在温带发达国家中进行的，如英国的罗萨姆斯泰德实验站（1843）；美国的莫罗试验区（1876）等。而发展中国家在保持长期农业生产率方面所作的努力少得令人震惊，其中重要的原因就是缺乏支持与资金。

第二十二章　生态经济建设的管理政策

一　生态经济建设管理概况

第二次世界大战后，在西方国家经济飞速发展、全球经济不断进步的同时，世界面临人口激增、环境污染、粮食短缺、能源紧张、资源破坏五大问题。面对如此形势，各国政府和有识之士开始致力于探讨消除和减轻危机的办法。经过几十年的实践探索，走过了从被动治理到进行生态经济建设管理的艰辛历程，积累了十分丰富而又宝贵的经验。

生态经济建设管理是指以资源的永续利用、环境质量的不断改善、社会经济的持续发展为目标，运用经济、法律、技术、行政、教育、外交等手段，对人类的经济活动施加建设性的影响，尊重自然生态规律和社会经济规律，协调经济发展与保护环境，保护自然资源之间的良性互动关系。目前国外生态经济建设管理的总趋势和战略、策略方向，可以概括为以下方面：

第一，把生态建设纳入社会、经济发展决策和规划的全过程，并通过立法、规划、评价、管理与监测、宣传教育与培训等配套手段来实现。许多国家都重视"经济战略与生态目标的一致性"。苏联以自然资源综合开发利用为前提，根据资源—环境—经济的矛盾统一原则制定经济发展纲要；美国把生态问题纳入城乡整体发展规划，制定资源合理开发指标体系；北欧国家则采取经济发展服从生态要求的原则，等等。

第二，转"污染治理"管理策略为"全面资源管理"策略。把国家自然资源（含环境资源）作为国民财富加以全面管理，在开发利用自然资源所形成的国民经济产值中，把资源损耗计算进去，以促进资源的综合开发和充分利用，以及经济—资源—环境三者之间的协调关系。明晰资源产权，有偿使用自然环境资源，促进资源的恢复、增值、进行资源再生产。

第三，从"源头控制"及"污染者负担"的治理对策过渡到"预防监测＋治理"，由单独治理过渡到综合利用，化害为利。如美国及欧共体推行"排放许可证"和"排放限制"与"环境质量行业指标"相结合的办法；英国对水环境控制执行"污染者负担"，选择"投资回收性收费"；UNEP 致力于制定并推行合理决策和"环境会计制度"的建立，联合国关于环境污染预测评价制度正日趋完善等。自 1969 年美国提出环境影响评价制度开始，许多国家开展了这方面的研究和实践。西欧国家关于"干净技术"和"废物综合利用"的发展取得了良好的效果。

第四，从"单独行动"到"全面国际合作"。对于"公共物品"和"污染转嫁"问题的管理，甚至某一国家国内生态经济问题的管理，离开国际联合行动是事倍功半或无效的。发挥联合国和国际社会的作用进行全球生态经济建设，其效果已得到实践证明。

第五，加强生态经济科学研究，提高公众生态意识。当前的科研特点是：强调整体上解决生态经济问题，加强生态与经济规律的基础研究，重视环境、生态的预测研究和新技术研究、生态建设的经济手段研究等。同时，生态环境保护是全社会的共同事业，提高公众的环境意识是首要的工作。"六五"联合国世界环境日；日本"环境周"，每年向国民发布《公害白皮书》；美国组织公众听证会等促进了公众提高生态环境意识、参与生态环境保护。

第六，直接或间接增加生态经济建设投资。日本 1975 年民间大公司的防治公害设备投资达 9645 亿日元，占其总设备投资的 17.7%；全国防治公害投资占总投资的 7%，占国民生产总值的 2% 左右；美国 70年代的环保投资也占国民生产总值的 2%—3%。国外实践证明，直接增加和刺激公众及企业参与生态经济建设投资，实质是一项与生产紧密相关的社会福利事业，既有利于环境的改善，又有益于经济的发展。

二　生态经济建设产业化政策

随着人类开发自然的规模和领域的扩大，构成了以人类经济活动为中心的"产业—科技—资源—环境"相互依存、彼此渗透的生态经济综合体，产业内涵和产业结构不断演变和转换，地球资源环境负担成倍增加。一方面，产业发展道路、产业结构和空间布局，产业开发规模和强度等对资源环境产生直接影响；另一方面，人类生活舒适性和传统资源的日益稀缺性又内在地要求不断开发新的资源，建立新的产业部门，并要求淘汰一些有害产业，建立无害产业。因此，从经济活动最基础的产业活动入手，进行生态经济产业化建设，是解决生态与经济矛盾问题的基本途径，也是实现生态效益与经济效益相统一的希望所在。它包括两个方面的含义，即生态建设产业化和产业发展生态标准化。

（一）生态建设产业化

1. 环境保护产业

70 年代初，在欧美工业化国家，污染治理、废弃物运输及处置、治理技术的开发与转让、节能排污等环境保护工作已高度产业化，一般称为"环境技术和废物管理产业"。在日本，称之为"地球保护产业"，旨在通过更加经济、高效的生产体系来减少矿藏开采，尽量维护地球的自然状态，并通过发展对环境无害化产业、产品来减轻对环境的损害。环境保护产业是指国民经济体系中，以防治城乡环境污染和保护自然为目的，进行生产、服务、交换等活动，并有一定经济效益的行业或部门的总称。它包括环境保护工业、环境工程与软件服务业、自然生态保护产业三大类。环境保护工业主要是生产环境保护设备的工业。环境工程与软件服务业是向社会提供环境保护工程技术成套服务及其他"软件"产品的行业。自然生态保护产业是以自然生态为对象开展各种以保护性为主的生产、经营活动的行业。

发达国家的环境保护产业经过几十年努力，已进入成熟时期，成为一个发展迅速的工业行业。美国 70 年代初就有 600 多个厂家从事环保设备生产，年产值平均递增 20%，比其他工业快一倍多。日本已有 200 多家大企业、近千家中小企业和科研单位，3 万多工人从事研究和生产各种防止和处理工业"三废"——垃圾、噪声、振动等设备，1985 年产值达 40 多亿美元，成为日本工业的一大行业。原联邦德国的环境保护企业有 800 多家；仅 800 多万人的瑞典也有 100 多家企业生产环保产品。另外，环保产品的市场潜力十分巨大，国际金融公司高级环境顾问里德尔 1991 年 12 月 5 日在纽约召开的一次环境问题座谈会上说："世界环境市场在下一个十年很可能翻番至大约 60000 亿美元。"

2. 资源产业

所谓资源产业，是指从事资源再生产产业活动的生产事业。它是根据人类进步和社会发展对自然资源的需求，通过社会劳动投入，使自然资源不断更新、积累的生产过程。资源产业生产活动主要包括矿产资源的普查与勘探、土壤改良、耕地的恢复、采种育林、育苗、育草、水产育苗、海洋调查与勘探、水利、废气废水的净化、资源保护等。按照资源再生产特点，资源产业可划分为两类，即资源勘探产业和资源再生产业。前者是"异地"更新、积累资源的生产过程，后者是通过人类劳动投入，促进资源自然再生的过程。西方国家明确资源产权，实行资源有偿使用，对资源使用进行课税和对资源再生产进行补偿等办法，促进了资源产业的发展，取得了经济和生态双重效益。

（二）产业发展生态化

产业发展生态化是指，在宏观上以生态经济战略为指导调整产业布局和产业结构，在微观上给企业规定严格的有法律约束力的生态标准，从整体和局部两个方面规范产业行为，提高资源利用效率，减少环境污染，不断实现资源永续利用，使环境逐渐改善，经济持续发展的过程。

产业发展生态化，有效而节约地利用资源，减少产业对环境的污染输出，已在国外尤其是发达国家受到重视。如日本 80 年代的知识密集型产业政策之一是产业选择基准要有利于解决工业高度集中、工业公害问题，并能有效利用资源。从产业布局来看，首先是处理好分散与集中的关系，集中有利于保证产业规模经济效益和聚集效益，分散有利于保证环境的净化能力。其次是产业布局要考虑水源保持，地形气候条件对空气的影响，对城市和农村环境的影响等。从规范企业行为看，给企业规定适当的排污标准、资源利用效率标准，促进企业进行环保投入，采取新的低耗工艺流程，使企业在追求经济利益的同时，对环境进行投资。如果对企业行为进行综合管制，既有约束又有经济刺激，使生态工作成为企业"有利可图"的主动行为，那么，产业生态化在微观层次上就得到了真正实现。当今国际市场的产品无公害化需求，已为此提供了新的契机。

生态经济建设产业化政策是解决生态与产业矛盾，谋求社会经济持续发展的政策。它越来越受到各国的重视。如日本确定生态环境标准为其制定产业政策的基准之一，从 70 年代以来一直被采用；美国的产业和城市布局首先研究环境保护问题；同时日本还实行了对企业有法律强制性的排放物 K 值控制方式和总量控制方式等。生态标准规定着未来产业的发展方向，如生态农业、生态林业、生态工业等。

（三）生态经济产业化道路及政策

1. 确立高效低耗的资源节约型产业发展战略

产业发展受制于资源稀缺和环境容量两方面的约束。西方工业化国家走过的以大量消耗资源和粗放经营为特征的传统工业化道路更加剧了世界资源的稀缺性，降低了环境容量，给人类的生活环境和经济持续发展带来过巨大压力。现今，无论是发展中国家的经济增长还是发达国家的持续发展，都不可能沿袭传统的产业发展之路，必须采用高效低耗的资源节约型战略，依赖技术进步提高资源利用效益，在有限的资源存量和环境容量限制下追求经济持续发展。70 年代以来，西方发达国家采用生态经济发展战略，在先进技术和大量投资的支持下使资源利用效率由原来的 30% 提高到 80% 左右，取得了良好的生态效益和社会经济效益，走出了一条高效低耗的产业发展之路，可供发展中国家借鉴。从发展中国家角度来看，靠资源投入赶上发达国家现在的经济水平必须增加近 5 倍于现今的资源利用量，这不仅是资源存量难以提供的，而且是环境的自净能力所不能容纳的。因此，发展中国家也不得不实行高效低耗的资源节约型产业发展战略。因此，它已经成为全球性的经济发展战略。联合国"世界环境与发展委员会"1987 年 2 月通过的《东京宣言》已受到大多数政府的赞赏和支持。《东京宣言》的基本精神是：为建立一个繁荣、正义、安全的世界，各国政府必须将持续发展——既能满足人类目前的需要，又不对子孙后代造成危害，作为压倒一切的目标。这一精神体现在产业上则是高效低耗、持续发展。

2. 重视发展"绿色产业"，开发"绿色产品"

绿色产业是从资源的综合利用出发，以高生态效益和高经济效益为目标的产业发展模式，诸如生态农业、生态林业、生态工业等。绿色产品是指符合生态标准，对人们健康和环境无害的产品。

"绿色产业"和"绿色产品"分别从生产和销售两个方面提出"绿色"要求，共同规范企业行为。德国最先实行了产品"绿色证书制度"。当今，产品无害化已成为进入国际市场的"第一证书"。国际市场交易中对工农产品的生态性能的要求，对农林渔产品的营养成分和农药残留的要求，对各类机电产品的低能耗轻污染以及对各类化工产品无害化标准的要求越来越高，这既是一种压力，也是一种机遇。大力发展绿色产业，开发绿色产品可以增大产品的市场竞争能力，促进本国的经济发展，可以改善全球经济环境。

3. 按生态规律综合开发资源，实现产业内在联系的多级循环

生态经济系统有其最优的结构，综合开发可以提高资源的利用效率又不致破坏系统的自组织能力和环境的自净能力。资源的综合开发必然导致新的产业出现，其中，废物再利用产业的兴起，延长了原产业链条，实现了废物"资源化"，节约了资源，减轻了环境压力，提高了资源利用效益，也带来良好的经济收入。目前世界上所有废纸的一半加以回收就可以满足新纸需求量的 75%，并可使 800 万公顷森林免遭砍伐。其他如废铁、废铝、废工业矿渣等固体废物的再利用潜力很大，已引起各国政府和企业界的关注。一些国家采取对能源减少价格补贴和对资源再利用进行补偿的政策；建立废品合作性交易市场，以帮助产生有害废物的企业寻找可以把这种废物重新利用的买主的办法，对废物再利用产业的发展带来积极影响，使之成为与一般产业同等重要、相互对应的

"第二再生产过程"，逐步实现了废物的无害化和再资源化，在产业内在联系上形成资源多级循环。

4. 开发新技术，发展环保技术产业

环保产业发展和其他产业一样，必须以新的技术开发为基础，以宏观政策作保证。80 年代，日本推行以节省能源资源和保护环境为支柱的经济政策，促进了环保技术的开发和创新，现已发展成为世界经济强国，具有世界上最高水平的防止公害技术和设备，且水的回收率和有用物质回收率高，具有节能节省资源的特点，属环保技术设备最大出口国。

5. 咨询服务，促进中小企业合力治理污染

许多中小企业往往是排污量大、资源利用率低的生产厂家，其单独治理和预防污染的能力差且效果不好。解决问题的办法之一是通过技术咨询，由当地政府协调，促使几个中小企业联合购置较大的设备，合作治理。如印度劳动部国民生产委员会污染控制小组致力研究既降低污染，又提高效益的办法，在电镀、食品加工、漂染、小水泥厂、纸浆和造纸、制药、制苯等行业促成中小企业合作治污，取得了明显效果。在海德拉巴，一组 40 家小公司共同建立的废水处理厂，按不盈利原则共同经营，以较小的投资解决了污水处理问题。如果不走这条路，其中一半以上的企业将被迫关闭。合作治理比每个公司安装单独的处理设备省钱，而且一个大的设施比分散小设施更易经营、保养和监测。

三　生态经济建设投资政策

（一）生态经济建设投资的界定

生态经济建设投资是指社会中各有关经济投资主体，从社会积累资金或补偿资金中拿出一定的份额，用于防治生态环境污染，保护自然生态，维护生态平衡的活动。生态经济建设投资范围很广，大体包括以下几个方面：一是宏观生态经济建设管理费用；二是用于环境保护建设方面的费用，如开展环境监测、建立自然保护区、城市污水处理等；三是用于治理污染的投资；四是用于环境保护科研方面的投资；五是植树造

林，兴修水利设施等生态建设大项目投资等。生态经济建设投资的界定是十分复杂的问题，目前世界各国不尽一致。在美国主要指环保投资，在日本则把城市基础设施建设的投资也包括在内。为便于统一口径，本节的生态经济建设投资主要谈环保投资。

环保投资按目的性原则（投资的目的是为了解决环境问题）和特殊性原则（目的虽然不是保护环境，但有显著的环境效益）可分为五类：（1）工业污染防治投资。这类投资主要用于工业污染的防治，如兴建处理设施等。（2）城市环境综合治理投资。包括兴建城市污水处理设施，发展节能技术等方面的投资等。（3）区域环境综合整治投资。（4）自然生态环境保护和改善投资。（5）环境管理、服务、科技投资。

（二）生态经济建设投资的特点

生态经济建设投资是投资的组成部分，它具有以下特点：

（1）投资主体多元性。为了保护和改善生态环境，国家政府负有主要责任，它是生态经济建设的主要组织者和投资者，也是整体投资的政策制定者、执行者和管理者。但仅此是不够的，客观上需要开辟其他投资渠道。目前国外参与生态经济建设的投资主体有：①国家主体；②地方政府主体；③企业主体；④社会公众；⑤引入国外投资主体等。

（2）投资主体与利益获得的不一致性。生态经济建设活动往往具有外部经济性，其投资者直接经济效益较低，甚至没有经济效益，而环境效益和社会效益一般由社会共享。

（3）投资效益的滞后性。一般而言，生态经济建设具有滞后性，即所谓"功在当代，利在千秋"。

（4）生态经济建设投资的不可延缓性。这是由生态危机的严重性和生态建设的长期性决定的。生态经济建设投资不能按市场原则驱动，等市场诱导投资者进行生态建设投资只能是一种梦想，而且会使生态环境进一步恶化，将来更加难以治理。

（5）生态经济投资的巨大性。

（三）生态经济建设投资管理

（1）充分发挥市场机制的作用，辅以相关的优惠政策，引导社会投资。西方国家普遍对生态建设投资实行优惠政策，如投资补贴，享受低息贷款和一定的税收减免，对治理设备实行特别折旧等，鼓励企业私人投资，增加生态投资的实际使用量。在现代混合经济中，各类重要的自然资源一般属私人所有，如矿藏、农田、森林以及使土地具有生产力的生物资源等，而且利用自然资源作为商品和舒适进行生产投入的厂商也一般是私人。决定私人是否投资的标准是投资报酬（货币体现），即"内部经济"。只有经济的外部性（良性或恶性）内在化成为现实，才能使私人投资者致力于这项投资。办法之一是实行"补偿"及"课税"政策；办法之二是建立生态投资和污染权市场；办法之三是确定环境可容量，实行"污染者付费"原则等。

（2）规范政府投资行为，保证公共投资总量和较高效率。在对私人或企业行为的、财务的和规章的、制度的鼓励措施和管理办法发挥作用以后，尽量增加公共支出，规范公共支出，集中投入到那些全部或部分属于公有的自然和环境资源的管理、开发与保护。这些领域主要包括如下方面：环境监测、研究和政策管理费用；技术研究、开发和示范费用；生态环境知识的教育和培训费用；产业研究和执行；为支持公共服务——造林、保护生物多样性、国家公园的建设和维护；重点治理项目的支出；国际合作性项目的支出；公共部门（政府等）在某些方面是唯一有优越条件的投资者，不必与私人部门在市场上直接竞争，其筹措资金的手段也有力，除利用资金市场外，征收捐税、控制货币供给等都是有效办法，而且公众都相信公共部门有更好的能力承担某些对社会所需要的，对私人部门没有吸引力的投资活动。这就决定了公共部门在生态经济建设投资中的不可取代性。政府等公共部门除了致力于直接的治理性生态经济建设投资外，对生态问题前期防预，减少治理性投资需要，而进行部分超前投资也是必要的。

（3）确保环保投资与国民生产总值的适当比重。环保投资是解决环境问题的物质基础，发达国家每年都对环境保护工作投入大量资金。

世界一些国家环保投资情况见表22-1。

表 22-1 　　　　一些国家和地区环保投资占 GNP 的比重情况

国家（地区）	比重（%）	时期（年）
美国	1.6	1971—1975
	2.0	1975—1980
日本	1.8	1972
	2.9	1975
联邦德国	1.8	1971—1975
	2.1	1975—1979
英国	2.4	1971—1980
加拿大	2.0	1974—1980
意大利	1.3	1976—1980
荷兰	1.3	1976—1980
大洋洲	0.7	1980
苏联	0.8	1980
东欧	0.67	1980
非洲	0.2	1980

从表22-1中可以看出，发达国家环保投资占国民生产总值的比重一般都在1.3%以上。如美国1975—1980年占2.0%，日本1975年占2.9%，而第三世界国家环保投资则较低。如大洋洲1980年的比重为0.7%，非洲只有0.2%。而且发展中国家的环保投资比重波动性大。

（4）运用经济手段，确定投资管理机制。运用经济手段明确划分投资者的责权范围，保证资金来源的投资方向，建立并调控生态经济建设投资，有利于提高生态经济意识和建设投资效益。这些手段归纳为以下几个方面，即收费、补贴、建立污染权转让市场和财政强制。

①收费。收费是为污染支付的"价格"，体现了污染者支付原则。

1972 年 5 月，OECD 环境委员会在《关于环境政策的国际经济方面的控制》一文中，针对过去污染者将外部不经济性转嫁给社会而无人承担治理污染源、消除环境污染、赔偿受害人损失的费用这一不合理现象提出了污染者付费原则，即 PPP 原则。实行 PPP 原则的具体办法就是实施排污收费制度。

征收排污费，一般有两个层次：第一个层次是超标收费。即对超过国家或地方标准排放的污染物，征收一定费用，对达到排放标准的，则不收费。如前民主德国就实行这种征税法。第二个层次是排污即收费。凡是向环境排污的都缴纳排污费。如联邦德国《关于向水源排放废水征税法律》中，按排放单位排放的污染物征收费用，税率逐年提高。日本对大气中 SO_2 污染物征税，则分不同地区按排放量收费。收费大体有以下几种不同类型，即排污收费、使用者收费、产品收费、管理收费、差别税收。以税收形式收费可使生态经济建设投资责任明确具体化，使外部影响内在化，差别对待，使那些"与生态友好"的产品有更好的市场。

②补贴。补贴是财政对生态经济建设投资的各种补助的总称，是政府调动社会其他主体进行生态环境投资积极性的一种方式，是政府进行生态投资的有效形式。"补贴"必须起到对污染者治理或预防环境问题投资的鼓励作用。包括 a. 补助金。指污染者采取一定措施去降低未来污染而得到的不予返回的财政补贴。补贴的原因在于投资太大，而取得的生态效益、社会效益又不只针对投资企业。b. 长期低息贷款。指污染者采取一定的防止污染措施而提供给它们的低于市场利率的贷款。是一种信贷投资形式。c. 减免税。即通过加快折旧，免征或返还税金或费用的形式对采取防治污染措施的生产者给予支持。而差别税收手段则是通过产品价格起作用。这属于政府对生态经济建设的间接投资。

③"污染权"转让制度和押金制度。建立"污染权"转让市场是为了通过市场运作减少污染排放，为被污染环境治理谋取资金的办法，这也是生态经济建设的一种投资形式。当活动者可以购买实际的或潜在的"污染权"，或出售"污染权"或它们的生产工艺废物时，就可以建立起人工"污染权"转让市场了。主要市场形式有排放交易、市场干

预、责任保险三种形式。

押金制度是对潜在的产品增加一项额外费用，如果通过回收这些产品或把它们的残余物送到收集回收系统而避免了污染，就可以退还押金。

④强制刺激也是促进生态经济建设投资的另一种形式。它是通过法律形式确保污染治理投入。强制手段包括违章罚金和履行保证金两种形式。

四　生态经济建设的全球一体化政策

生态经济建设全球一体化是把全球当作一个整体的生态经济系统进行投资、管理、开发、利用，旨在加强生态经济建设的国际合作、区域协作和多边合作，建立各国共同遵守的行为规范，防止过度开发和破坏自然生态资源，实现地球的长期持续繁荣优美。

（一）改传统的经济增长战略为全球生态经济发展战略，提高全人类的生态经济意识

传统观点认为，经济发展就是经济增长，就是收支平衡、产值和国民生产总值指标的提高，任何能带来增长的行为都是经济的。这种观点引导的行为是只关心数量，而数量后面的社会、经济和生态质量并不重要。自然资源投入的增长是经济增长的主要源泉，自然资源可以从其他国家购进，经济增长的负产品——污染物可以输出，因而经济增长对于某一国而言可以持续。这种增长是通过对资源的大量消耗和对全球生态系统大规模破坏实现的，它使得资源总量锐减、资源结构失衡、环境严重破坏。必须使全人类认识到，经济发展一刻也脱离不了地球表层资源，经济发展得以实现的载体——地球是一个整体的生态系统。这一系统由于人类对资源"先下手为强"的掠夺而出现了全球性的生态环境危机。解决问题的首要方面是调整生态价值观念，采取全球生态经济发展战略，共同追求全球经济持续进步。

（二）发展中国家坚决抵制发达国家的生态殖民主义行为

80 年代中后期以来，随着发达国家和地区生活质量的提高，公众生态觉悟及环境意识觉醒，许多产品和生产项目在其国内逐渐失去市场。但出于"经济增长"的需要，它们仍然生产高污染产品，并源源不断倾销到人民生态觉悟较低、环境控制不强的发展中国家，或者以投资、经济援助的名义把会对生态环境造成严重破坏和威胁的工业项目如石化、冶金、电子、化工等迁移到各发展中国家，利用当地廉价的劳动力、丰富的自然资源和不完善或无力认真执行的环境法规进行生态殖民主义行为，污染那里的环境，将那里的人民推到生态灾难的第一线去承担其经济发展的外部影响，而在本国大力发展绿色产业、第三产业和高新技术产业。这一过程是相互关联的两个方面：一方面，发达国家低价引进生态良性循环，高价输出生态恶性循环；另一方面，发展中国家高价引进生态恶性循环，低价输出良性循环，并失掉了人民的身体健康以及世代赖以生存的宝贵资源和生态环境质量。但是，环境污染的输出最终将殃及发达国家自身的生态和经济利益，因为这些被输往国外的"怪物"和大面积生态破坏，仍然滞留在全球生物圈中，最终会融于地球生态系统的物质循环，发展中国家和发达国家都是这个无限循环中的一个或多个环节。抵制不合理的生态殖民行为是世界人民的共同使命，各国要在取得共识之后联合行动，结成全球性反污染输出联盟，建立反污染输出国际组织。同时，各发展中国家要严格立法，凡不能把排污量控制在国际公认标准以内的外国投资项目，一律拒绝接受。联合国也要把制止、干预、调查、处理污染输出事件的责任切实承担起来，使以"投资"、"援助"为名进行的破坏性生产项目从地球上消失。

（三）强化国际社会的协调作用，进行一体化制度创新

自 1972 年 6 月 5 日环境大会以来，全球生态经济建设工作取得巨大进展，生态意识普遍提高，管理机构（包括官方和社团性的）不断健全，组织功能日益完善，管理制度系列化、规范化，形成了涉及各个方面的被广泛认同和接受的国际性法律规范。国际性机构有全球性的（如联合国环境规划署、世界银行环境署等）和地区性的（如尼罗河流

域管委会），有执行性的和科研性的，它们的职能正在从被动协调走向开发建设管理全球生态经济。已形成的法规涉及大气层保护、生物多样性保护、公海、国际性河流开发、南极开发等各方面，规定了各国在世界资源开发中的权利、责任和义务，是各国发展经济必须遵守的国际性准则。

（四）各国在发展经济的同时，认真解决好本国生态建设问题，为地球奉献绿色

尤其是发展中国家，由于经济水平低，人民普遍贫困，追求温饱仍然是社会主要目标，面临着发展经济和生态保护双重压力。在那里，经济发展还属于稀缺品，优美环境还属于奢侈品。按福利经济的价值取向，他们更易理性地选择"先污染，后治理"的行为方式，而不是"边发展，边治理"的发展方式，尽管前者的治理货币总量支出多于后者。然而，某些破坏了的生态靠治理是不足以恢复的，如生物物种灭绝、土地沙漠化、水土流失等。因而要求治理保护与经济发展同步进行，充分保护和发挥本国的资源优势，在维护发展权的同时，遵守国际公约，扩大森林植被，保护生物物种，为地球奉献绿色。

（五）平衡南北关系，促使全球生态经济建设的长期合作

虽然生态经济具有全球性，但处于不同发展阶段的国家经济发展和对生态环境的评价存在差异，各自的资金技术实力不同。同时，一方面后进国承担着发达国家造成的生态资源枯竭和环境恶化后果，生态资源对经济发展的支持能力大大减小，更难摆脱贫困，为生存不得不耗用生态资源；另一方面，先进国本着自身的资金和技术实力通过各种方式将自己的生态观念强加于发展中国家。这是南北在生态经济问题上存在的差异。为此，实行全球一体化生态经济管理，必须首先尊重后进国的生存权和发展权，尊重它们对本国资源的开发权，在充分估计它们的生态建设能力的基础上，发达国家要承担更多的义务，为发展中国家提供"新的额外资金"和"优惠技术转让"，为共同执行国际公约，进行全球生态经济建设合作提供条件。只有这样，才能形成长期稳定、积极的

南北伙伴关系。

参考文献

1. 马克思：《资本论》（第一卷），人民出版社 1994 年版。

2. 许涤新：《生态经济学》，浙江人民出版社 1987 年版。

3. ［美］莱斯特·R. Braun：《建设一个持续发展的社会》，科学技术文献出版社 1984 年版。

4. ［意］奥雷利奥·佩西：《未来的一百页——罗马俱乐部总裁的报告》，江国君译，展望出版社 1984 年版。

5. ［美］谷纳森·H. 特纳：《社会学理论的结构》，关曲辉等译，浙江人民出版社 1980 年版。

6. 姜学民等：《生态经济学概论》，湖北人民出版社 1985 年版。

7. 姜学民、徐志辉：《生态经济学通论》，中国林业出版社 1993 年版。

8. 王松霈、姜学民：《按照生态经济规律调整农村产业结构》，《经济研究》1988 年第 2 期。

9. Mohan Munasinghe（Editor），Environmental Economics and Natural Resource Management in Developing Countries. The World Bank. Washington, D. C. 1993.

10. John P. Hoehn and David, Walker When Prices Miss the Mark. Methods for valuing Environmental Change , Published by EPTA/MUCIA. 1993.

11. Jan G. Learman, Evaluating Environmental Impacts of Rural Development Projects, Published by EPAT/MUCIA. 1993.

12. Joseph J. Seneca/Michael K. , Taussing, Environmental Economics, Third Edition Published by Prentice—Hall, Inc. , Englewood Cliffs, New Jessey, USA. 1984.

13. Daniel D. Chiras, Environmental Science, Action for a Sustainable Future, Published by the Benjamin/Cummings Publishing Company, Inc. , USA. 1991.

14. Gerald A. Carlson, David Zilberman and John A. Miranowski. Agricultural and Environmental Resource Economics by New York Oxford University Press, Inc. , USA. 1993.

15. Theodore Panayotou, Heidi Fritschel（Editor）. Green Markets：the Economics of Sustainable Development by Institute for Contemporary Studies Press, San - francisco , California, USA. 1993.

中国社会科学出版社
"社科学术文库"已出版书目

冯昭奎：《21 世纪的日本：战略的贫困》，2013 年 8 月出版。

张季风：《日本国土综合开发论》，2013 年 8 月出版。

李新烽：《非凡洲游》，2013 年 9 月出版。

李新烽：《非洲踏寻郑和路》，2013 年 9 月出版。

韩延龙、常兆儒编：《革命根据地法制文献选编》，2013 年 10 月出版。

田雪原：《大国之难：20 世纪中国人口问题宏观》，2013 年 11 月出版。

中国社会科学院科研局编：《中国社会科学院学术大师治学录》，2013
年 12 月出版。

李汉林：《中国单位社会：议论、思考与研究》，2014 年 1 月出版。

李培林：《村落的终结：羊城村的故事》，2014 年 5 月出版。

孙伟平：《伦理学之后》，2014 年 6 月出版。

管彦波：《中国西南民族社会生活史》，2014 年 9 月出版。

敏泽：《中国美学思想史》，2014 年 9 月出版。

孙晶：《印度吠檀多不二论哲学》，2014 年 9 月出版。

蒋寅主编：《王渔洋事迹征略》，2014 年 9 月出版。

中国社会科学院财经战略研究院：《科学发展观：引领中国财政政策新
思路》，2015 年 1 月出版。

李细珠：《张之洞与清末新政研究》，2015 年 3 月出版。

王家福主编、梁慧星副主编：《民法债权》，2015 年 3 月出版。

何振一：《理论财政学》，2015 年 6 月出版。

王松霈：《走向 21 世纪的生态经济管理》，2015 年 10 月出版。